中國倫理思想研究文叢

初 編

王澤應 主編

第 1 冊

辨義利以盡人道
——王船山倫理思想研究（上）

王澤應 著

花木蘭文化出版社

國家圖書館出版品預行編目資料

辨義利以盡人道——王船山倫理思想研究（上）／王澤應 著
— 初版 — 新北市：花木蘭文化出版社，2013〔民 102〕
序 20+ 目 2+254 面；19×26 公分
（中國倫理思想研究文叢 初編：第 1 冊）
ISBN：978-986-322-286-6（精裝）
1.（清）王夫之 　2. 學術思想 　3. 倫理學
190.9208　　　　　　　　　　　　　　　　102012295

ISBN-978-986-322-286-6

9 789863 222866

中國倫理思想研究文叢
初　編　第一　冊　　　　　　　ISBN：978-986-322-286-6

辨義利以盡人道——王船山倫理思想研究（上）

作　　者　王澤應
主　　編　王澤應
總 編 輯　杜潔祥
出　　版　花木蘭文化出版社
發 行 所　花木蘭文化出版社
發 行 人　高小娟
聯絡地址　235 新北市中和區中安街七二號十三樓
　　　　　電話：02-2923-1455／傳眞：02-2923-1452
網　　址　http://www.huamulan.tw 信箱 sut81518@gmail.com
印　　刷　普羅文化出版廣告事業
初　　版　2013 年 9 月
定　　價　初編 6 冊（精裝）新台幣 10,000 元

辨義利以盡人道
——王船山倫理思想研究(上)

王澤應　著

作者簡介

王澤應，男，1956 年 11 月生，湖南祁東人，哲學博士，現為湖南師範大學倫理學研究所所長，教授，博士研究生導師，中國倫理學會會刊《倫理學研究》副主編。兼任湖南師範大學學術委員會副主任，湖南省第十屆、第十一屆政協委員，上海社會科學院經濟倫理研究中心特約研究員，中國經濟倫理學會副會長等。1982 年 7 月畢業於湖南師範大學政治系，獲經濟學學士學位；1988 年 7 月畢業於北京大學哲學系倫理學專業，獲哲學碩士學位；1998 年 7 月在職獲哲學博士學位。1993 年 5 月被評為副教授，1997 年 7 月被評為教授。出版學術專著 20 餘部，發表學術論文 220 餘篇。獨立主持國家社會科學基金重點項目 1 項，一般項目 3 項，教育部重點課題 2 項，湖南省社會科學基金重點項目 1 項，一般項目 4 項。獲湖南省社會科學研究成果一等獎等多項科研獎勵，獲湖南省精彩一課一等獎、湖南省教學成果一等獎（主持）和第五屆國家級教學成果二等獎（主要參加者，排名第三）等多項教學獎勵，1998 年被評為湖南省思想品德系列優秀教師，2002 年 5 月獲湖南省首屆優秀青年社會科學專家稱號，2008 年入選中央馬克思主義理論研究與建設工程第三批重點教材《倫理學》首席專家。

提　　要

　　王夫之是明清之際傑出的倫理思想家和哲學家，他以「六經責我開生面」的學術使命自許，對中國傳統倫理思想作出了全面系統的總結，建立了一個既「坐集千古之智」又「推故而別致其新」的倫理思想體系。本書由「船山倫理與西方近代倫理比論」和「船山倫理思想專論」兩部分組成，集中探討了船山的義利觀、理欲觀、生死觀、誠明觀、理想人格觀，並與西方同時代的思想家予以比較，與中國歷史上的倫理思想家進行比較，從同時性和歷時性諸時態方面展示了船山倫理思想的博大精深和卓爾不群，提出了一系列頗具創發性的理論命題和觀點，對深度推進中國傳統倫理思想的研究和實現創造性的現代轉化，建設新型的中華倫理文明，具有啟迪和激濁揚清的作用。

總序：中國傳統倫理思想特質論

王澤應

　　建設中華民族共有精神家園，發展具有中國特色社會主義的倫理思想體系，提升中華文化的軟實力，都需要我們發掘傳統倫理思想的源頭活水，弘揚深藏於傳統倫理思想中的傳統美德，而這也要求我們立於新的時代情勢深度體認並揭示出中國傳統倫理思想的精神實質和基本特徵。中國傳統倫理思想是中華文化和中國哲學的重要組成部分，從某種意義上說，對倫理思想的置重和對倫理道德的倚重形成中華文化和中國哲學的基本特色。那麼，中國傳統倫理思想的基本特徵和精神實質究竟是什麼？這是一個儘管有所認識但還認識得十分不夠，需要智慧的心靈不斷予以探究和整體推進的關鍵性問題和本源性問題。

一、近代以來人們對中國傳統倫理思想特質的認識

　　近代以來興起的中西古今之爭，大量地涉及中國文化與西方文化以及傳統倫理思想特質的認識。馮桂芬、郭嵩燾、鄭觀應等早期改良主義者，嚴復、譚嗣同、梁啓超等維新志士，五四新文化運動時期的陳獨秀、李大釗、胡適以及東方文化派的杜亞泉，現代新儒家梁漱溟、張君勱、馮友蘭等都對中西文化比較發表了自己的看法，其中不乏對中國傳統倫理思想特徵的認識。

　　近代新倫理的孕育始於中西古今之爭。而在中西古今之爭中即已涉及到傳統倫理思想特徵的把握。伴隨著西方文化特別是西方倫理價值觀的輸入，人們開始突破華夷之防的藩籬，將中國傳統倫理思想與西方倫理思想予以比較，並在比較中批判傳統倫理思想的弊端，肯定西方倫理思想的特色和長處。郭嵩燾在出使英法諸國時詳細考察其倫理道德，並比較與中國在仁、義、禮、

智、信等倫理道德準則上的共性與差異，批判了頑固派中國傳統倫理道德優於西方，泰西夷人只有奇技淫巧沒有倫理道德，「彼等之風俗，不過淫亂與機詐，而彼等之所尚，不過魔道與惡毒」〔註1〕等錯誤認識，指出中國的儒家講仁愛，西方人講博愛，愛人的範圍比儒家仁愛更為廣泛。「中國言義，虛文而已，其實朝野上下之心無一不騖於利，至於越禮反常而不顧。西洋言利，卻自有義在。」西方人對禮的尊崇似乎在中國人之上，他們「彬彬焉見禮之行焉，中國不能及遠矣。」〔註2〕「西洋以智力相勝，垂兩千年，……誠得其道，則相輔以致富強，由此而保國千年可也；不得其道，其禍亦反是。」〔註3〕說到信，郭嵩燾指出：西方「以信義相先，尤重邦交之誼，致情盡禮，質有其文，視春秋各國殆遠勝之。」總之，在郭嵩燾看來，西方決非處於野蠻狀態下尚未開化的蠻夷，他們有自己源遠流長而又自成一體的倫理道德傳統，就仁、義、禮、智、信五個方面的比較而言，他們似乎都在中國傳統倫理思想之上，郭嵩燾的思想可謂西化主義的先聲。

戊戌變法時期，康有為、梁啓超、譚嗣同、嚴復等人試圖運用西方近代倫理學說分析中國近代的社會道德現象，把西方近代倫理思想與中國近代社會的具體國情結合起來考察分析，對西方近代的自由、平等、博愛、天賦人權和社會契約等理論表現出濃厚的興趣，並以此來思考中國社會變革的路徑和新倫理建設的方向。梁啓超認為，中西倫理道德和思想傳統各有所長也各有所短，「欲強吾國，則不可不考博各國民族所以自立之道，彙擇其長者而取之，以補我之所未及」，主張把中華民族的優良道德傳統與西方民族道德觀念中的長處結合起來，構造一種全新的國民道德觀念和心理品質。梁啓超反對全盤否定中國傳統倫理學說和道德觀念的民族虛無主義，也反對墨守成規、固步自封的文化保守主義和國粹主義，指出他所謂的新民，「必非如心醉西風者流，蔑棄吾數千年之道德學術風俗，以求伍於他人；亦非如墨守故紙者流，謂僅抱此數千年之道德學術風俗，遂足以立於大地也。」〔註4〕新民之新義主要體現在兩個方面，一曰淬厲其所本有而新之，二曰採補其所本無而新之。梁啓超認為，「今試以中國舊倫理，與泰西新倫理相比較。舊倫理之分類，曰

〔註1〕 轉引自馬士：《中華帝國對外關係史》第2卷，第206頁。
〔註2〕 郭嵩燾：《郭嵩燾日記》卷四，第298頁。
〔註3〕 郭嵩燾：《倫敦與巴黎日記》，第91頁。
〔註4〕 梁啓超：《新民說》，《梁啓超文選》，王德峰編選，上海：上海遠東出版社2011年版，第47頁。

君臣，曰父子，曰兄弟，曰夫婦，曰朋友。新倫理之分類，曰家族倫理，曰社會倫理，曰國家倫理。舊倫理所重者，則一私人對於一私人之事也。新倫理所重者，則一私人對於團體之事也。」〔註5〕中國傳統倫理「偏於私德，而公德殆闕」，中國傳統倫理道德的主要內容就是束身寡過主義、獨善其身主義、自了主義、「畏國事之爲己累」等私德，而泰西新倫理則是重於公德，它注重維護社會公共生活，協調國家之內的各種社會關係，是故社會倫理和國家倫理發達。雖然公德私德並行不悖，且相互聯繫，但是人人相善其群的公德比人人獨善其身的私德要更有社會意義，公德是當今「諸國之源」，「知有公德，而新道德出焉」，所以中國的新民德當從興公德開始。嚴復在《論世變之亟》一文中指出，中西文化最大的差別在於自由觀念上的差別。「中國理道與西方自由最相似者，曰恕，曰絜矩。然謂之相似則可，謂之眞同則大不可也。何則？中國恕與絜矩，專以待人及物而言，而西人自由，則於及物之中，而實寓所以存我者也。」自由既異，導致了其他諸種道德觀念和倫理價值上的差別。「中國最重三綱，而西人首明平等，中國親親，而西人尙賢；中國以孝治天下，而西人以公治天下；中國尊主，而西人隆民；中國貴一道而同風，而西人喜黨居而州處；中國多忌諱，而西人重譏評」，「中國委天數，而西人恃人力。」〔註6〕中國人相信世道「一治一亂、一盛一衰」的歷史循環論，西方人則提倡以「日進無疆，既盛不可衰」的歷史進化論。

　　五四新文化運動時期展開了一場大規模的東西文化論戰，其中大量涉及中西倫理思想的比較研究，雖然不乏過激與片面，但確打開了人們的認識視野，將中國傳統倫理思想置於與西方倫理思想的比較框架中予以重新認識。陳獨秀在《東西民族根本思想之差異》一文中指出：東西民族根本思想的差別表現在，東方民族以安息爲本位，西方民族以戰爭爲本位；東方民族以家族爲本位，西方民族以個人爲本位；東方民族以感情和虛文爲本位，西方民族以法治和實力爲本位。以安息爲本位的東方民族，「惡鬥死，寧忍辱」，「愛和平」，所以成爲「雍容文雅之劣等」，以戰爭爲本位的西方民族，「惡侮辱，寧鬥死」，所以「以鮮血取得世界之霸權」。以家族爲本位的東方民族，個人無權利，一家之人聽命家長，遵循著宗法社會封建時代的道德，以個人爲本

〔註5〕 梁啓超：《新民説》，《梁啓超文選》，王德峰編選，上海：上海遠東出版社2011年版，第48頁。
〔註6〕 嚴復：《論世變之亟》，《嚴復集》第一冊，北京：中華書局1986年版。

位的西方民族，爭的是個人權利，「舉一切倫理道德政治法律，社會之所嚮往，國家之祈求，擁護個人之自由權利與幸福而已。」以感情和虛文爲本位的東方民族，「其實施之者多外飾厚情，內恒憤忌，以君子始，以小人終」，以法治和實力爲本位者，「未嘗無刻薄寡恩之嫌，然其結果，社會各人不相依賴，人自爲戰，以獨立之生計，成獨立之人格，各守分際，不相侵漁，以小人始，以君子終。」〔註 7〕杜亞泉以傖父爲筆名發表了多篇論及東西文化差異的文章，與陳獨秀等人進行論戰。他在《靜的文明與動的文明》一文中比較了西洋文明與中國文明，認爲西洋文明重人爲，中國文明重自然，西洋文明以戰爭爲常態，以和平爲變態，中國文明以和平爲常態，以戰爭爲變態；西洋人生活是向外的，中國人生活是向內的。「西洋社會既以競爭勝利爲生存必要之條件，故視勝利爲最重而道德次之；且其道德之作用，在鞏固團體內之各分子，以對抗他團體，仍持爲競爭之具。而所謂道德者，乃從人與人之關係間規定其行爲之標準，故多注意於公德。而於個人之行爲，則放任自由。凡圖謀自己之利益，主張自己之權利，享用自己之財產，皆視爲正當，而不能加以非難。」中國社會則不然，在勝利與道德關係上視道德爲最重，故不但不崇拜勝利，反而有蔑視勝利之傾向。「道德之作用在於消滅競爭，而以與世無爭，與物無競爲道德之最高尚者。所謂道德，即在拘束身心、清心寡欲，戒謹於不睹不聞之地，爲己而不爲人，故於個人私德上兢兢注意。凡孜孜於圖謀自己利益，汲汲於主張自己權利，及享用過於奢侈者，皆爲道德所不許。」〔註 8〕在杜亞泉看來，吾國固有之倫理思想，正足以救西洋倫理思想之弊，濟西洋倫理文明之窮者。1918 年，李大釗發表了論述中西文化差異的文章，指出中國民族之日常生活以靜爲本位，以動爲例外，而西方民族之日常生活則以動爲本位，以靜爲例外，「更以觀於倫理，東方親子間之愛厚，西方親子間之愛薄。東人以犧牲自己爲人生之本務，西人以滿足自己爲人生之本務。故東方之道德在個性滅卻之維持，西方之道德在個性解放之運動。」〔註 9〕李大釗認爲，東洋文明與西洋文明，實爲世界進步之二大機軸，如同車之兩輪，鳥之兩翼，缺一不可，而又需要彼此互相學習。梁漱溟在《東西文化及

〔註 7〕陳獨秀：《東西民族根本思想之差異》，《青年雜誌》第 1 卷第 4 號，1915 年 12 月。

〔註 8〕傖父：《靜的文明與動的文明》，《東方雜誌》第 13 卷第 10 號，1916 年 10 月。

〔註 9〕李大釗：《東西文明根本之異點》，《言治》季刊第三冊，1918 年 7 月。

其哲學》中比較了中、西、印三種文化，認爲西方文化是以「意欲向前」爲根本路向，重在對外部世界的征服與改造，中國文化是以「意欲調和持中」爲根本精神的，重在人與人之間關係的處理和自我性情的陶鑄，而印度文化則以「意欲向後」爲根本路向，重在人與神關係的處理以及自我的壓抑與束縛。

20世紀四十年代，黃建中在《比較倫理學》中比較了中西道德觀的差異，認爲中西道德的第一個方面的差異表現在「中土倫理與政治結合，遠西倫理與宗教結合」，形成了政治倫理與宗教倫理的差別；第二個方面的差別表現在「中土道德以家族爲本位，遠西道德以個人爲本位」。「中土以農立國，國基於鄉，民多聚族而居，不輕離其家而遠其族，故道德以家族爲本位。」「遠西以工商立國，國成於市，民多戀遷服賈，不憚遠徙。其家庭組織甚簡，以夫婦爲中心」，故道德以個人爲本位。第三個方面的差異表現爲「中土道德主義務平等，遠西道德主權利平等」。第四個方面的差異表現在「中土重私德，遠西重公德」。第五個方面的差異表現在「中土家庭尚尊敬，遠西家庭尚親愛。」〔註10〕與黃建中的觀點類似，臺灣學者吳森認爲中西倫理道德的不同可以歸結爲效法先賢與服從律令，人倫本位與個人本位，義務本位與權利本位，情之所鍾與唯理是從幾個方面。〔註11〕

改革開放以來，隨著倫理學學科的恢復，中西倫理思想史學科也獲得了新的發展，一些現代倫理學研究者在研究中國倫理思想的精神實質和基本特徵時也提出了不少具有啓發性的觀點或理論，表現出在繼承以往思想成果基礎上的創新，一些論述更切合中國倫理思想的實際和要義，具有「致廣大而盡精微」的學術探究意義。陳谷嘉教授認爲，倫理與宗法關係的緊密結合，從而形成了以「忠」和「孝」爲核心內容的宗法體系，這是中國倫理思想最突出的和最基本的特徵；此外，倫理與哲學緊密結合，倫理與政治緊密結合，也是中國古代倫理思想的基本特徵。〔註12〕朱貽庭教授主編的《中國傳統倫理思想史》一書比較全面地闡釋並論述了中國傳統倫理思想的特點，指出由人道精神屈從於宗法關係而產生的「親親有術，尊賢有等」，是中國傳統倫理

〔註10〕 參閱黃建中：《比較倫理學》，山東人民出版社1998年版，第82～92頁。
〔註11〕 參閱吳森：《中西道德的不同》，見郁龍餘編《中西文化異同論》，北京：三聯書店1989年版，第184～196頁。
〔註12〕 參陳谷嘉：《論中國古代倫理思想的三大特徵》，《求索》1986年第5期。

思想所提倡的道德規範或道德要求的基本特點，道德來源上由天道直接引出人道，既把人道作為人們行為的當然之則，又把人道歸之於天理之必然，也是中國傳統倫理思想的基本特點；以德性主義人性論為主流，並以此去論證道德修養，是中國傳統倫理思想的第三個特點；在義利之辨中，重義輕利的道義論是中國傳統倫理思想關於道德價值觀的主要傾向；此外，道德與政治一體化，重視道德教育和道德修養也是中國傳統倫理思想的基本特點。

從郭嵩燾、嚴復、陳獨秀到現代學者關於中國傳統倫理思想基本特徵的論述，適應不同時期倫理文化建設的發展需要，經歷了一個以批判或辯護為主而向學理探究為主的轉變，或者說經歷了一個由「拔根」而向「紮根」的認識轉換過程。醉心西化論者，大多以西方倫理思想之長反觀中國傳統倫理思想之短，每每得出「百事不如人」的結論，故其批評尖刻有餘而公允論述甚少，致使中國傳統倫理思想之精神實質往往淹沒不彰。堅守本位論者，大多肯定中國傳統倫理思想的世界先進性，而對西方倫理思想的利己主義功利主義與實用主義則予以猛烈抨擊。這些在當時特定的歷史文化條件下都是可以理解的，但確實是情感主義取代了理性主義，片面尖刻取代了全面深刻，留下的歷史後遺症直到現在還未能完全被矯正。進入到改革開放新時期以來，超越近代以來西化主義和保守主義的局限成為一些學者的追求，在中國倫理思想史和西方倫理思想史的比較研究中回歸和注重理性，並予以深度而全面的探討，也被大家崇尚。正是這樣，才在中國傳統倫理思想史的研究方面不斷由初疏走向深入，由一般的現象揭示上升為精神實質的探討，取得了可喜的研究成就。這些研究成就，為我們進一步深入探討中國傳統倫理思想的精神特質和內在價值提供了良好的基礎。特別是進入新世紀以來，適應建設中華民族共有精神家園、提升中國文化軟實力以及繼承傳統美德、弘揚民族精神等倫理文化建設任務的需要，對中國倫理文化認識包括對其基本特徵的認識也在走向深化，時代和人們呼喚有關於中國傳統倫理思想深層內涵、價值原點和精神實質乃至獨特魅力和韻味的深刻認識。

理性而全面地考察中國傳統倫理思想，需要從神形表裏等方面運思，既考源溯流，又探賾索隱，既立乎其大又兼顧其小，並在對各個時期倫理思想特質的辯證把握中上升到整體觀照。中國傳統倫理思想特質兼具形式特質和實質特質兩方面，應當從形式或表象和內容或實質兩方面予以考察，由此顯現出的特點亦可以歸之為形式特點和實質特點兩大方面。

二、中國傳統倫理思想的形式或結構性特質

萌生於遠古、發端於殷周、發展於漢唐、成熟於宋明的中國傳統倫理思想，是人類倫理思想史上一個獨特的思想類型，其結構之多元互補，其演變之源遠流長，其生命力和凝聚力之強大蓬勃，都是世界倫理思想上不可多得的範本。

1、多元一體的結構互補性

與西方倫理思想「二元對立」的模式有別，中國倫理思想具有「多元一體」的結構特質。西方倫理思想緣起於古希臘生命衝動與邏各斯之間的內在緊張，亦如尼采所言的「酒神精神」與「日神精神」的對立，後來是「兩希傳統」即古希臘傳統和希伯來傳統的對峙，中世紀的理性與信仰、上帝之城與世俗之城、神道與人道，無不處於一種嚴重的衝突與鬥爭中。近代以來，西方倫理思想的二元對立格局更加突出，其鬥爭也無所不在。理性主義與非理性主義，絕對主義與相對主義，樂觀主義與悲觀主義，科學主義與人本主義，相互指責詰頏，構成倫理思想史的一道景觀。與西方倫理思想二元對立的發展格局有別，中國傳統倫理思想因其崇尚「道並行而不相悖，萬物並育而不相害」而具有多元一體的精神特質。中國倫理思想雖然也有對二元的推崇如陰陽、道器、體用、本末，但其所強調的二元始終不是一種緊張衝突或完全對立的關係，而是有機地統一於一體之中，並成為一體的兩面。不特如此，中國倫理思想還有對三元如天地人、性道教、身家國等的強調，以及對「一生二，二生三，三生萬物」等的描述，有對「四象」、「八卦」以及「三綱五常」等的論證，而這一切都不是散亂或不相關的，而是有機地聯繫在一起的。中國倫理思想如同中華文化一樣在其起源和發展過程中始終是多元發生而朝著一體聚合的，多元既相互辯難，又相互吸收，不斷為一體輸送「共識性」的理論營養，促進著中國倫理思想傳統的形成和發展。中國倫理思想傳統萌生於炎黃時期，炎黃即代表著一種多元思想的融合，並有了一些原初的價值共識。後經堯舜禹湯的不斷融合與推擴而獲得一些基本的基質，如對群體性和公共利益的置重，對和諧和秩序的嚮往，等等。至春秋戰國時代出現儒、道、墨、法等百家之爭鳴，諸家均把價值目標鎖定在「務為治」上，提出「德治」、「仁政」、「禮治」、「法治」、「無為而治」和「兼愛之治」等思想觀點，為建立統一的多民族國家和文化提供了可供選擇的治政之策。秦漢統一後，雖然確立了儒家倫理思想的獨尊地位，但是道家、法家仍然在發揮作用，並不時挑激儒家，魏晉隋唐時期儒釋道相互辯難論爭，

至宋明發展出一種以儒爲主融合佛道的理學倫理思想。在理學內部又有程朱系、陸王系之間的爭論，宋代還有蜀學、新學與洛學之間的論爭以及朱熹與事功之學的論爭等等。這些論爭從多元方面深化了對一體的價值認同，使得中華民族的倫理思想能夠不斷得以發展，形成一種多元一體的互補結構並獲得不斷更新發展的活力與動力。

2、生成發展的源遠流長性

與世界上其他倫理思想比較而言，中國倫理思想具有由古及今而又一脈相承的發展特點。在世界文化史上，多次出現過因異族入侵而導致文化或思想斷裂的歷史悲劇，如埃及文化因亞歷山大大帝佔領而希臘化、凱撒佔領而羅馬化、阿拉伯人移入而伊斯蘭化，印度文化因雅利安人入侵而雅利安化，希臘、羅馬文化因日耳曼蠻族入侵而中絕並沈睡千年，等等。只有中國倫理文化，歷經數千年而不絕，雖然也曾遭遇過種種挑激或風險，然而卻能憑藉自身強大的生命力、凝聚力和化育力一次次地轉危爲安，實現衰而復興，闕而復振。梁啓超在《中國道德之大原》一文中指出：「數千年前與我並建之國，至今無一存者。或閱百數十歲而滅，或閱千數百歲而滅。中間迭興迭仆，不可數計。其赫然有名於時者，率皆新造耳。而吾獨自羲軒肇構以來，繼繼繩繩，不失舊物，以迄於茲，自非有一種美善之精神，深入乎全國人之心中，而主宰之綱維之者，其安能結集之堅強若彼，而持續之經久若此乎？」〔註13〕中華文明之所以能夠長期存在並不斷發展，有它自身所特有的倫理精神，這種倫理精神既是國家過去繼續成立之基，也是將來滋長發榮之具。美國學者伯恩斯和拉爾夫合著的《世界文明史》在論及古代中國文明時也認爲中國文明源遠流長，自古至今，不斷發展。中國文明「一旦出現，它就延續——並非沒有變化和間斷，但其主要特徵不變——到現代 20 世紀。中國文明儘管其形成較埃及、美索不達米亞或印度河流域晚得多，但仍然是現存的最古老的文明之一。它之所以能長期存在，其原因部分是地理的，部分是歷史的。」〔註14〕中國倫理思想崇尚和平仁愛，很少激起周邊國家的敵意和妒忌。中國人很少用武力把自己的意志強加給被征服民族，相反卻把同化被征

〔註13〕梁啓超：《中國道德之大原》，《梁啓超文選》（王德峰編選），上海遠東出版社2011年版，第126頁。

〔註14〕〔美〕伯恩斯、拉爾夫：《世界文明史》第一卷，北京：商務印書館1987年版，第173頁。

服民族，使之成爲倫理思想的受益者當作自己的天職。塔夫里阿諾斯在《全球通史》中亦有類似的認識：「與印度文明的鬆散和間斷相比，中國文明的特點是聚合和連續。中國的發展情況與印度在雅利安人或穆斯林或英國人到來之後所發生的情況不同，沒有明顯的突然停頓。當然，曾有許多遊牧部族侵入中國，甚至還取代某些王朝而代之；但是，不是中國人被迫接受入侵者的語言、習俗或畜牧經濟，相反，是入侵者自己總是被迅速、完全地中國化。」〔註15〕中國社會的發展不是像西方古代社會那樣表現爲一種革命變革，而是表現爲連續不斷的改良的進取和維新，所謂「周雖舊邦，其命維新」，與此相契合，中國倫理思想亦是世界倫理思想史上連續性倫理思想的範本，「闡舊邦以輔新命」成爲許多倫理思想家的精神追求和價值共識。

3、舊邦新命的常變統一性

中國倫理思想傳統在自己的發展歷程中，從「萬物並育而不相害，道並行而不相悖」的理念出發，崇尚「有容乃大」，主張包容會通，海納百川，並認爲「兼容並包」、「遐邇一體」才能「創業垂統，爲萬世規」。（《漢書‧司馬相如傳》）道家主張虛懷若谷，「常寬容於物，不削於人」，提出了「善者吾善之，不善者吾亦善之」的思想。儒家荀子主張「目視備色，耳聽備聲」，「兼陳萬物而中縣衡焉」（《荀子‧解蔽》），只有超越私己的局限才能眞正把握「道」的眞諦。君子之所以隆師而親友，就在於師友能夠有助於自己道德修養使其達於完善。「得賢師而事之，則所聞者堯舜禹湯之道也；得良友而友之，則所見者忠信敬讓之行也，身日進於仁義而不自知也者，靡使然也。」（《荀子‧性惡》）儒家倫理思想主張繼承傳統，但又主張對傳統作推陳出新的創化。湯之《盤銘》曰「苟日新，日日新，又日新」，《康誥》曰「作新民」。儒家從「道莫盛於趨時」、「日新之謂盛德」的思想認識出發，強調「以日新而進於善」。明清之際的王夫之強調「分言之則辨其異，合體之則會其通」，認爲「理惟其一，道之所以統於同；分惟其殊，人之所以必珍其獨」，〔註16〕主張「學成於聚，新故相資而新其故；思得於永，微顯相次而顯察於微。」〔註17〕只有博採眾家之長，「坐集千古之智」，才能夠有所創新和發展。現實

〔註15〕 〔美〕塔夫里阿諾斯：《全球通史》，吳象嬰等譯，北京：北京大學出版社 2005年版，第 155 頁。

〔註16〕 王夫之：《尚書引義》卷四，北京：中華書局 1962 年版，第 75 頁。

〔註17〕 王夫之：《周易外傳》卷五，北京：中華書局 1977 年版，第 183 頁。

生活中的萬象是「日生」，不斷發展變化的，象中之道，也必然隨著象的「日生」，不斷發展變化。「道之所行者時也，性之所承者善也，時之所承者變也；性載善而一本，道因時而萬殊也」。〔註18〕中國倫理思想對於外來倫理文化，包括佛教、基督教，亦能夠兼收並蓄，揚長避短，為我所用。正是由於中華倫理文化具有極強的包容性和自我更新的能力，所以才能夠在繼承前人的基礎上不斷地推陳出新，革故鼎新，使思想與時偕行，實現自身的理論創新和發展。

三、中國傳統倫理思想的內容或實質性特質

源遠流長、博大精深的中國傳統倫理思想，在內容和精神實質方面呈現出如下基本特徵：

1、注目「天下有道」，以趨善求治為倫理的價值目標

倫理與政治因素聯姻，使倫理作用於政治生活，使政治體現倫理的精神和要求，是中國文化的一大特徵，更是中國倫理思想的基本特徵。王國維在《殷周制度論》中指出周代政治制度與道德的深刻聯繫，「古之所謂國家者，非徒政治之樞機，亦道德之樞機也。使天子、諸侯、大夫、士各奉其制度、典禮，以親親、尊尊、賢賢，明男女之別於上，而民風化於下，此之謂治。反是，則謂之亂。是故，天子、諸侯、大夫、士者，民之表也；制度、典禮者，道德之器也。」〔註19〕「周之制度、典禮，實皆為道德而設。而制度、典禮之專及大夫、士以上者，亦未使不為民而設也。周之制度、典禮，乃道德之器械，而尊尊、親親、賢賢、男女有別四者之結體也，此之謂民彝。」〔註20〕春秋戰國時期百家爭鳴，諸子風起，提出了各種倫理思想，但其要旨，誠如司馬談在《論六家之要旨》中所言，「夫陰陽、儒、墨、名、法、道德〔註21〕，此務為治者也。」「務為治」即是以尋求天下大治為旨歸，把建構一種天下有道的秩序視為自己的理論使命。先秦諸子高度重視治世之道

〔註18〕王夫之：《周易外傳》卷七，北京：中華書局1977年版，第285頁。

〔註19〕王國維：《殷周制度論》，參見《國學大師講國學》，北京：中國致公出版社2008年版，第194～195頁。

〔註20〕王國維：《殷周制度論》，參見《國學大師講國學》，北京：中國致公出版社2008年版，第195頁。

〔註21〕此所言「道德」是指道德家，亦即以老莊為代表的道家。因老子所著《道德經》，被後人稱為「道德家」。

的探討，渴望實現「天下有道」的倫理政治，提出了「德治」、「仁政」、「禮治」、「無爲而治」、「兼愛之治」、「法治」等學說。漢代是倫理政治化和政治倫理化的典型時期，不僅出現了「以孝治天下」的倫理政治實踐，而且儒家倫理成爲治國安邦的主流價值或意識形態。雖然漢以後，儒家倫理在政治實踐層面遭遇多重挑戰，但諸多思想家都把化解這種危機，建立長治久安的倫理政治秩序作爲思維的重心。宋明理學家一方面吸收佛道兩家的思辨來充實儒家倫理的根基，另一方面又以「爲天地立心，爲生民立命，爲往聖繼絕學，爲萬世開太平」來激勵自己，冀望自己的倫理思想能夠對社會的治道產生影響。朱熹強調「內聖之學」兼有「修身」與「治平」雙重功能，他發揮孔子「下學而上達」之義，認爲應當在深研人事的「下學」方面多下功夫，「上學」才有根基。陸九淵、王陽明雖十分強調內聖，推崇「自作主宰」，亦以「平治」爲己任，時人稱王陽明「事功道德，卓絕海內」。明清之際的顧炎武、黃宗羲、王夫之及至顏元、戴震無不以「明道救世」之價值高標，崇尚經世致用，把「斡旋乾坤，利濟蒼生」視爲「聖賢」的基本標準，嚮往「建經世濟民之勳，成輔世長民之烈，扶世運，奠生民」。中國倫理思想以趨善求治爲自己的價值追求，試圖爲政治的治理提供倫理的方略和道德的智慧，並把政治倫理化和倫理政治化視爲終生爲之奮鬥的人生理想和社會理想。

2、立於「家國同構」，以「親親」、「尊尊」爲基本的道德規範

中國的宗法制及宗法社會保留著氏族社會重視家族血緣關係的傳統和認同，「家國同構」是其顯著特徵。家是國的縮小，國是家的放大，家庭的基本結構與成員間的親情關係被推而廣之地用作爲國家的政治結構原則和社會的人際倫理範型，它是以家庭與國家之間、倫理與政治之間的雙向運動爲機制的，突出了以個人德性爲核心、家庭爲本位、以國家政治爲宏闊指向的修養程式：從個人的角度看是身修而家齊，家齊而國治，國治而天下平；從國家的角度看是天下之本在國，國之本在家，家之本在身，認爲「君子之事親孝，故忠可移於君；事兄弟，故順可移於長；居家理，故治可移於君」（《孝經·廣揚名》），相同的，「其爲人也孝悌，而好犯上者鮮矣，不好犯上而好作亂者，未之有也」（《論語·學而》）。它有一整套家族政治化、政治家族化的相應各個階層的具體道德規約和行爲標準，其基本要義是「親親」、「尊尊」，即親愛血緣親族或雙親，尊敬尊貴者或長上。《禮記·大傳》有言，「上治祖彌，尊尊也；下治子孫，親親也；旁治昆弟；合族以食，序以昭穆，別

之以禮義，人道竭矣。」「親親」、「尊尊」是基本的不可變易的道德規範，也是聖人南面而治天下的基礎或法寶。「是故人道親親也。親親故尊祖，尊祖故敬宗，敬宗故收族，收族故宗廟嚴，宗廟嚴故重社稷……」。《禮記‧禮運》進一步對「親親」、「尊尊」原則作出細化，指出：「何謂人義？父慈、子孝、兄良、弟弟、夫義、婦聽、長惠、幼順、君仁、臣忠十者，謂之人義。」只有嚴格按照「人義」的要求行為，才能夠正君臣，篤父子，睦兄弟，齊上下，使天下達到有道。漢代將「親親」、「尊尊」發展為「三綱五常」（君為臣綱、父為子綱、夫為妻綱，仁、義、禮、智、信）或「三綱六紀」，「三綱者，何謂也？謂君臣、父子、夫婦也。六紀者，謂諸父、兄弟、族人、諸舅、師長、朋友也。故《含文嘉》曰：「君為臣綱，父為子綱，夫為妻綱。」又曰：「敬諸父兄，六紀道行，諸舅有義，族人有序，昆弟有親，師長有尊，朋友有舊。」（《白虎通義》）儒家倫理思想最為推崇家庭的價值和倫常的意義，並以此為基準來理解個人、社會、國家和世界。教忠教孝成為儒家倫理思想的主旨和核心。隱含在「修身、齊家、治國、平天下」之政教理想中的基本秩序，實以家庭倫常為樞紐：倫常不僅對於個人的身份認同具有根本性的建構作用，而且也是社會、國家乃至世界秩序的規範性力量。家庭中的倫理關係被認為是確立人的身份認同的最原始、也是最核心的要素。在中國倫理思想傳統中，如果說「身」必須在「家」中確立，那麼，對「國」與「天下」的構想也同樣以「家」為模子，此所謂以國為家、天下一家。

3、注重義利之辨，以重義輕利為核心的價值觀念

中國倫理思想有重視義利之辨的傳統。一些學者甚至認為，義利之辨是「人生之大防」，「為學之根本」，「治亂之總綱」，其他諸如人禽之辨、王霸之辨、志功之辨、理欲之辨、才性之辨、仁富之辨等莫不是義利之辨的展開和拓展。正因為這樣，代不乏人的思想家競相注目於義利關係的探討，提出種種關於義利問題的見解學說，春秋戰國、兩漢、兩宋、明清時期更將這種義利之辨推向了高潮。總體而言，中國歷史上的義利之辨，主張重義輕利、以義制利、先義後利的觀點始終占主導地位，先利後義、重利輕義甚或義利兩行的觀點雖然時有產生，但始終不占主導地位。董仲舒繼承並發展了孔孟儒家先義後利、以義制利和重義輕利的思想，從對「心之養」和「體之養」不同功能和作用的分析得出了「正其誼不謀其利，明其道不計其功」的結論。宋儒無論是程朱系亦或是陸王系無不沿著這一思路前進，強調「不論利害，

惟看義當爲與不當爲」。明清之際的王夫之更說，「生以載義生可貴，義以立生生可捨」。「中國傳統道德價值觀的這一特點，是中國古代宗法制和高度集中的君主專制主義的產物。在宗法制和君主專制的統治下，個人利益對於群體利益的關係，既依附又對立：個人沒有獨立自主的經濟權利，更不允許發展個人利益去超越家族和國家的利益，從而形成了個人利益必須絕對服從和從屬於家族、國家利益的要求。」〔註22〕這種利益關係的格局及其要求必然是「惟看義當爲不當爲」的道義論價值觀。這一傳統的道義論倫理價值觀，規定了道德價值的取捨、道德評價的依據、理想人格的內涵以及道德教育、道德修養的標準，對中華民族數千年的倫理文化產生了深遠而複雜的影響。

4、力倡貴和樂群，以和而不同爲接物應對的良方

與西方神人二元的倫理互競截然不同，中國倫理思想則強調天地人之間的和諧共生，並認爲人應當效法天地之道，率天載義，體天恤道，是故「天行健君子以自強不息」，「地勢坤君子以厚德載物」。道家亦有「人法地，地法天，天法道，道法自然」的認識，主張建立一種天道與人道協同共振的倫理思想體系。中國傳統倫理思想崇尚人與人、人與社會之間乃至人與自然之間的和諧。史載堯「平章百姓」，「協和萬邦」，孔子說，「禮之用，和爲貴」，孟子指出，「天時不如地利，地利不如人和」。道家提出，「萬物負陰而抱陽，沖氣以爲和」，認爲和諧是道的基本屬性和表現形式。莊子明確提出「與天和」和「與人和」的命題，主張爲了實現「與天和」和「與人和」首先必須實現「心和」，以平靜祥和的心態去處理各種人際關係，並以知足、不爭和無爲去達致「人和」。墨家致力於和諧人際關係與和諧天下的建構，提出的「兼相愛，交相利」旨在破除人與人、家與家、國與國不和諧的狀態，墨家所嚮往的是一個貴不傲賤，富不侮貧，強不欺弱，人人都能相親相愛、平等互助的社會或世界。中國倫理文化重視和諧，認爲和諧、和平、和睦是一個值得追求的理想目標與關係狀態，常常表現爲一種最高的道德期許。在人際關係中，和不是無原則的附和，而是保持獨立性和個性，「和而不流」。孔子不滿意顏回完全贊同自己觀點的做法，說，「回也非助我者也，於吾言無所不悅。」「君子和而不同，小人同而不和。」中國倫理文化倡導的和諧觀念，滲透到了中華民族的世界觀人生觀和價值觀的各個方面，形成了中華民族崇尚中庸、講

〔註22〕 朱貽庭主編：《中國傳統倫理思想史》，上海：華東師範大學出版社 1989 年版，第 28 頁。

求中和、不走極端的思維方式，培養了中華民族謙恭禮讓、仁民愛物、顧全大局，克己奉公和愛好和平的精神，成為中華民族具有強大的生命力和凝聚力的思想文化根源。

5、講求尊道貴德，以心性修養為安身立命之本

在中國倫理思想中，「立德」比「立功」、「立言」更加有意義，德被認為是一個人的立身之本，無論這個人身處何種社會階層或處何種社會地位。儒家十分重視個人的德性修養，提出了「上至天子下至庶人，壹是皆以修身為本」。孟子從總結三代興亡經驗教訓的高度提出「三代之得天下也以仁，其失天下也以不仁，國之所以廢興存亡者亦然。天子不仁，不保四海；諸侯不仁，不保社稷；卿大夫不仁，不保宗廟；士庶人不仁，不保四體」（《孟子·離婁上》），將仁與不仁視為統治者能否「王天下」、保社稷的關鍵，視為士、庶人能否安身立命的根本。道家《老子》也主張「尊道貴德」，提出：「修之於身，其德乃真；修之於家，其德乃餘；修之於鄉，其德乃長；修之於邦，其德乃豐；修之於天下，其德乃普。」（《老子·五十四章》）只有鞏固修身之要基，才可以立身、為家、為鄉、為邦、為天下。墨家主張嚴格要求自己，強化自己的道德修養，指出「君子察邇而邇修者也。見不修行，見毀，而反之身者也，此以怨省而行修矣。」（《墨子·修身》）吳起在與魏文侯關於國家之寶的對話中旗幟鮮明地提出國家朝廷之寶「在德」而不在於「河山之險」。並指出：「昔三苗氏，左洞庭，右彭蠡，德義不修，禹滅之。夏桀之居，左河濟，右泰華，伊闕在其南，羊腸在其北，修正不仁，湯放之。商紂之國，左孟門，右太行，常山在其北，大河經其南，修政不德，武王殺之。由此觀之，在德不在險。若君不修德，舟中之人皆敵國也。」（《資治通鑑·周紀一》）司馬光在談到智伯之亡時將其歸結為「才勝德」，並指出「自古昔以來，國之亂臣，家之敗子，才有餘而德不足，以至於顛覆者多矣，豈特智伯哉？」在司馬光看來，「才者，德之資也；德者，才之帥也」（《資治通鑑·周紀一》）只有以德御才而不是恃才輕德，才能夠真正幹出有正面意義的作為和建樹，反之就會演繹出歷史和人生的悲劇。宋明時期理學家十分強調德性的修養和動機的純粹，強調「先立乎其大」，「收拾精神，自作主宰」，提出了「居敬」、「窮理」、「自存本心」、「省察克治」等一系列關於道德修養的命題和觀點，促進了中國倫理思想關於道德修養理論的發展與完善。

此外，講求仁民愛物，主張天下為公，也是中國傳統倫理思想的基本特

徵。「中國傳統道德的核心及其一貫思想，就是強調為社會、為民族、為國家、為人民的整體主義思想。」〔註23〕從《左傳》的「苟利國家生死以之」到范仲淹的「先天下之憂而憂，後天下之樂而樂」，從周公的「一飯三吐哺」到顧炎武的「天下興亡匹夫有責」，從屈原的「哀民生之多艱」到陸游「死去原知萬事空，但悲不見九州同。王師北定中原日，家祭毋忘告乃翁」，都體現出了一種「國而忘家，公而忘私」的愛國主義精神。這種愛國主義精神凸顯了國家民族利益的至上性，積澱為一種民族的倫理正氣，並借助於儒家「殺身成仁」、「捨生取義」的價值追求，成為民族倫理精神的靈魂或樞紐，激勵著一代又一代華夏兒女為國家民族的整體利益去奮鬥，用其丹心書寫著中華民族承前啟後、繼往開來的壯麗史詩。

中國傳統倫理思想的價值特質，積澱著中華民族最深層的精神和價值追求，包含著中華民族在不同歷史時期和階段形成的核心價值觀念和崇尚的道德品質，已經成為中華民族為人處世、待人接物的精神文化基因，不僅富含獨特的東方神韻，構成我們民族倫理精神的源頭活水，而且也是我們民族生生不息的動力源泉，是我們建設社會主義新倫理必須大力弘揚和發掘的豐厚思想資源。

2013 年 5 月 12 日於湖南長沙市嶽麓山下景德村

〔註23〕羅國傑：《中國傳統道德·編者的話》，北京：中國人民大學出版社 1995 年版。

序一

張岱年

　　明清之際，出現了幾位卓越的思想家，其中在哲學理論上貢獻最大的是王船山（夫之）。船山博學深思，對於先秦以來的歷代哲學思想進行了理論的總結，從而達到中國古典哲學的最高峰。王船山的哲學成就是輝煌的，顯示了中國古典哲學的精湛智慧。

　　王船山在本體論、發展觀、認識論、歷史觀各方面都提出了深湛的觀點，對於倫理學說更多精闢的見解。他既對於理學的道德系統有深切的認識，同時又糾正了理學的一些偏失。宋明時代的理學家對於道德的尊嚴與崇高闡述較深，而對於物質生活的重要性注意不夠。理學家大多「出入於釋老」，曾容納了道家及佛教的一些思想，而歸本於孔孟學說，對於釋老的虛無主義有所批判，但仍難免受釋老的影響，對於先秦儒家的剛建有為的精神體會不深。船山矯正了理學家的偏向，提出了「珍生，主動」等光輝觀念，在一定程度上表現了「啟蒙」的精神。船山的倫理學說是值得深入研究，加以弘揚的。

　　王澤應同志研習中國倫理學史，深造有得，不但對於理論有較深的興趣，而且富於熱愛真理的真情實感。我們研究哲學，既需要有冷靜的頭腦、縝密的思考，又需要有熱愛祖國、熱愛人民、追求真理的熱情，才能有所成就。王澤應同志具有熱心探求真理的激情，這是令人讚佩的！澤應同志近年發表關於王船山倫理學說的論文多篇，近又撰成《船山倫理與西方近代倫理比論》一書，對於船山倫理與西方近代倫理學說作了有益的比較，探賾闡微，頗多新見。澤應同志徵求我的意見，我認為這是對於船山哲學的一部力作，於是略述所見，以為之序。

一九九〇年十月於北京大學

序二

萬俊人

　　辛未春開，欣悉王氏澤應君《船山倫理與西方近代倫理比論》一書殺青，餘喜之欲呼，蓋有獨樽小酌，以作遙唱。又，蒙澤應君擡舉有過，賜先讀之殊，並囑吾一序。於是乎，昏然而諾。

　　感我師生鬩門共與，春秋三載，故情篤厚，日月悠長。燕園聚首，沐未名月色，博雅塔影；故土同步，閱洞庭秀水，南嶽空嵐；每每賦詩作文，和鳴有聲。今一展佳卷，春風拂面，豁然開朗；璣珠妙語，此起彼伏，或玲瓏而不失嬌態，或宏暢而不失嚴謹，機關文章，盡於無聲而驚哉！

　　吾聞君之耕耘船山者久矣。昔未出鬩門，其所得者斐然，披經覽典，古今薈集，於夫之大觀常有慧識。爾後，不期君至命運之惑，家事文章，舉步艱維，返故執教，勉爲其難。如此，王君依舊故我，文心彌堅；常攻讀虞食憂枕之餘，沉思風雨窗前；漫天飛雪竟作千卷帛箋，烈日低棚勝似靜樓高堂。跋山涉水，遍一訪真迹；頷首叩門，唯求點撥靈犀；日復一日，歷數載之功；始成佳卷，實乃道德儒風，難能可貴。

　　余觀其文，獨具風格。夫言朱熹、陽明、船山三巨乃理學中堅，自古評說，汗牛充棟。迨至今日，海內說船山者尤盛。然，發其倫理大義者未畢多見，而將其外比西學大家者尤感鮮微。君之不憚坎坷，曲經探幽，別有洞天。取中西比論一域，援船山師之人論、道德論、品德論、人生論、理想人格論諸說，與西洋康德、斯賓諾莎、培根、帕斯卡爾、洛克各家之比說而應中西倫理大觀互比，視境突兀，勝攬妙玄。在比照間發微起伏，於差異中尋覓共鳴，實乃高明可欽。

　　更可道者，君之中西兼容並包，互競優劣，不唯西學之顯而自慚祖典，

不倚傳統之重而拒革新，如此灼見，是為滄桑正道。吾常迷於中學西學之爭而無以洞穿，怯於惶論，以至悲愍歎喟，悵然而息。是由君言，吾惑有減，嶄望又增。比論者，原本為自由解構、縱橫不拘之暢言者也。或橫切；或縱通；或交叉疊印；或觸類旁通；或點視面觀，上下左右，六合橫掃，莫不可矣。君之所取，大抵限於十七至十八世紀，取點而綴，由線織面，合面而體，伸張有錯，竟生出許多新穎。其間，王論船山與斯賓諾莎之道德義利、知行別析，船山與帕斯卡爾之生死功靈之異辨諸種，雖尚有惶然不及，卻別開生面，悅人耳目，讀來餘味款款。而「船山倫理的世界意義」一跋，多有諦悟，令人視野豁開。一言以蔽之，王論言之順理有據，證之筆意深含，比之縱橫捭闔，論之有我有方。宏觀微觀，雜陳有致。構思經緯動脫，成篇筆路藍縷，深得奧賾，自成天然。

間或亦有瑕瑜互見，疏漏餘曠。若於康德船山之理欲觀，洛克之道德理想與社會理想等題潑予重墨，恐大有裨補。君之中學所悟似勝於西學所得，是耶？非耶？不敢佞問，僅呈此篇，以答君命，並寄再望於將來。是為序。

於北京大學一隅
辛未年正月十八

目
次

上部：船山倫理與西方近代倫理比論

第一章　論王船山倫理思想的基本特徵

　　在二十世紀即將走完它的最後歷程步入二十一世紀的歷史交接之際，跨世紀的精神裝備及其中國倫理現代化的建設日益被越來越多的中國人所關注並誘發著對中國倫理前瞻與後顧的深深思考。也許跨世紀的倫理建設在向未來探索的行程中內在地包孕有向歷史紮根的因素，在探求世界精神文明建設總趨勢的路徑中必然地涵蓋著民族精神文明建設的內容。爲了更好地開拓未來，我們有必要也應當開拓歷史的土壤，發掘其中包含的豐富的文化寶藏；爲了更好的把握世界，我們更有必要也呈需加強民族自身特有精神的研究。中國倫理的現代化只有立足於中國倫理的歷史土壤，注重發揮民族內在資質的特長，同時緊扣時代和世界的主題，充分吸收各種於己有益的外來倫理，才能使其開出絢麗奪目的新的倫理花朵。二十一世紀是中國倫理發揚光大並推動世界倫理文明前進的世紀，是中國倫理爲世界倫理作貢獻的偉大時代，同時也是比較倫理空前活躍、日趨繁榮的時期。

　　本書立意於中國倫理現代化的時代使命和向歷史紮根、向未來探索的要求，著眼於全球意識和民族意識的結合，擇取船山倫理與西方近代倫理，在遵循共時性原則、可比性原則、相關性原則的前提下進行專門的一極對多極性的比較。這種比較，是在以船山倫理爲主體和整體參照系的情境中，從西方近代倫理這個動態、多元的系統中取其與船山某一學說相關或對等的人物、學說進行比較，旨在更好地展現船山倫理的基本特徵與世界意義。在人類由中古走向近代的歷史路徑中，王船山是一個具有世界意義的偉大思想家，他對中國傳統倫理所作出的批判性總結及其所建立的別開生面的倫理學體系，使得他完全有資格和能力同當時世界上最傑出的思想家進行交談和對

話。他是中國的蒙田、培根、洛克、帕斯卡爾，又是中國的康德、斯賓諾莎和黑格爾，他的倫理學說具有集諸賢之長、熔百家之勝於一體的特殊風格和博大之處。早在本世紀三四十年代，賀麟先生就將船山的歷史哲學與黑格爾的歷史哲學相提並論，侯外廬先生將其與費爾巴哈比較，認為他在湖南瑤洞裏著書同費爾巴哈的孤處鄉村著書立說可以並輝千秋；他之主張「所有」神聖，不得任意侵犯則又和洛克的思想相類似。在賀麟先生與侯外廬先生之前，還有人將王船山與亞當·斯密進行比較，認為王船山學說與斯密學說多有暗合。這些都為本書系統地進行船山倫理與西方近代倫理的比較提供著某種啓示或佐證，使我們感覺到將船山倫理與西方近代倫理進行比較不是著者一時頭腦發熱或任意比附，而是有其深刻的內在的可比契機與原由，是全面弘揚船山倫理，開拓船山倫理研究新領域的需要使然。不知是誰曾經這樣說過，中國沒有獲諾貝爾文學獎的作家並不等於說中國沒有可以獲諾貝爾文學獎的作家，如果不是中國文化向外翻譯、介紹等過程上的闕失，那麼魯迅、郭沫若、茅盾、巴金等也許完全有資格並有可能榮膺諾貝爾文學獎。由此使我們聯想到，並不是中國沒有產生過偉大的具有世界意義的思想家，而是我們的文化傳播和文化交流開展得不夠。肇始於鴉片戰爭後西學東漸的社會文化情境而萌生與開展的近代中西文化比較，大抵帶有被迫作出回應和選擇的意蘊，因而使得近代中西文化比較遠不是在中西文化對等交流、相互彙通並主動地向西方國家輸入中國文化的行程中進行的亦即是單向的而並非雙向型的比較。本書進行的船山倫理與西方近代倫理的比較，不是那種面臨著西方近代倫理壓迫而不得不作出回答與選擇式的比較，而是一種奠基於中西倫理對等交流，相互承認其存在的價值並含有主動的倫理文化傳播意義的比較。這種比較是讓世界更好地瞭解船山倫理，使船山倫理成為人類倫理文明的寶貴財富式的比較，因而是一種積極的主動的建設性的比較。中國文化和中國倫理的現代化需要的正是這一意義上的中外文化及其倫理的比較。

一、十六十七世紀中西經濟政治背景比較

十六世紀以前的中國從經濟、文化及各個領域的發展來說，均走在世界的前頭。「在近代以前的所有文明中，沒有一個國家的文明比中國更發達，更先進」。中國大約在公元前二十二世紀就開始跨入了文明社會的門檻，建立了第一個奴隸制的國家，比古希臘奴隸制國家的產生早了一千餘年。當古希臘

奴隸制興起之際，中國已開始了由奴隸制向封建制的大過渡。公元前 221 年，秦始皇滅六國，建立起了中國歷史上第一個統一的多民族的封建制國家，而此時的希臘城邦已被馬其頓王腓力二世所征服，希臘已淪爲異族統治下的俘虜。公元前 146 年，希臘被羅馬帝國所滅，中國正處在漢代的「文景之治」時期，經濟發展，人民安居樂業。公元 476 年西羅馬帝國滅亡，歐洲進入封建社會，中國卻已有千餘年封建社會的發展史，處於晉代。公元 843 年當法蘭克王國分裂爲德意志、意大利和法蘭西三部分，西歐基督教盛行之際，中國卻處在它的最繁榮階段——盛唐。總之，正如李約瑟所說，在十五世紀以前，中國的科學技術及經濟發展遠遠超出同時代的歐洲，水平是一流的。但是十五世紀以後，人類文明史則開始發生了日益顯著的轉折性變化，即中國科學技術和文化的發展伴隨著封建社會政治經濟的衰落進入停滯或發展緩慢的階段，而西方科學技術和文化的發展伴隨著封建社會政治經濟的衰落而進入一個迅速發展、急起直追的階段，基本上接近中國社會經濟和文化發展的水平。這其中的原因固然很多，但從文化來講西方是因爲中世紀的過分愚昧與落後，中國則是「中國文化在近代以前已經取得的成就本身。」〔註1〕亦即西方的文明沒有中國那麼悠久和古老，因此心理上積壓的傳統負擔就沒有中國人那樣沉重；西方的政治統治沒有中國那樣成熟，四分五裂的政治統治使得它從未出現過把統一強加給歐洲大陸的強大中央集權，因此刺激文明前進的分權及競爭意識方可得以產生；西方的家庭農業和手工業沒有中國那樣發達，聯繫鬆散的莊園經濟卻可能使手工業脫離農業而成爲獨立的部門。總之，十五十六世紀中國和西歐國家在經濟和科學技術及文化發展方面，大體處於同一水平線上，但由於西歐國家因襲的負擔較輕，封建主義的歷史不長，發展趨勢和速度似比中國要快，這也同時決定了中國反封建主義的任務要來得比西歐國家更爲艱巨。

十五十六世紀是世界歷史發展的重大轉折時期，中西方均隨著社會生產力的發展形成了一個新的城市市民階級，在社會經濟成份中出現了資本主義生產關係的萌芽，並在農民階級和地主階級矛盾日趨激化的社會政治鬥爭舞臺上新添了城市市民階級與封建主義的矛盾。據《明神宗實錄》等記載，在萬曆年間我國東南沿海某些地區和某些行業已逐步形成「機戶出資，機工出

〔註1〕　（美）費正清：《劍橋中國晚清史》上卷，北京：中國社會科學出版社 1985年版，第 9 頁。

力」的帶有資本主義萌芽性質的工場手工業，蘇州一帶的居民「多以絲織爲生」。浙江的永樂市「其織戶自鎮及鄉」，「皆務於織」，每天能織出萬匹以上的綢子。在湖南、山西等省份採掘業也十分發達，出現了千人以上的礦工隊伍；廣東、湖北等地有分工較爲嚴明的冶鐵手工業，廣東佛山的冶鐵手工業，「名揚天下」。嘉靖年間，長江三角洲一帶，如蘇、杭、湖、松諸府，大抵成了國內市場的一個中心區城，「三吳之以機杼致富者尤眾」，富室積金銀數十萬兩者頗多，同時出現了代替實物地租的貨幣地租，「城鄉的金銀貨幣漸從死藏進入流通的蒸溜器之中」。

在西方，十五十六世紀，歐洲一些大城市中有幾十種甚至幾百種手工業行業並開始形成大規模的手工業中心，商品生產飛速發展，英國紡織工業出現了自動紡車，使紡線和卷線的過程合二爲一，臥式織布機和漂練機得到廣泛使用，僅羊毛織品的品種就有 20 多種，產品遠銷歐洲以外的世界市場。在尼德蘭、法國、意大利、德國、西班牙和葡萄牙，行業分化和專業技術分工日益多樣和複雜，資本主義工場手工業和商品生產發展很快，並在航海探險、探礦工程、商業貿易、印刷技術等方面取得長足的進步。西歐國家資本主義生產關係的萌芽同中國資本主義生產關係的萌芽相區別的地方在於它所滋生、孕育的土壤不同於中國，盡管它也曾遭到封建主義的扼制與殘殺，但由於歐洲封建主義遠不及中國發展充分以及歐洲中世紀領主制經濟遠不及中國地主制經濟帶有政治強制和超經濟剝削的因素，因而使得它能夠獲得在封建主義範圍內的盡量發展，最後衝破封建主義的樊籬而成爲一種獨立的經濟形態。中國『資本主義生產關係的萌芽一產生就受到強大的封建主義的肆意摧殘與蹂躪，地主階級及其國家政權競相採取壓制工商業發展的政策，對城市手工業、工商業敲詐勒索，實行嚴屬打擊，再加長期形成的重農抑商傳統，使得工商業資本不能正常活動，不得不轉向封建剝削方面謀求出路，從而阻礙了資本主義生產方式的發展。

十五十六世紀中西方的社會政治均是高度集中統一的封建專制制度，在中國是鞏固皇權，使秦漢隋唐所建立起來的封建皇朝專制制度進一步鞏固和強化。明萬曆年間張居正推行的自上而下的改革就是要「尊主權，課吏職，信賞罰，一號令」，以此來加強專制主義中央集權的統治。在歐洲是確立王權，改變五世紀至十三世紀所形成的教會等級制度和貴族民主制，消除貴族民主制下的分裂割據和無政府狀態，弗雷德里克二世最先提出了主權高於教權的

主張，1414 年康斯坦斯會議宣佈教皇無權解散議會，會議廢黜了教皇約翰二十三世，並敦促當時的羅馬教皇辭職，承認國王是唯一的政府權力的行使者或代表。1529 年英王亨利八世召開國會進行宗教改革，免除羅馬教廷在英國的大主教約克的職務，廢止教皇對英國僧侶的最高管轄權及其任命英國大主教及主教的權力，確認國王爲教會的最高首領和對宗教的絕對統治權。在歐洲，「王權在混亂中代表著秩序，代表著正在形成的民族而與分裂成叛亂的各附庸國的狀態對抗。在封建主義表層下形成著的一切革命因素都傾向王權，正像王權傾向它們一樣」〔註 2〕。因此，歐洲確立王權的政治鬥爭同中國鞏固皇權的政治統治不可同日而語，亦即歐洲確立王權是在封建社會走向崩潰時期王權與教權鬥爭的產物，而中國鞏固皇權則是對秦漢以來建立的中央集權制的繼承發展，起因於唐以來宦官專權、擅權亂政的政治形勢及其與之鬥爭的需要。在歐洲確立王權的政治鬥爭蘊含有反封建的人民性意義，在中國鞏固皇權的政治鬥爭則直接表現爲維護封建統治的作用形式。但是由於中國封建政治統治進入十五十六世紀後日趨沒落腐朽而遠離人民，鞏固皇權的鬥爭只能加速各種社會矛盾的惡化，使得地主階級與農民階級、封建主義和人民大眾的矛盾日趨尖銳，同時也使得統治階級內部各階層和派別的鬥爭愈益激烈，正可謂「民心如實炮，一點而烈焰震天；國勢如潰爪，手動而流液滿地」，整個社會處在「山雨欲來風滿樓」的動盪變化之中。一方面農民起義和城市民變風起雲湧。廣大農民在忍無可忍的情況下揭竿而起，掀起了一次又一次反封建的農民起義和農民革命鬥爭，其中規模較大的有明正統年間贛浙閩山區以鄧茂七爲領袖的農民起義，成化年間勳陽山區的農民起義，萬曆年間以劉汝國爲領袖的安徽、湖北一帶的農民起義，天啓崇禎年間陝西白水縣農民王二發動起義，天下響應，後由李自成領導將起義烽火燃遍全國絕大部分地區，並於 1644 年 3 月攻克北京，摧毀了明政權，建立了農民階級自己的政權。與農民起義相配合，自神宗至天啓年間，全國城市先後爆發了幾十起市民反對鹽礦稅使的鬥爭。萬曆 28 年，武昌市民爲反對稅監陳奉，曾聚眾萬餘人於陳的居處，並抓獲其爪牙十六人投入江中。次年，蘇州織工葛賢領導二千多名織染工舉行暴動，反對稅監孫隆掠奪機戶，勒索高稅，殺死孫隆的爪牙和稅官多人。另一方面，明統治階級內部「閹黨」（以宦官魏忠賢爲首）和「東

〔註 2〕 恩格斯：《論封建制度的瓦解和民族國家的產生》，《馬克思恩格斯全集》第 21
　　　　卷，北京：人民出版社 1965 年版，第 453 頁。

林黨」（以顧憲成、高攀龍為代表）的矛盾以及女真貴族同明代統治者的矛盾已趨白熱化而不可調和。1624 年，明左都御史楊璉等在顧憲成、高攀龍思想的影響下奏劾宦官魏忠賢二十四大罪狀，得到朝廷內外許多人士的響應與稱許，致使代表開明士大夫和中小地主階級利益的東林黨與代表特權腐朽勢力的閹黨之間的黨派鬥爭日益激烈，結果，東林黨慘遭殺戮和禁錮，楊璉與左光斗等被魏忠賢殘殺於獄中，閹黨還下令搗毀全國書院，張榜緝拿東林黨人，造成閹黨白色恐怖統治。但是東林黨人不滿朝政腐敗，要求改革弊端的主張深得人心，各地紛紛成立反對閹黨的組織。天啟四年，張溥等十一名士「創應社於蘇」，貴池吳應箕創立「匡社」。1629 年，「江北匡社、中州端社、松江幾社、萊陽邑社、浙東超社、浙西莊社、黃州質社與江南應社」等在尹山舉行大會，成立復社。復社繼東林黨之後，反對並打擊閹黨餘孽，屢有建樹，復社社員「於鼎革之際，或殺身以成仁，或採薇而高隱」，顯示出照耀異代的亮節清風。〔註3〕與此同時，在明統治階級內部黨爭和派系矛盾激烈之際，居住在黑龍江、長白山一帶的女真貴族與明統治者的矛盾也日趨惡化，他們利用明王朝的政治腐敗開始武裝割據，建立了後金政權。當李自成領導的農民革命推翻明王朝，建都北京的時刻，早已在山海關外虎視眈眈的清兵準備乘機入關，取代明朝而統治中國。清兵入關後，顛覆了大順農民政權並以征服者的姿態實行血腥的民族鎮壓。廣大漢族人民則起而同滿族貴族作鬥爭，如史可法死守揚州，城陷時被執，不屈遇害，劉肇基率部巷戰至死，無一人降清。在清軍分三路南下實行血腥鎮壓的過程中，大江南北抗清義軍蜂起，吳應箕聚義於建德，顧皐謀起兵於常州，陳子龍發難於松江，顧炎武起兵於崑山，各地都掀起了激烈的抵清運動。明王朝的朱氏遺屬曾在南方先後組建過南京的福王政權，紹興的魯王政權，福州的唐王政權和肇慶的桂王政權，進行抗清鬥爭，一直堅持到 1662 年。農民軍餘部也從反明到聯明抗清，堅持民族鬥爭達二十餘年。1673 年清康熙平定「三藩之亂」（平西王吳三桂、平南王尚之信、靖南王耿精忠發動的反清武裝叛亂）統一了全國，從此，中國進入清朝統治的時期。

在西方，確立王權的過程亦伴隨著一系列社會矛盾和階級矛盾的劇烈衝突，英法德諸國在確立王權的鬥爭中致使政權與教會、國王與國會、封建地主階級與農民階級、新興資產階級以及宗教內部各派系的鬥爭日趨尖銳，英

〔註3〕參閱蔣逸雪：《張溥年譜》，上海：商務印書館 1945 年版。

國甚至因此而爆發了資產階級革命。在英國，隨著商品經濟的發展和統一市場的出現，隨著宗教改革的開展，英國教會對羅馬教皇專制統治的擺脫，國王的權力開始增強。但是國王的權力不斷受到議會的制約和教會的抵制。都鐸王朝最後一個女王伊麗莎白曾不斷受到議會的批評和各種宗教勢力的攻擊。詹姆斯繼承英國王位，不能容忍議會對國王的限制，拼命鼓吹王權是上帝的創造物，國王是上帝派到地上來統治人民的最高權威，宣揚王權神授，君權無限論，但卻受到資產階級和新貴族所掀起的清教運動的強烈反對。清教運動中的「長老派」和「獨立派」都反對國教和專制王權，鼓吹工商業活動是神聖的使命，快快發財是承受神恩的體現和特選子民的標誌。查理繼位後，竭力維護君權神授理論，殘酷迫害清教徒，激起資產階級和新貴族的強烈不滿，使斯圖亞特王朝陷入深刻的政治危機之中。一方面，自圈地運動以來，農民起義和城市市民暴動層出不窮。1536 年在宗教旗號下的「開恩巡禮」運動就是一次大規模的農民起義，十六世紀七十年代後，英國中部的六個州均發生起義，起義農民自稱「平等派」，手持鐮刀和棍棒、叉子，動手拆毀柵欄、填平溝洫奪回被圈的土地。到十七世紀二十年代又爆發了規模空前的農民起義，席卷了西部及南部各州。在城市也爆發了工人罷工和市民罷市的運動，矛盾不但指向地主階級和資產階級，而且也指向國王專制政府。1617 年倫敦手工業作坊學徒工舉行暴動，要求改善生活待遇和工作環境，1622 年格羅斯特郡發生了失業工人的暴動，失業者成群結隊地湧到富人家中，奪走食物。1639 至 1640 年在倫敦的失業工人及貧民舉行示威遊行。另一方面，國王專制政府同資產階級和新貴族的矛盾已達到白熱化。十七世紀初以來，資產階級和新貴族階層主要利用國會來同專制政府作鬥爭，卻遭到國王查理一世的強烈反對，查理一世並在 1629 年下令解散國會，於是開始了達十一年之久的無國會的統治時期。1640 年，為了鎮壓蘇格蘭起義及其籌措大量軍需款項，查理一世不得不召集新的國會。但由於新國會中的代表猛烈地抨擊國王的暴政，查理一世便在一怒之下解散了這一屆國會（史稱「短期國會」）。此後，國王的稅款更難籌措，反對國王的傳單，請願書如雪片飛進王宮，蘇格蘭人又發動新的攻勢，面對著內憂外患，查理一世不得不硬著頭皮下令選舉新的國會，這屆國會存在十三年之久。（史稱「長期國會」）長期國會不但在言論上攻擊專制暴政，而且進一步採取革命行動，下令逮捕國王的幫兇——反動大臣斯特拉福及大主教勞德等人。1641 年 5 月倫敦數萬名群眾手持刀、劍和

棍棒來到王宮面前，要求國王從速處死斯特拉福等人，在人民群眾的強大壓力下，國王查理一世只好批准處死了斯特拉福。但是查理一世不能容忍國會的種種行爲，他不僅拒絕批准國會通過的「大抗議」，而且於 1642 年 1 月離開倫敦到北方的約克城，在那裏加緊組織封建軍隊，並於八月悍然向國會宣戰。起先戰爭形勢對國王有利，但後來，國會軍隊在克倫威爾的統帥指揮下大獲全勝，俘虜了國王查理一世，並打退了國王軍隊的第二次反攻，於 1649 年 1 月公開處死查理一世，取得了英國資產階級革命的勝利。1653 年克倫威爾解散長期國會，自己就任爲護國主，建立起半君主制的軍事獨裁統治，發動了遠征愛爾蘭的侵略戰爭。1658 年克倫威爾死去，各派政治力量重新活躍起來，擁護「合法的斯圖亞特王朝」的呼聲日趨高漲，1660 年新的國會批准恢復王朝政體，查理的兒子，流亡在荷蘭的查理二世返回英國，在答應了國會的一系列條件後恢復了王權。但是等局勢開始穩定下來之後查理二世便撕毀過去的條約，兇相畢露地進行反攻倒算，對參加審判查理一世的人進行慘無人道的迫害，甚至把克倫威爾的屍首從墳裏掘出來然後梟首示眾。1685 年查理二世死後，其弟詹姆斯二世即位。詹姆斯二世即位後不僅恢復了英國國教會，並加緊同大陸保守的天主教勾結，試圖明目張膽地實行恢復天主教的計劃，引起英國資產階級和新貴族的強烈不滿。1688 年英國資產階級和新貴族同國教僧侶，封建貴族聯合起來，準備發動政變，廢黜詹姆斯二世。詹姆斯二世匆匆逃往法國，英國資產階級和新貴族迎來了詹姆斯的女兒瑪麗和女婿威廉。1689 年 2 月，威廉正式即英國王位，是爲威廉三世。3 月，英國國會通過了《權利法案》，提出國王必須按照國會的意志行事，從此建立了君主立憲制的政治統治。

　　十七世紀是革命和戰爭的世紀。在中國，農民起義的風暴以前所未有的規模席卷大地，起義的成功導致崇禎皇帝自縊於梅山。在英國，資產階級革命轟轟烈烈地開展，革命的勝利把查理一世送上斷頭臺。在中國，李自成進駐北京後，以建立李氏王朝爲奮鬥目標，忙於登基作皇帝，部下追求享樂，貪戀財色之風蔓延，最後引起駐守山海關大將吳三桂的不滿，吳竟引清兵入關，農民軍被迫退出北京，勝利成果被葬送。在英國，克倫威爾擊敗查理後，個人權欲膨脹，將共和制變成護國政體，實行軍事獨裁，結果造成斯圖亞特王朝復辟。在中國，大批明朝官僚同清軍勾結，矛頭直指農民軍，使轟轟烈烈的明末農民大起義，令人惋惜地失敗了，接著是滿清貴族的馬蹄踐踏和征

服中國大地，改變了中國歷史發展的正常進程，再加戰爭的影響，使中國已落後於先進的西方國家。在英國，克倫威爾死了，君主制復辟了，但英國資產階級革命並沒有失敗，英國資產階級和新貴族同查理二世的復辟行為進行了堅決的鬥爭，並通過 1688 年光榮革命，建立起了資產階級性質的政治統治形式。雖然資產階級革命表現很不徹底，最後是資產階級和新貴族同封建勢力妥協，但它或多或少地表現了對於封建傳統的叛逆，包含了許多不同於以往革命的新內容。也正因為如此，它才使英國獲得了發展經濟和軍事的能量，從而能跑在世界各民族國家的前列。

十七世紀的法國和德國經濟發展水平還不及英國，資產階級也沒有成長到足以發動革命的程度，德法兩國在十七世紀通過宗教改革使封建君主專制和王權得到了加強，但是各種社會矛盾愈趨尖銳。法國在十八世紀終於爆發了資產階級革命，建立了法蘭西共和國。在法國革命之前，北美進行了獨立戰爭，建立了美利堅合眾國，使資本主義生產方式在英法美諸國得以普遍確立；英國通過工業革命發展了機器生產，創造了空前巨大的生產力。而這一時期的中國，正值落後的滿族平定漢族的反抗，全面確立對中國統治的歷史時期，雖然經濟上比前朝有所發展，但遠沒有發展到用機器生產的水平。從某種意義上說，十八世紀對西方社會，是一個持續不斷地改變人類生活和社會環境的奠基階段；而在中國，封建專制體制被高度強化，小農經濟受到保護，商品經濟卻受到抑制，並形成了閉關鎖國的政策，使中國社會的發展步入了一個萬馬齊喑、極端沉悶的時期。

二、十六十七世紀中西思想文化背景比較

十六十七世紀的中國和歐洲，隨著封建社會進入末世和資本主義生產關係萌芽的產生，在思想文化領域中開展了對中世紀正統思想文化的批判，掀起了思想啟蒙運動和文化復興運動，產生了一大批思想文化界的巨人，在中西思想文化史上寫下了極為重要的一頁。

中國和西方在十六十七世紀掀起的思想啟蒙運動和文化復興運動，是對中世紀蒙昧主義以及由蒙昧主義所撐持的君主專制或教權至上所作的大膽揭露和深刻批判，表現為一種注目現實世界的帶有強烈的世俗化個性化傾向的文化運動，但形式上卻是在復興古代文學藝術的旗幟下進行的。十六十七世紀的中國早期啟蒙大師們在批判中世紀正統思想程朱理學及隋唐佛學，抨擊

時政、闡述未來理想社會的圖景時，不得不把眼光投向先秦文化，搬出三代盛世，以復興周秦諸子思想爲職志，試圖借理想化的「三代之盛」去襯托「今世之弊」，用傳說中的氏族民主制的某些精義去譴責封建君主，以百家爭鳴的諸子之學聲討盛行於中世紀的文化專制。在文學上，明代前後七子的復古運動聲震國中，他們主張「文必秦漢，詩必盛唐」，試圖以復興雄悍活躍的秦漢文學和恢宏豁達的盛唐詩歌來衝破臺閣體、八股文籠罩文壇的局面，將人們從窒息、沉悶的文化氛圍中解放出來。在思想文化領域，顧炎武以復興漢學爲要旨，期待三代之盛「徐還」；並明白宣佈：「孔子之刪述六經，即伊尹太公救民於水火之心」，〔註4〕而他的著作便是仿傚先哲，「明學術，正人心，撥亂世以興太平之事」。〔註5〕黃宗羲的《明夷待訪錄》高度讚美「古之君」的大公無私，憤怒譴責「今之君」的貪婪殘暴。唐甄《潛書》文體多仿《孟子》、《墨子》、《莊子》，而他本人亦以周秦諸子自居，傅山自命學老莊，以弘揚先秦學術爲務，著有《易解》、《左錦》和《十三經字區》、《春秋人名韻地名韻》以及《周禮音辨》等書。顏元信奉古文尙書，託六藝，揚孔孟，辨聖學之眞僞，……當然中國早期啓蒙大師對古典文化的愛好並非古文明的簡單回覆，而是在復興古代文化的形態下尋求更新，亦如顏元所說：「僕謂古來詩書，不過習行經濟之譜，但得其路經，眞僞可無問也，即僞無仿也」，〔註6〕其託古、求新，在舊形式下提出新內容之意躍然語間。

　　西方十六十七世紀的文藝復興運動同中國十六十七世紀的思想啓蒙運動一樣，亦是在復興古代希臘、羅馬文化的旗幟下進行的。爲了擺脫宗教教義和基督教神學的束縛，衝破中世紀經院哲學和教父哲學的煩瑣與空疏，把人們的視線由虛渺的天界拉向眞實的人間，人文主義者們注目於拜占庭傳來的古希臘文獻的手抄本和古羅馬廢墟中重見天日的藝術品，醉心於其博大精深的理性力量和無與倫比的光艷，掀起了翻譯、介紹、傳播古希臘羅馬文化的熱潮。人文主義之父彼得拉克喜好古典文化，他到處搜求古代希臘、羅馬作家的手稿並加以傳播，據說他曾以宗教的虔誠態度小心地保存著一部自己不能讀的希臘文荷馬詩集；他模仿各種體裁的拉丁詩歌，力求用他卷帙浩繁的歷史和哲學著作來介紹古人的作品，他寫了不少具有考古趣味的書信和論

〔註4〕 《亭林文集》卷四《與人書》。
〔註5〕 《初刻〈日知錄〉自序》。
〔註6〕 《與錢曉城書》。

文，而且他相信並希望自己的拉丁文作品能在他同時代人和後代人中間給他帶來聲譽。薄伽丘也是因為由於崇尚古代希臘羅馬文化，編輯了許多拉丁文的神話，地理書和傳記而出名的，他相信古代希臘羅馬文化是意大利所擁有的能使它獲得光榮的一項最高貴的事業。在彼得拉克和薄伽丘的影響下，人們開辦希臘學院，講授和傳播古希臘哲學和文學，競相抄寫古代希臘的文化典籍著作，並聘請希臘文教師，鼓勵自己的後代從小學習拉丁文、希臘文，要求精通古典學術文化。所謂文藝復興原意即是指復興古代希臘羅馬的文化和藝術。當然，隨著文藝復興運動的深入進行，學者們已不僅僅以傳播介紹古代希臘羅馬的學術文化為滿足，他們在對古代學術文化進行深刻而系統的研究中，利用古希臘哲學中的唯物主義和非神學思想，與天主教的蒙昧主義，經院哲學的獨斷論相對抗，利用古典文學藝術中的現實主義成分與中世紀的來世觀念、禁慾主義作鬥爭，利用古代的民主制來批判封建專制，由此掀起了一場以人性對抗神性，以人權反對神權，以人的解放取代人的束縛的思想文化啟蒙運動。正因為如此，恩格斯指出，文藝復興這一名稱並不能把這個時代充分地表達出來，這個時期的文化決不是古代文化的簡單復活，而是新興市民階級利用復興古代文化的形式來創建本階級的文化。新興市民階級「戰戰兢兢地請出亡靈來為他們效勞，借用它們的名字、戰鬥口號和衣服，以便穿著這種久受崇敬的服裝，用這種借來的語言，演出世界歷史的新的一幕」。〔註7〕正如法蘭西文藝復興時期的詩人羅沙爾說的，我們之所以研究古人，目的是為自己開闢道路。

中國和西方在十六十七世紀這一人類歷史大變革的時代所掀起的思想啟蒙運動和文藝復興運動以直接地批判中世紀封建蒙昧主義和占統治地位的程朱理學或經院哲學為主要任務。並在批判封建蒙昧主義程朱理學或經院哲學的鬥爭中，旗幟鮮明地提出以人為本，尊重人的價值和尊嚴，個性自由等學說。在中國，早期啟蒙思想是在反對程朱理學，揭露程朱理學「以理殺人」的過程中產生的。揚起啟蒙思想波瀾的首先是以王艮為首的泰州學派。王艮認為，程朱理學「存天理，滅人欲」的說教是違反人道的，實際上「人欲即是天理」，「天理者，天然自有之理也，才欲安排如何，便是人欲。〔註8〕聖人

〔註7〕　馬克思：《路易波拿巴的霧月十八日》，《馬克思恩格斯選集》第 1 卷，北京：
　　　　人民出版社 1995 年版，第 585 頁。
〔註8〕　《王心齋先生遺集》卷 1，《語錄》。

之道無異於百姓日用，百姓日用之條理處便是聖人之道。他明確肯定飲食男女之性是天性的自然權利，並強調人無貴賤賢愚，皆以形色天性而為日用。何心隱更明確地認為，「性而味，性而色，性而聲，性而安佚，性也。」〔註9〕人欲即是性，二者是密切聯繫的。他反對程朱理學的滅欲說，主張「育欲」說，提出以「育欲」來使自己與百姓同欲。李贄學承泰州學派並發展了泰州學派批判程朱理學的一面，從肯定「人必有私」為「自然之理」出發，提出了一種較為徹底的利己主義人性論，認為人們的一切活動就是以私心為動機和行為動力的，「如服田者私有秋之獲，而後治田必力；居家者私積倉之獲，而後治家必力。〔註10〕他批判程朱理學的天理人欲之辨，公開提出「穿衣吃飯，即是人倫物理；除卻穿衣吃飯，無倫物矣。世間種種皆衣與飯類耳，故舉衣與飯而世間種種自然在其中，非衣飯之外更有所謂種種絕與百姓不相同者也。」〔註11〕在義利觀上，他強調正義明道的價值在於謀利計功，認為「夫欲正義，是利之也，若不謀利，不正可矣。」〔註12〕尤為難能可貴的是，他在人必有私的人性論和功利主義價值觀的基礎之上，提出了「致一之理」的平等觀和「任物情」，使之「各獲其所願有」的個性自由發展說，發出了「堯舜與途人一，聖人與凡人一」的吶喊，認為上至天子下至庶人都是平等的，「庶人非下，侯王非高，在庶人可言貴，侯王可言賤。」〔註13〕在論證人人平等中，李贄批判了男尊女卑的舊觀念，闡發了男女平等的思想，並且同情寡婦，反對程朱理學所鼓吹的「餓死事極小，失節事極大」的謬說，讚揚寡婦再婚，認為漢代的卓文君改嫁於司馬相如是知音相結，「同聲相應，同氣相求」，是「正獲身，非失身！」不僅如此，他還主張聽任個性自由發展，使天下之民各自去追求自己的欲望，各自獲得自己的意願，「就其力之所能為，與心之所欲為，勢之所必為者以聽之，則千萬其人者，各得其千萬人之心，千萬其心者，各逐其千萬人之欲，」亦即使每一個人「各遂其生，各獲其所願有，」〔註14〕任物情而自由發展。在李贄看來，天下千萬其人，各有不同的個性和追求，這是物之情和禮之質的表現，倫理道德就是要「民之所好，好之；民之所惡，

〔註 9〕 《何心隱集‧寡欲》。
〔註10〕 《藏書‧德業儒臣後論》。
〔註11〕 《焚書‧答鄧石陽》。
〔註12〕 《藏書‧德業儒臣後論》。
〔註13〕 《李氏叢書‧老子解下篇》。
〔註14〕 《明燈道古錄》卷上。

惡之」，不以己之欲加於民之欲之上，從而使人的個性得以自由發展。李贄的人人平等和個性自由發展的思想，反映了明末期間正在萌芽狀態的資本主義生產關係的客觀要求，表達了新興市民階級衝破封建制度束縛，要求個性解放的願望。黃宗羲以抨擊封建君主專制爲自己的使命，在《明夷待訪錄》中提出了「天下爲主，君爲客」的觀點，認爲，君主應當「以千萬倍之勤勞而己又不享其利」爲自己的行爲標準，努力爲天下萬民興利除害，滿足天下萬民的自利欲求，就是天下之理，也正是君主的責任和義務。但是君主專制卻顛倒了「天下爲主，君爲客」之間的關係，「以君爲主，以天下爲客」。正是因爲顛倒了主客關係，造成了君者「以爲天下利害之權皆出於我，我以天下之利盡歸於己，以天下之害盡歸於人」，「以我之大私爲天下之大公」，視天下爲我之「莫大之產業」。君主專制由於視天下爲我之產業，因此「凡天下之無地而得安寧者，爲君也。是以其未得之也，屠毒天下之肝腦，離散天下之子女，以博我一人之產業，曾不慘然。曰：『我固爲子孫創業也』，其既得之也，敲剝天下之骨髓，離散天下之子女，以奉我一人之淫樂，視爲當然」。〔註15〕在黃宗羲看來，「爲天下之大害者，君而已矣。向使無君，人各得自私也，人各得自利也，」。這些驚世駭俗的觀點，在君主專制的時代，確乎是石破天驚的猛吼，是劃破中世紀漫漫長夜的驚雷，具有破塊啓蒙的積極作用。稍晚於黃宗羲的唐甄在《潛書》中指出：「天子之尊，非天帝大神也，皆人也」，把罩在神聖光圈的帝王拉回到凡人行列中。他猛烈指斥君主專制，認爲「治天下者惟君，亂天下者惟君，……海內百億萬之生民，握於一人之手，撫之則安居，置之則死亡，天乎君哉！地乎君哉！……一代之中，治世十一二，亂世十八九，……君之無道也多矣，民之不樂其生也久矣，其如彼爲君者何哉！」〔註16〕君主專制帶給人們是無窮無盡的災難，不管是什麼樣的君主，都有可能滑向以天下百姓爲己有之物的泥坑，從而導致天下大亂。「懦君蓄亂，闒君生亂，闇君召亂，暴君激亂」。唐甄甚至把君主與盜賊並提，即便把封建君主加以審判，送上歷史的斷頭臺，亦不足以償還血債。〔註17〕在對君主專制的猛烈批判中，唐甄繼李贄之後提出了天賦人權、人人平等的學說，認爲「天之道故平，平則萬物各得其所」，君主是人，庶民亦是人，「位在天下上之者，

〔註15〕《明夷待訪錄・原君》。
〔註16〕《潛書・鮮君》。
〔註17〕參閱《潛書・室語》。

處天下之下」，他還把君主看作公僕，把匹夫視為上帝。唐甄的這些思想已含有近代民主制的因素，同十七世紀西方學者的理論是十分相似的，代表了近代市民階級沖決封建網羅，發展自由私產的願望和要求。

　　這一時期，在文學藝術領域，市民文藝、世情小說也開始風靡文壇，出現了許多反封建反禁欲主義，主張追求個性自由，人生幸福的優秀文藝作品。羅貫中的《三國演義》、施耐庵的《水滸傳》、吳承恩的《西遊記》、湯顯祖的《牡丹亭》、馮夢龍的《喻世明言》、《醒世恒言》、《警世通言》，凌濛初的《初刻拍案驚奇》、《二刻拍案驚奇》等，不僅揭露了封建社會的黑暗現實和腐朽沒落一面，而且也謳歌了反對封建禮教，追求個性解放的行為和精神。湯顯祖的《牡丹亭》淒婉動人，作品寫的是，南安太守杜寶之女杜麗娘，在封建禮教的束縛下與外俗隔絕，幽居深閨。這個正在成長的青春少女，偶去花園中，明媚的春光喚發了青春的覺醒，夢中與書生柳夢梅相愛，醒後思慮致死。三年後，柳夢梅到南安養病，發現麗娘的自畫像，深為愛慕，麗娘感而復生，共同往淮安求其父母許婚，幾經周折，終於喜結良緣。劇中描寫杜麗娘對愛情的執著追求，帶有「現代的性愛」的特質，體現了對個性解放的強烈追求，曲折地反映了新的時代特徵。尤其是馮夢龍的「三言」，凌濛初的「二拍」，簡直可以說是反映市民生活的百科全書，涉及到市民精神的各個側面，它們猶如展示市民生活的風俗畫廊，反映著大變革時代的世態百象，人生種種。在「三言二拍」裏，有對重農抑商、重義輕利傳統觀念的無情嘲諷，公開提出了「商賈為第一生業」和「以利為重」的價值觀念的，如《轉運漢巧遇洞庭紅》、《進香客莽看金剛經》、《楊八老越國奇逢》、《賣油郎獨佔花魁》等；有對封建禮教和貞烈觀的深刻批判，公開倡導寡婦再婚，婚戀自由和男女平等觀念的，如《滿少卿飢附飽颺》、《喬太守亂點鴛鴦譜》、《李將軍錯認舅》等；有對「不在其位，不謀其政」，視人民為愚弄對象的政治思想的猛烈抨擊，主張市民參與政治、關心國家大事的，如《沈小霞相會出師表》、《灌園叟晚逢仙女》等；有對貪官污吏的冷峻揭露，將貪官污吏比之江洋大盜從而主張與之鬥爭，掀其寶座的，如《惡船家計賺假屍銀》、《十五貫戲言成巧禍》、《沈小官一鳥害七命》、《許察院感夢擒僧》等；有對科舉取士的尖銳批判，揭露其腐朽與黑暗，進而否定科舉取士、主張不拘一格選拔人才的，如《機中機賈秀才報怨》、《鄭舍人陰功叨世爵》、《韓秀才乘亂聘嬌妻》等。總之，《三言》、《二拍》真實而生動地反映著市民階級的欲望、情感、意緒、願望和要求，

表達著市民階級對人性、人的價值、人的尊嚴、人的權力的深沉呼喚，以及把尋覓幸福的眼光從彼岸收回此岸，心靈的慰籍從希翼於虛幻的神到躬行於現實的人的價值轉換。在《三言》、《二拍》中，市民階級的向上力量，反抗舊觀念的鬥爭意志以及追求理想、渴望美滿幸福生活的積極精神，還有絕意仕途、經營實業、笑傲王侯、蔑視權貴的價值選擇和人生旨趣力透紙背，不惜爲一曲人的覺醒和人的發現的讚歌。

在西方，十六十七世紀的人文主義者們反對基督教神學的蒙昧主義和禁欲主義，極力頌揚現世生活的幸福和人生的價值，提倡個性解放和思想自由，他們以人類個性自由發展的思想對抗封建時代特有的教會獨裁，以塵世生活的幸福對抗教會所宣揚的來世和天堂的幸福。被稱爲人文主義之父的彼得拉克公開蔑視神靈，提出「我不想變成上帝，或者居住在永恒中，或者把天地抱在懷抱裏。屬於人的那種光榮對於我就夠了。……我自己是凡人，我只要求凡人的幸福。」蒙田公開倡導，「人們爲他人生活已經夠多了，讓我們至少在這餘生中爲自己生活罷。讓我們的注意和思慮返向我們自己，以及我們的安樂罷。〔註 18〕在蒙田看來，世界上最偉大的事情即是去學知我們怎樣歸依自己。過去人們受神學的欺騙，認爲只有鄙棄世俗，清心寡欲，才可以贖罪歸神，人民企圖超越自身，力圖避免做一個人，這樣做，人們非但「沒有把自己變成天使，卻使自己變成禽獸，他們沒有擡高自己卻貶黜了自己」。〔註19〕歷史的教訓告誡我們，神是靠不住的或者根本就不存在的，人從來就是創造自己生活的主人，只有人才是人間一切善惡苦樂和價值的創造者。蒙田認爲，人們如果能認識到「最爲美麗的生活，是那些依奉普通人格規範的人」，那末中世紀那種「神至尊大，人至卑小」的可憐景狀，就可以得到一大解救。蒙田繼承了古希臘羅馬伊壁鳩魯和盧克萊修的思想，提出快樂和幸福是人生的目的、意義和價值。如果一個人不能夠完全地享受快樂那就是十分悲慘和不幸的。他說：「我們的最終目的即使在道德，亦是快樂。」〔註20〕從道德的目的來講，快樂是它最終的目的。我們應該稱道德爲快樂。托馬斯・莫爾認

〔註18〕　周輔成編：《從文藝復興到十九世紀資產階級哲學家政治思想家有關人道主義人性論言論選輯》，北京：商務印書館 1966 年版，第 163 頁。

〔註19〕　周輔成編：《從文藝復興到十九世紀資產階級哲學家政治思想家有關人道主義人性論言論選輯》，北京：商務印書館 1966 年版，第 165 頁。

〔註20〕　《論哲學即是死》，《世界文庫》第 9 分冊，上海生活書店 1936 年版，第 4061 頁。

爲，享受塵世生活的快樂與幸福是人生最大的本色，完全符合理性的規則和自然的意向。那種片面強調理性的宗教苦行僧式的生活方式是完全違反人道的。他尋求一種既能使一己快樂和幸福又能使他人和眾人都快樂和幸福的理想社會的方案，主張利己與利他相結合。在他的《烏托邦》中，按照烏托邦人的說法，如果說人類固有的道德就是爲別人造福，讓他獲得安慰，替他減輕災難，解除痛苦，讓他獲得人生的滿意，那麼，爲什麼對我們自己又不這樣要求呢？如果說適意的人生，亦即快樂的人生是不好的，是不應該提倡的，那麼同樣也應該使別人擺脫快樂；如果說，我們不但要使別人快樂生活，而且認爲這種快樂的生活是好的，爲什麼我們自己不首先奉行這種生活呢？這就是說，對自己和別人，應當無所厚薄。道德要求人們好好對待別人，並不要求對待自己嚴峻苛刻。整個人類都是同樣平等地有權過幸福生活，決沒有什麼人得天獨厚，其命運比別人高超。正是在這種意義上，托馬斯‧莫爾特別重視個人利益與公共利益的關係，強調把人我己群結合起來，既利己又利他，追求一種高尚的符合人的本性的快樂。弗蘭西斯‧培根繼托馬斯‧莫爾之後，不僅針對宗教蒙昧主義響亮地提出了「知識就是力量」的口號，把知識看作是照亮隱藏在世界深處一切秘密的燈火，認爲如果沒有知識人類就會永遠愚昧落後，聽命於宗教迷信和封建專制主義擺佈；而且著眼於人生的現實幸福，提出了全體福利說的理論，把維護國家財富的公共事業看作是國家的最高正義原則，認爲只要人們堅持這個原則，私人利益就會經常地跟著公共利益而來。在培根看來，利己或自愛是源泉，利公和仁愛是川流，善德雖然是利人利公，但必須以利己和自愛爲前提，應當把利己之心與利人之心「理智地分清」，即在爲自己謀利益時不要損害他人利益和國家利益，在爲他人和國家謀取利益時不要損害自己的利益。培根把基督教道德的黃金律「愛人如己」變成了「像別人愛你那樣愛別人」。即以別人的態度和行爲作爲自己行善的交換條件，反映了資本主義商品經濟等價交換原則在倫理道德領域的要求。霍布斯和洛克論述了自然權利和社會契約的理論，認爲「人們組成這個社會僅僅是爲了謀求、維護和增進公民們自己的利益」，〔註21〕如果政府和君主不能保護人的自然權利及其利益，那麼它們就是不合法和非正義的。如果君主任意侵犯公民的自然權利和利益，公民就有權推翻他。根據這種理論，

〔註21〕（英）洛克：《論宗教寬容》，吳雲貴譯，北京：商務印書館1982年版，第5頁。

洛克提出了國家分權的原則，認為立法權屬於議會，行政權屬於君主。洛克的分權理論，既表現了資產階級的自由平等精神和權力要求，又體現了資產階級對封建貴族的有限制的妥協。與洛克同時代的法國思想家帕斯卡爾和拉羅什福科無情地嘲笑當時法國社會的陋習鄙俗。帕斯卡爾指出：「目前的時代，真理是那樣幽晦難明，謊言又是那樣根深蒂固，以致於除非我們熱愛真理，我們便不會認識真理」。〔註22〕笛卡爾為了反對宗教蒙昧主義，提出了「我思故我在」的命題，強調理性的絕對權威，認為不管在任何時代，任何情況下，人們永遠只許聽從理性的證明。

在文學藝術領域，西方十六十七世紀出現了勃然生機，產生了像伊拉斯謨、拉伯雷、塞萬提斯、莎士比亞、密爾頓等一大批文化巨人，譜寫出了西方文化史上璀璨的篇章。伊拉斯謨的《愚人頌》假託一個熱情坦率、行動放蕩的愚人來宣揚享樂主義的人生觀和個人主義的價值觀，這個愚人譏笑教皇、主教、僧侶和經院哲學家的虛偽和卑鄙，揭露封建貴族的貪婪和殘惡；她誇耀自己的品質，勸告人們學習她的品質和性格，敢於追求自己的幸福和快樂，任性而為，盡情狂歡。拉伯雷的《巨人傳》十分強調人的力量，對廣大人民群眾給予了熱情的歌頌，認為只要人類掌握了科學知識，就可以消除邪惡勢力，創造美好幸福的未來世界。書中提出的「想做什麼就做什麼」的原則，反映了資產階級意志自由、個性解放的要求和願望。塞萬提斯的《堂吉訶德》揭露了正在走向沒落的西班牙王國存在的種種矛盾，譴責了荒淫墮落的貴族階級，封建帝王的專橫和天主教會的黑暗腐敗，反映了早期人文主義者反封建反教會的戰鬥精神。莎士比亞的《哈姆雷特》盛讚人的偉大，「人是多麼了不起的一件作品，理性是多麼高貴，力量是多麼無窮，儀表和舉止是多麼端正，多麼出色。論行動，多麼像天使，論瞭解，多麼像天神！宇宙的精華，萬物的靈長！」而《羅密歐與朱麗葉》則描畫了為追求愛情而獻身，視愛情為人生幸福和快樂的重要內容的情景，體現了如同恩格斯所說的「性愛常常達到這樣強烈和持久的程度，如果不能結合和彼此分離，對雙方來說即使不是一個最大的不幸，也是一個大不幸；為了能彼此結合，雙方甘冒很大的危險，直至拿生命孤注一擲」〔註23〕的現代性愛的性質。莎士比亞的《威

〔註22〕　（法）帕斯卡爾：《思想錄》，何兆武譯，北京：商務印書館1985年版，第435頁。

〔註23〕　恩格斯：《家庭、私有制和國家的起源》，《馬克思恩格斯選集》第4卷，北京：人民出版社1995年版，第75頁。

尼斯商人》不僅批判了以夏洛克爲代表的落後的高利貸資本，而且歌頌了商人巴薩尼奧的無私的友誼，肯定了以安東尼奧爲代表的商業資本，從而反映出莎士比亞的資產階級人文主義的階級實質。

當我們把十六十七世紀中西思想文化和文學藝術放在一起進行比較，就會發現二者相似之處甚多，即中西方早期啓蒙思想家和人文主義者都對中世紀封建蒙昧主義和宗教禁欲主義及封建專制主義進行了無情的揭露、抨擊、批判與否定，大膽地謳歌了人的價值及物質生活的正當性，提出了意志自由，人人平等及個性解放的思想主張，突出了理性的力量和人民的力量。李贄與唐甄的觀點同蒙田、洛克等人的觀點如出一轍。在文學藝術上，中國有浪漫主義的文學傑作《西遊記》，西方有浪漫主義的名著《巨人傳》，中國有批判現實主義的佳作《金瓶梅》，西方則有《十日談》，中國有《賣油郎獨佔花魁》，西方有《威尼斯商人》。正如蕭萐父教授在《中國哲學啓蒙的坎坷道路》中所說的，在明清之際社會大動蕩，階級鬥爭和民族鬥爭的大風雨中，我們民族也產生過自己的巨人。我們有自己的但丁，如湯顯祖，曹雪芹，他們唱的且不是「神曲」，而是「人曲」，也有自己的達·芬奇、米開朗琪羅，如鄭燮、石濤、陳洪綬，他們畫筆下的人和物都表現了崛強的異端性格；還有自己的布魯諾式的「哲學烈士」，如何心隱，李贄，他們敢於離經叛道，死而不悔，我們更有自己的弗蘭西斯·培根，如徐光啓、方以智、梅文鼎，他們學貫中西，開始了鑄造自己「新工具」的事業。〔註24〕中西方早期啓蒙文化之所以具有如此多的相似共通之處，其根本原因和內在基礎在於雙方的封建社會均已進入晚期，並產生了資本主義生產關係的萌芽。

但是，由於中國資本主義生產關係的萌芽不如西方國家普遍而只局限於部分地區，不如西方國家發展迅速而呈現出緩慢、嫩弱的特點，再由於中國封建主義的歷史比西方國家悠久而發展充分，所以，中國早期啓蒙思潮並不像西方文藝復興那樣具備資產階級文化革命和思想革命的性質，亦即中國早期啓蒙思潮並沒有徹底衝破封建主義的藩籬和徹底否定傳統的封建正統思想。中國早期啓蒙思想家們在反對程朱理學「存天理、滅人欲」的封建禁欲主義時還只停留在對人的基本生存需要和共欲肯定的層面上，並未提出較爲系統的快樂主義和功利主義學說，更沒有提出個人主義和利己主義的政治倫

〔註24〕蕭萐父主編：《王夫之辯證法思想引論》，武漢：湖北人民出版社1984年版，第12頁。

理理論;沒有把抨擊和否定中世紀的禁慾主義、蒙昧主義同肯定市民階級的新生活方式和新觀念自覺地聯繫在一起。他們雖然提出了「天下為主,君為客」的政治學說,但並沒因此而提出如何限制君主專制及其分權的理論,沒有想到用法律和制度來限制君權,確立人民的權利。中國早期啟蒙思潮之所以不同於西方的文藝復興運動,不僅同中西方封建主義,資本主義生產關係萌芽發展的程度不同相關,而且也同中西文化傳統存在著的巨大差異密切相關,即中國文化以家族為本位,西方文化以個人為本位,中國文化崇尚目的合理性及政治與倫理合一,西方文化崇尚工具合理性及宗教與倫理貫通。中國社會在跨入文明時代的門檻時走的是一條維新的道路,從而使氏族血緣關係以及由此形成的家庭倫理成為人們心理溝通和感情認同的基礎,造成了由家及國的社會關係網絡或家國一體同構的模型。西方社會在跨入文明的門檻時走的是一條變革的道路,從而斬斷了氏族血緣關係的臍帶,國家奠基於充分發展的私有制之上,家和國之間不存在內在的必然聯繫,形成了崇尚個人自主自立和追求個性自由的民族精神。中國的家族本位根源於一種變質的家長制家庭公社,西方的個人本位根源於以財產個人所有為基礎的個體家庭。中國家族本位的主要表現是把家庭看得比個人更重要,特別重視家庭成員之間的倫理關係,西方的個人本位的主要表現是強調個人自由、個人權利、個人的獨立性,個人對家庭的義務感和責任感比較薄弱。在中國政治與倫理相輔相成,在西方宗教與倫理相激相蕩。由於中國傳統社會是以宗法制為基礎的專制主義社會,家國同構,父權借君權以暢行,君權仗父權以確立,因而倫理與政治結下了不解之緣,家族內部用以調整相互關係的道德規範,延伸到社會領域便成為維護統治秩序的政治原理。西方傳統社會由於建立在個人本位和私有制基礎之上,因此個性原則便構成了民族精神的基本性格,各個人都保持他自己的地位,專注於個性的發展,「要表現他們自己,並且要在表現中找著快樂」。〔註25〕但是個性無限制地發展勢必要造成人格的失落和內心的痛苦,為了求得內心的平衡,必須使靈魂有所寄託和依附,於是向天國希求力量的宗教應孕而生。西方文藝復興運動所掀起的人文主義浪潮,既衝擊著中世紀的神學蒙昧主義和封建專制主義,又繼承和發展著西方傳統文化和民族精神,既大大促進了個人才智的發揮,為近代社會的降臨作好了準備,

---

〔註25〕 (德)黑格爾:《歷史哲學》,王造時譯,上海:上海世紀出版集團 2006 年版,第 226 頁。

又推動著人們片面追求個人價值，忽視社會責任和道德義務，最終趨向「人欲橫流」的物欲主義和享樂主義。中國明清之際的早期啓蒙思潮，批判了程朱理學和隋唐佛學的禁欲主義、蒙昧主義，對專制君權也作過猛烈的抨擊與否定，但並未拋開重倫理重政務的文化傳統，而是在從古代文明中吮吸養料的同時弘揚和發展了中國的文化傳統和民族精神。

中國早期啓蒙思潮不同於西方文藝復興運動還在於，它並未像文藝復興運動那樣直接發展爲十八世紀的啓蒙運動，而是經歷著十分曲折而坎坷的道路，淹沒在十八世紀清政府的文化專制主義和歷史的迴流之中。早期啓蒙思想家的許多著作及富有戰鬥性和革命性的思想學說，直到十九世紀初資產階級維新變法和資產階級革命時才得以發掘、整理及傳播，即在溝沉、中斷、淹溺達兩個世紀時才成爲近代先進人物所藉重的武器。這一崎嶇坎坷的發展歷程一方面證明在中國反對封建專制主義，進行思想文化啓蒙是一項非常艱難而繁重的事業，需要幾代人的共同努力，另一方面也證明眞正有助於人的發展和社會進步的思想學說是決不會完全消失，永遠被淹沒的。就像海邊的沙子被海水不斷地沖刷一樣，它們總會有被人重新發現的一天，「那種神奇的美在某種新的形式下出現，並激勵著理智去探索它那無法達到的底蘊。」〔註26〕早期啓蒙學者李贄、黃宗羲、顧炎武、王船山的思想說學極大地影響了近代梁啓超、譚嗣同、章太炎、楊昌濟、吳虞以至毛澤東、蔡和森等人，成爲中國民主革命的思想來源，並不是純粹偶然的，而是有深刻的理論緣由及歷史文化背景的。

三、論王船山倫理思想的基本特徵

王船山（1610～1692），本名王夫之，字而農，號薑齋，因慕晚年居住的「湘西草堂」附近的石船山而自名船山。「船山，山之岑有石如船，頑石也，而以之名」；王船山以石船山自名，借獨立不移的石船山來表達自己高遠堅貞的志向和生命不息戰鬥不止的抱負氣概。王船山「少負俊才」，「穎悟過人」，十四歲中秀才，讀古今詩作不下十萬。青年時期的王船山更是風神俊朗，二十歲就學長沙嶽麓書院時曾與鄺鵬升組織「行社」，常常「聚首論文」，縱論天下大事，對國家境況的憂慮惆悵溢於言表。二十一歲時與管嗣裘、郭鳳躚、

〔註26〕 （法）約瑟夫·祁雅理：《二十世紀法國思想》，吳永泉等譯，北京：商務印書館 1987 年版，第 3 頁。

文之勇等一些志同道合的好友組織「匡社」，藉以文會友來指點江山，暢議風雲變幻的政治形勢。二十四歲在武昌鄉試中，以《春秋》一門考第一，中第五名舉人，受到考官歐陽霖、章曠、蔡道憲的器重，遂「引為知己」。清兵入關南下時，曾在衡山舉兵抗清，失敗之後，到肇慶永曆政權任職，因不滿永曆小朝廷內部的黨爭和腐敗墮落，離開肇慶，輾轉流離於零陵、郴州、耒陽、常寧一帶，有時寄居於殘寺破廟，有時伏處於草莽老林，甚至更裝變名為瑤人，出沒於少數民族居住的簡陋窯洞，晚年隱居衡陽縣曲蘭鄉石船山麓下的「湘西草堂」，潛心著述，「雖飢寒交迫，生死當前而不變」。為了民族的復興，華夏文明的發揚光大，他矢志不渝，癡心不改，以極其頑強的意志和堅韌精神度過了一生。在《自題墓石》中，他寫道：「抱劉越石之孤憤，而命無從致；希張橫渠之正學，而力不能企。幸全歸於茲丘，因銜恤以永世」。〔註27〕

王船山一生以「六經責我開生面」為治學抱負，辛勤耕耘，著述甚豐，涉及經、史、子、集各個學科門類，寫下了四百餘卷近千萬字的作品，體現和反映其倫理思想的著作有《四書訓義》、《讀四書大全說》、《禮記章句》、《俟解》、《尚書引義》、《續春秋左氏傳博議》以及《周易內傳》、《周易外傳》、《讀通鑑論》等。在這些著作中，王船山以「坐集千古之智」和「伸斧鉞於定論」的批判總結精神，對歷史和現實生活中的許多倫理道德問題進行了深入而卓有成就的研究，建立了一個博大深邃含蘊豐厚且邏輯謹嚴的倫理思想體系。王船山的倫理思想體系，「其思路之邃密，論點之警策」是以前任何倫理思想體系所無可比擬的。它不僅總結了傳統的古典倫理，而且也奠定了近現代倫理的基礎，將中華民族的倫理智慧發展到一個極高的水平。

王船山倫理思想的基本特徵，從總體上講大致體現在以下三個方面。

（一）規範倫理與分析倫理的辯證統一

在王船山倫理思想以前，中國和西方倫理學按其學說分類本質上屬於規範倫理學，但這種規範倫理學並非完整意義上的規範倫理學，亦即它所反映的是規範倫理學某一部分或某一方面的內容。古希臘羅馬和我國先秦的倫理學歷史地看是關於個體如何修善達德的德行倫理學，中世紀歐洲的宗教倫理學及其我國的經學、玄學、佛學還有理學倫理學使道德超出了主觀的個人的狹隘範圍而將其作為客觀的個人以外的現象加以研究，因此它實質上成了關

〔註27〕王夫之：《薑齋文集・補遺》卷二，《王船山詩文集》上冊，北京：中華書局1962 年版，第 116 頁。

於道德準則的學說或準則倫理學。只有近代倫理學在總結古代倫理學和中世紀倫理學的思維教訓中才意識到從主觀和客觀、個人和社會的統一上去研究道德，把道德的個人方面和社會方面、德行方面和準則方面、內在方面和外在方面聯繫起來，因此嚴格地說，完整意義上的規範倫理學是近代的產物。正如蘇聯著名倫理學家季塔連科教授所說的：「如果把道德理解爲以單個的個人爲源泉的德行的總和，道德就不可能存在，──這就是古代倫理學在其終結階段得出的教訓。如果把道德完全歸結爲客觀準則，使它越出人的界限，道德同樣也不可能存在──這就是中世紀倫理學的教訓。近代倫理學力求把道德既理解爲客觀準則的總和，也理解爲主觀的個人的因素」，〔註28〕它著力解決社會準則和個人需要的相互關係問題。在西方，弗蘭西斯・培根、斯賓諾莎、愛爾維修、康德等人一方面把倫理學同心理學區分開來，另一方面把它跟政治學和社會學區分開來，謀求個人利益與社會利益，道德品質與道德原則的結合統一問題，可以說他們的倫理意識和道德覺悟，代表了規範倫理學的本質要求和發展方向。

在中國，王船山是把道德既理解爲客觀準則的總和，也理解爲主觀的個人的因素的傑出代表。王船山所處的時代是中國封建制度趨於解體，資本主義萌芽已經出現並在思想上有對封建主義進行自我批判的時代，這就使得他有可能在對中世紀占統治地位的佛學和理學倫理學的反省批判中從社會發展和個人需要的角度去總結、提煉自己的道德思維成果，把準則倫理學與德行倫理學結合起來。此外，王船山個人坎坷多舛的人生遭逢與國家民族危亡衰亂的社會際遇在歷史的迴流中同質共感的狀態，也使他自然地將家國、人群的命運聯爲一體作深沉、動態的思考，他把自己的滿腹憂憤訴諸於倫理文化的反省咀嚼之中，他更將國家的前途、民族的未來置於這種反省思考的最高層，追索和探討著復興民族、推動社會前進，造就一代全面發展的新人的道德文化的眞諦與涵蘊。在王船山看來，道德的個人方面與社會方面不是截然對抗的，個人的德行品質是社會的道德準則的內在化或個體化，社會的道德準則是個人的德行品質的外在化或社會化，沒有準則的德行是盲目的，沒有德行的準則是無力的。準則倫理學和德行倫理學是密切聯繫而不可分割的，它們共同支撐著規範倫理學的大廈。王船山在自己的著作中不僅探討了以國

〔註28〕 （蘇）季塔連科：《馬克思主義倫理學》，黃其才等譯，北京：中國人民大學出版社 1984 年版，第 9～10 頁。

家民族利益為重的社會整體主義的道德原則及其與之相適應的仁愛、忠孝、禮義道德規範，而且探討了如何發展和完善自我、養成獨立人格的道德品質體系，提出了以智仁勇、儉謙廉為主要內容的個體道德學說，從而使得他成為我國近代規範倫理學的卓越代表。

當然，如果僅僅停留在力圖將準則倫理學與德行倫理學統一起來的水平上，王船山的倫理思想還只是與中國古代和中世紀的倫理思想區別開來，並未顯現出不同於同時代西方倫理思想家的獨特之處，同西方同時代的弗蘭西斯·培跟、斯賓諾莎以及洛克等人相差無異。王船山之所以是王船山，就在於他在十七世紀就已經運用了分析倫理學和語義倫理學的方法，在批判功利主義倫理學說混同事實與價值，現有與應有的自然主義謬誤的過程中區分了道德生活中的事實與價值，避免了從人的自然本性直接推出道德的快樂主義理論或利己主義理論。他關於天理人欲「同於形色之實」，「異於變化之幾」的論斷並沒有割裂理欲之間的聯繫，亦沒有抹殺理欲之間的差別。他的義利學說既承認「推之於天理之公，固合也」的義利之間的同一性，又意識到義利之間不容忽視的差異性，他強調的是義與利、理與欲的辯證統一。而同時代的西方倫理思想家，不管是弗蘭西斯·培根還是斯賓諾莎，甚或是後來的愛爾維修、霍爾巴赫等人幾乎不約而同地認為個人利益及其趨樂避苦的自然本性是道德的唯一基礎和判斷道德與否的標尺。在他們那裏，個人利益與社會利益的統一是建立在個人利益及其趨樂避苦的自然本性之上的，「愛別人就是愛那些使我們自己幸福的手段」，人們之所以需要尊重社會公共利益，是因為社會公共利益是無數個人利益的集合，是為個人利益的實現服務的。

王船山倫理思想不同於西方近代倫理思想的地方，在於它是規範倫理學與分析倫理學的辯證統一。它不僅對先秦以來至宋明時期流行的許多道德語詞、倫理概念與範疇進行了嚴肅的扒梳、抉擇與辨異釐定工作，對歷代倫理思想家提出的道德命題和理論學說進行了理性主義和歷史主義的分析評說，同時還嚴格地區分了道德生活中的事實與價值，現有與應有，避免了把一切事實歸之於正當的功利主義倫理學的錯誤。這一點在西方直到二十世紀初喬治·愛德華·摩爾才開始意識到並將其作為批判傳統倫理學、構建現代元倫理學的武器。但是，喬治·愛德華·摩爾的分析倫理學由於完全割裂事實與價值的聯繫，因而變成了否定規範倫理學進而否定倫理學的道德邏輯學或道德語言學，受到二十世紀五六十年代乃至當代許多倫理學家的批判。當代倫

理學發展的一個重要特點就是要復興規範倫理學，將規範倫理學同分析倫理學統一起來。這恰恰表明了王船山倫理思想的科學合理性和跨越產生它的時代和國度的永恒魅力。

（二）人本主義倫理與社會整體主義倫理的辯證統一

在王船山以前的人類倫理思想史上，權威主義的倫理學說或他律主義的道德理論佔據絕對統治地位，西方古代及中世紀的倫理學家們大多受制於神人合一的思維模式，把道德歸結爲神啓或神授的產物，中國古代及中世紀的倫理學家們往往也從天人合一的思維模式中把道德發生的根源歸之於天，或者直接從天道引出人道，或者間接把人道視爲天道，使道德蒙上一層濃厚的超人色彩。這種權威主義的倫理學或他律主義的道德理論固然有提高道德威嚴，使之產生一種震懾人心的力量，但由於獨斷論和先驗論的特質使然，決定了它不可能眞正深入人的內在道德心靈，喚起主體自身的道德覺悟，不可能眞正擔負起教導德行和灌輸準則的任務，因爲，從這種他律主義或權威主義的倫理學說中，只能推出道德宿命論或機械的道德必然論的結論。

王船山在對歷史上諸家倫理學說的批判總結中，深刻地意識到權威主義倫理思想的弊端，認爲眞正科學的倫理思想應當是人本主義的。在王船山看來，倫理道德本質上是人們認識社會和人生以求更好地推進社會發展和個人完善的產物，道德的基礎是人類主體精神的自律，亦即道德是人的道德，人是道德行爲和道德意識的主體。離開了人及人的社會生活，就無所謂倫理道德。「唯人則全具健順五常之理，善者，人之獨也」。〔註29〕「天道不遺於禽獸，而人道則爲人之獨。」〔註30〕天之有道，其道爲自然必然，它是作爲外在法則和客觀規律而存在的，於人的道德生活有影響但畢竟有著本質的區別。人之有道，其道爲倫理道德，它是作爲人類主體自由自覺活動的確證以爲更好地實現肯定自我、發展和完善自我服務的。人道的涵義即是超脫出自然必然的樊籬，擺脫憑本能生活的自發蒙昧狀態，達到一種較爲自由自爲的境界，過一種合乎人性和人的本質的社會生活。人憑藉著自己所特有的人道，就可「去天道遠」，遠離任其自然、聽天由命的禽獸，並在改天換地、轉亂爲治、化愚爲哲的社會實踐中使自己日趨文明、進步，成爲名符其實的萬物之

〔註29〕王夫之：《張子正蒙注·誠明篇》，《船山全書》第 12 冊，嶽麓書社版，第 126 頁。

〔註30〕王夫之：《思問錄·內篇》，《船山全書》第 12 冊，嶽麓書社版，第 405 頁。

靈。人道是人的本質所要求的、人性所涵蘊的使人成爲人的定在，同時也是人類社會生活發展的必然產物。人道作爲一種道德價值內在於人的現實生活之中並代表著人類整體的根本利益和長遠利益，具有鮮明的應當性和理想性特徵。在王船山的倫理思想體系中，雖然也多有天人關係或天道與人道關係的論述，但王船山的天已經不是道義之天而是自然之天，已經不是道德發生的根源而是道德產生的一個外部條件，王船山的天道既不是人道的始基和目的，也不是人道的內容和核心，而是一種道德生活的自然必然或本能欲望。如果說王船山以前諸家倫理學說建構的邏輯起點是天或天道，那麼王船山倫理學說的邏輯起點則是人或人道。正是以人作爲倫理學說的邏輯起點，視道德爲人類生活的特有現象，不僅使王船山擺脫了他律主義或權威主義倫理思想的羈絆，而且也避免了宇宙主義倫理思想或泛道德主義的謬誤，從而使其倫理思想具有近代倫理學的特質。倫理學的近代化即是由個體性倫理向主體性倫理轉型，由權威主義倫理學向人本主義倫理學過渡、由他律道德向自律道德邁進的過程。王船山的倫理學說當然不是這一過程的完結，但他卻最先開始了這種轉型和這種過渡，其功德是永難磨滅的。

　　王船山的倫理思想不僅是人本主義的而且也是社會整體主義的，有前者之特質方可同中西古代和中世紀的倫理思想相區別，有後者之品格則可同同時代的倫理思想相殊異。在中國同時代的倫理思想家如李贄、黃宗羲、唐甄等人以人性自私和人的感覺苦樂立論，把人的私利私心視作人類社會生活和倫理生活的原動力，把穿衣吃飯的生理欲望直接等同於人倫物理，具有個人主義倫理觀的韻味和品格。在西方，蒙田、托馬斯·莫爾、弗蘭西斯·培根、斯賓諾莎、洛克以及後來十八世紀法國唯物主義，他們在反對中世紀權威主義倫理學或他律主義道德理論之際，幾乎無一例外將個人生活的快樂和幸福視爲倫理學的根本目的，將個人利益的欲求及其實現視爲倫理生活的主體內容，把倫理學的支點建立在個人利益及其快樂之上，並在個人利益及其快樂的基礎上來探討利己與利人、利己與利群的關係，從而較爲系統、全面地闡發了個人主義和利己主義的倫理思想。但王船山與之不同，他不是以人的個體存在和自然存在來作爲對抗中世紀權威主義倫理學的武器，他是從社會化的人和群類中的人類立論，通過揭示人的個體存在同社會存在、感覺的我同理性的我相互關係來創立一種理性主義和社會整體主義的倫理思想體系。在王船山看來，個人與社會，一己與群體並不是絕對對立的，人的生存發展同

群體的生存發展是密切相關的，天下是所有人的天下，天下興亡匹夫有責。
人的個體存在與社會存在是聯爲一體的，脫離社會存在的個體存在和脫離個
體存在的社會存在同樣是不可思議的。「盡己之理而忠，則以貫天下之理；推
己之理而恕，則以貫天下之情。推其所盡之己而忠恕，則天下之情理無不貫
也，」「己之理盡，則可以達天下之情；己之情推，則遂以通天下之理。」〔註
31〕人人都以積極的態度投身於社會的救治振復之中，推己及人，先天下之憂
而憂，後天下之樂而樂，那國家就有希望，民族就會復興，社會就會發展。
在個人利益和社會整體利益的關係問題上，王船山既主張協調兼顧共同發
展，又強調社會整體利益的至上性，提出「公者重、私者輕」，「不以一人疑
天下，不以天下私一人」的命題，主張「循天下之公」，把國家民族的整體利
益及其生存發展視爲「千古之通義」。王船山大膽地提出，天下非一姓之私，
「一姓之興亡，私也；生民之生死，公也」，〔註32〕人民群眾的生存發展及其
物質利益高於帝王的統治或君臣之義，是公的標誌或內涵。一個有道德的人
就應當爲民眾謀福利而不是爲一己謀福利，爲生民請命而不是顧一己之命。
爲了人民的利益，國家的前途和民族的命運而犧牲，將是一件非常光榮和十
分有意義的事情，「取義蹈仁者，雖死而不辱」。

　　王船山的社會整體主義倫理思想在十七世紀的人類倫理思想史上可謂卓
爾不群，不同凡響，表露出他深入地洞察人類倫理生活的眞諦，爲建立未來
新穎倫理價值觀而深謀遠慮的精湛智慧。在西方，十八世紀末十九世紀初的
德國倫理學家康德、費希特、黑格爾等人爲西方近代利己主義和功利主義倫
理觀所造成的種種社會弊端所困惑，於迷茫中意識到人絕不只是肉體感受性
意義上的動物，人按其本質來說是有理性的社會存在物，於是竟相提出了整
體至上主義或國家至上主義的倫理學說。在黑格爾那裏，國家是倫理生活的
目的，個人只是實現國家目的的工具或手段。這種國家至上主義是對個人主
義和利己主義倫理觀的一種反動，但因其抹煞和忽視個人利益正當性及其個
人主動性的作用，因而遭到往後許多倫理思想家的抨擊和批判。王船山的社
會整體主義不同於康德的整體至上主義和黑格爾國家至上主義的地方，在於
它並不必然地要以壓抑或否定人的個人利益爲前提，這種社會整體主義內在

〔註31〕王夫之：《讀四書大全書》卷六，《船山全書》第 6 冊，嶽麓書社版，第 816
　　　　頁。
〔註32〕王夫之：《讀通鑒論》卷十七，北京：中華書局 1975 年版，第 515 頁。

地包含著對個人正當利益的肯定，含有在社會整體利益的基礎上將個人利益與社會整體利益結合起來的因素，它同馬克思主義所論及的集體主義在基本趨向和理論風格上有相似之處。

（三）現實主義倫理與理想主義倫理的統一

這種統一貫穿在船山倫理思想的各個方面。

第一、理欲合性與日生日成的人性學說，是王船山人性論的基本特徵。人性的善惡及其根源問題，是中國倫理學史上一個聚訟紛紜且十分複雜的困惑許多倫理思想家的理論問題，孟子從人的先天倫理性入手來論人性本善，荀子從人的先天生理性出發來論人性本惡。秦漢隋唐時期的思想家討論人性時多把性和情對立起來，提出了性善情惡，性仁情貪等觀點，宋明理學家則提出人性二元論，認為天地之性是百行萬善的根源，是粹善而純美的，氣質之性是人秉氣不同而形成的清濁厚薄的自然之性，是惡或不善的根源。在西方古代及中世紀，人性二元論的觀點也十分普遍。柏拉圖認為，人的欲性即肉體感官的要求及其情欲是低級的，只有人的理性才能認識善的理念，因而才是高級的。托馬斯・阿奎那認為人性中的德性是神性的表現並受制於神性，人性中的欲性則是禽獸之性的表現並同禽獸之性相差無二，人因其德性而可成為天使，成為上帝的子民，人因其欲性則又成為魔鬼，成為非人的禽獸。王船山同時代的中西方倫理思想家力圖從人性二元論的陷阱中走出來，提出了氣質一元論或自然主義人性論並以此來對抗人性二元論，他們一反貶損人的欲性，視欲性為低級的和惡的人性論傳統，極力為人的氣質之性或本然之性辯護，認為氣質之性即是天地之性，欲性即是德性，本然的就是正當的和應有的。與上述種種人性論觀點相區別，王船山則持一種理欲合性的性一元論，他說。「性者，生之理也。均是人也，則此與生俱有之理，未嘗或異；故仁義禮智之理，下愚所不能滅，而聲色臭味之欲，上智所不能廢，俱可謂之為性。」〔註33〕又說：「天以其陰陽五行之氣生人，理即寓焉而凝之為性。故有聲色臭味以厚其生，有仁義禮智以正其德，莫非理之所宜。聲色臭味，順其道則與仁義禮智不相悖害，合兩者而互為體也」〔註34〕這種人性學說既擺

〔註33〕王夫之：《張子正蒙注・誠明篇》，《船山全書》第 12 冊，嶽麓書社版，第 128 頁。

〔註34〕王夫之：《張子正蒙注・誠明篇》，《船山全書》第 12 冊，嶽麓書社版，第 121 頁。

脫了德性主義人性論的局限，又避免了自然主義人性論的錯誤，既擺脫了性二元論對峙的理論窘境，又避免了純粹性一元論的偏頗，它是一元的同時又體現爲兩個方面的，因而是辯證的性一元論。更爲可貴的是，王船山認爲，人性是後天而非先天的，是發展而非凝固的，「命日受，性日生，日生則日成也」，成性取決於主體的繼善及其習行的作用，沒有什麼一成不變的人性，因爲人們受命於天並與天爭權的過程是永無間歇、相仍不捨的，影響人性發展的環境也在不斷地變化，這就決定了人們的人性「未成可成，已成可革」。王船山的這種日生日成的人性論，誠如張岱年先生所說，是一種獨創的學說，「是人性論中別開生面的新學說」。〔註35〕

第二，義利並重和珍生務義的價值取向，是王船山價值論的基本特徵。在王船山以前，程朱學派將孔孟的重義輕利學說發展到極端，提出了「不論利害，惟看義當爲與不當爲」的貴義賤利的價值學說，而李覯、陳亮則直認爲無功利則無道義，功利即是道義。在西方，經院哲學推崇基督教道德，認人的物欲利心爲淫邪罪惡，主張禁欲黜利，做有道德的人。與王船山同時代的西方思想家在反對中世紀基督教禁欲主義道德理論時提出利己主義和功利主義的倫理學說，把個人利益提到至高無上的地位，認爲個人利益即是道德的標尺和基礎，講道德如果不能增加個人利益或使個人利益得到更大更有效的實現，那就是毫無意義和價值的。王船山既批判了程朱學派義利觀的偏頗，又批判了事功學派義利觀的錯誤，既不拿功利主義去反對道義論，也不拿道義論去反對功利主義，他主張把道義與功利統一起來，義利並重，在珍生的基礎上務義，在尊重人民群眾物質利益的基礎上弘揚道義，使人的生理需要得到合理的滿足，使人的道德境界得到有效的提升。在王船山看來，義利並重是個總的價值取向，但並不是說它們是半斤對八兩的絕對平衡關係。論先後，利在先義在後；論本末，義爲本利爲末。「立人之道曰義，生人之用曰利」。沒有生人之用的利，人的生理需要就無法得到滿足，從而人的個體存在就難以維繫，立人之道也就無從談起，從這一層面上講利是義的前提或基礎；沒有立人之道的義，人就只是自然意義上的存在，無法把自己同動物區分開來，生人之用也就失去了保證，從這一層面上講義是利的根本或核心，正是在這後一層意義上，王船山得出了「義之必利」和「養衣食之源者義也」的結論，

〔註35〕參閱張岱年：《中國哲學大綱》，北京：中國社會科學出版社 1982 年版，第 224 頁。

倡導「生以載義生可貴，義以立生生可捨」，弘揚和發展了中國倫理思想史上的道義論傳統。

　　第三、人我兼顧、己群諸重的整體主義是王船山道德論的基本特徵。在王船山以前的中國思想界，家族本位主義和整體至上主義的倫理原則一直佔據統治地位，程朱理學在禁動主靜的思想宣傳中，視我為罪惡之源，把自我當作批判鬥爭的對象，力倡「無我」。西歐中世紀基督教認為，卑視自己的人在上帝那裏受到尊重，並提出「神至尊大，人至卑小」，以及自甘屈辱的所謂「有人打你的左臉，你當把右臉再伸過去」的自我戕賤理論。十六十七世紀中西方早期啟蒙思想家或人文主義者一反中世紀的家族本位主義或神本主義，提出了帶有推崇和偏重個人本位的思想理論，西方的蒙田、霍布斯、曼德威爾等人更是直截了當地提出個人本位主義和利己主義，認為個人是最真實的存在物，人們的一切思想和行為都是置重自我，以個人利益為中心的，我們應當為自己而活著。霍布斯指出，人性是天生利己自私，人類每一個個體為了自己的利益都不會忍讓客套，有時甚至是爪牙相鬥，互相殘殺，產生「人對人像狼一樣」的局面。人的求利求安求榮的欲望是永無止境的，其貪得無厭的程度比動物不知要超出多少倍，因此，如有任何兩人欲求相同的事物，而這事物卻不能為他們共同享受時，他們便成了敵人。〔註36〕曼德威爾在《蜜蜂的寓言》中甚至提出損人利己，損公肥私是幸福與美德之源，沒有偉大的邪惡，頭腦中的理想就是空想，欺詐、奢侈和傲慢必須存在，因為我們從它們中得到利益，只有人人自私利己，到處充滿邪惡，社會才能變成天堂。〔註37〕

　　與上述諸家不同，王船山既不主張家族本位主義和整體至上主義，也不贊同個人本位主義和利己主義。他主張人我兼顧、己群諸重的整體主義，認為，道德本質上是人們自我肯定、自我發展和自我完善的社會形式，真正的道德是把他人與自我、一己與群體聯繫起來作整體思考，「既不拿利己主義去反對自我犧牲，也不拿自我犧牲去反對利己主義」的人我兼顧己群諸重的道德。在王船山看來，道德決不是一味否定和排斥自我與個人利益的，恰恰相反，只有確立自我的主體地位和獨立人格，其行為才具有自由自律的道德意

〔註36〕周輔成編：《西方倫理學名著選輯》（上卷），北京：商務印書館 1964 年版，第 659 頁。
〔註37〕（英）曼德維爾：《蜜蜂的寓言》英文版，1924 年倫敦，第 36 頁，第 24 頁。

義，「於居德之體而言無我，則義不立而道迷。」〔註38〕去掉自我意識和自主行爲，完全使自己從屬於他人、社會群體，這只能導致蒙昧主義道德。人的道德主體性和主觀能動性的發揮，必須建立在自我的被肯定或被確認的基礎之上，同自我密切相關。「求己以己，則授物有權；求天下以己，則受物有主。授受之際而威儀生焉，治亂分焉」。〔註39〕同時，王船山還認爲，健全的自我既有自己的自主性格，獨立人格，又絕不是同他人和社會群體分離或對抗的。真正的自我是一種社會化了的大我，它內在地包含有承認他我，擁戴群我的因素。尊重他人是尊重自己的體現和要求，尊重自己必須同尊重他人相結合，維護社會整體利益也含有維護自我根本利益和長遠利益的因素。一個人確證自己爲人的唯一方式就是把他人視爲和自己具有同樣欲求及人格尊嚴的人，勇於承擔對他人和社會的義務。在王船山看來，「使人樂有其身，而後吾之身安，使人樂有其家，而後吾之家固，使人樂用其情，而後以情向我也不淺」。〔註40〕沒有人墮落到明知他人對自己有恩可以報答卻不願報答進而施害於他人的地步，人總是能夠辯別是非善惡，愛其所愛、恨其所恨的。因此，只要我們能夠奉行人我兼顧、己群諸重的整體主義，我們就一定會造成和諧的人際關係和社會關係，使每個人都獲得自由而全面的發展。

第四，相天造命和自強不息的人生態度，是王船山人生論的基本特徵。在中國，程朱理學認爲人生的主要內容就是崇虛主靜，閉門思過，佛道諸家更宣揚四大皆空，人生虛無。在西方，中世紀基督教神學鼓吹人生就是轉向上帝的過程，上帝至高至美至能，他創造一切又養育一切，維護一切又改造一切，人只是上帝的僕人，相信上帝的人，上帝牽著他走；不相信上帝的人，上帝拖著他走。近代思想家弗蘭西斯·培根，還有斯賓諾莎等人，在強調認識自然重要性的同時得出了「我是自然的僕人」，培根說：「人，既然是自然的僕役和解釋者，他所能做的和瞭解的，就是他在事實上對自然過程所觀察到的那麼多，也只有那麼多；除此以外他什麼都不知道，什麼都不能做」。〔註41〕而法國思想家帕斯卡爾和拉羅什福科等人一方面倡導懷疑主義，另一方面卻又宣揚悲觀虛無主義的人生觀。帕斯卡爾認爲，人只不過是一根葦草，是

〔註38〕王夫之：《思問錄·內篇》，《船山全書》第12冊，嶽麓書社版，第418頁。

〔註39〕王夫之：《尚書引義·顧命》，《船山全書》第2冊，嶽麓書社版，第408頁。

〔註40〕王夫之：《詩廣傳》卷二，北京：中華書局1964年版，第55頁。

〔註41〕北京大學哲學系編：《西方哲學原著選讀》上卷，北京：商務印書館1981年版，第345頁。

自然界最脆弱的東西，一滴水，一口氣就足以致他於死地，相對於永恒的空間他的生存是稍縱即逝的瞬間，從本質上說人生就是虛幻外加無聊，他主張人只有皈依上帝才有可能屬於他的幸福。

王船山力排形形色色悲觀虛無主義的人生觀，認爲人生是眞切篤實的存在，人活著就是要充分發揮自己的主觀能動性，與天爭權，與天爭命，自強不息，不僅要做自然界的主人，彌補自然界的缺陷和不足，創造一個人化的自然界，使自在之物變成爲我之物，更要做人類社會和自己命運的主人，修身以俟命，愼動以永命，正己以造命，創造一個合乎人道、文明而進步的社會，塑造一個活潑健康，全面發展的自我。王船山指出：「天地既命我爲人，寸心未死，亦必於飢不可得而食，寒不可得而衣者留吾意焉。……天地授我以明聰，父母生我以肢體，何者爲可以竭精疲神而不可惰？思之思之，尙知所以用吾勤乎！」〔註42〕天地既命我爲人，我就應當發揮人之所以爲人之處，講求做人的氣概和尊嚴，弘揚做人的精神與價值，「爲天地立心，爲生民立命，爲往聖繼絕學，爲萬世開太平」。王船山特別強調自強不息精神對於人生的意義，主張「以自強不息爲修己之綱」，認爲惟自強不息者方能自立自尊，惟自強不息者才能「盡體天理，發憤忘食，樂以忘憂，不知老之將至」，才能面對人生的坎坷，在嚴峻的生活考驗面前，「保初終之素」，「困其身而後身不屈，困其心而後志不降」，居險阻而不顚，遭危困而不辱；惟有自強不息者才能獨立不倚，耿介忠貞，才能夠「履凶遊濁，守貞篤志，正己而不與俱汨」，「歷乎無窮之險阻而皆不喪其所依」，〔註43〕「泊然於生死存亡而不失其度」。〔註44〕對於自強不息精神，王船山作了詳細論述，認爲自強不息即是以至剛不柔之道律己自爲，自克己私而造聖德之純，具體表現在「自少至老，爲而不倦」，「自窮而達，不失不離」，「自危而安，不變其塞」。「以之去私，期乎必淨；以之復禮，期乎必純；以之盡心，其乎必至」，〔註45〕總之，如天之自健其行。更爲可貴的是，王船山不僅在人生觀上力倡自強不息，而且在倫理文化和民族精神方面亦主張弘揚自強不息精神。自強不息精神是中華民族的瑰寶，必須讓其發揚光大。惟有自強不息者才是我們民族的脊梁和希望。

〔註42〕王夫之：《俟解》，《船山全書》第 12 冊，嶽麓書社版，第 488～495 頁。
〔註43〕王夫之：《俟解》，《船山全書》第 12 冊，嶽麓書社版，第 486 頁。
〔註44〕王夫之：《讀通鑑論》卷六，北京：中華書局 1975 年版，第 128 頁。
〔註45〕王夫之：《周易大象解・乾》，《船山全書》第 1 冊，嶽麓書社版，第 698 頁。

第五、躬行踐履和正志立誠的修養之道,是王船山修為論的基本特徵。在中西方倫理思想史上,不論是程朱理學亦或是歐洲中世紀的經院哲學,乃至近代與王船山同時代的弗蘭西斯·培根、笛卡兒、斯賓諾莎等人,在談論道德修養時,往往側重於內心意識的反省或冥思靜坐方面,側重於理性認識或直觀頓悟覺解方面,有的甚至把道德修養的過程視作身心靈肉的自我決鬥的過程,因而他們總是「片面地誇大主觀的作用,以為只要保持他們抽象的善良之心,就可以改變現實改變社會和自己。〔註46〕比如德國倫理學家萊布尼茨就認為,使自己習慣於有條理的思想並使自己處於從思想到思想的進程之中,力求用相反的欲望改變已經產生的不好的欲望或轉移注意力和欲望的方向等方法就是道德修養最好的方法。與這種主觀的唯心的修養論不同,王船山的道德修養理論突出了道德實踐和道德行為的價值,強調身體力行和躬行踐履的重要性,認為實踐是進行道德修養、獲取道德認識的前提,是檢驗道德修養成敗的標準和推動人們進行道德修養的動力。離開了躬行實踐,人們的善惡就無從表現,更無從判斷,當然也就談不上正確地認識自己和改造自己。王船山指出:「君子之道,行過一尺,方有一尺,行過一丈,方有一丈,不似異端向『言語道斷,心行路絕』處索廣大也」。〔註47〕在談到道德認識與道德行為的關係時,王船山認為,行可兼知,而知不可兼行。他說:「且夫知也者,固以行為功者也。行也者,不以知為功者也。行焉可以得知也,知焉未可以收行之效也。將為格物窮理之學,抑必勉勉孜孜,而後擇之精,語之詳,是知必以行為功也。行於君民、親友、喜怒、哀樂之間,得而信,失而疑,道乃益明,是行可有知之效也。其力行也,得不以為歆,失不以為恤,志壹動氣,惟無審慮卻顧,而后德可據,是行不以知為功也。冥心而思,觀物而辨,時未至,理未協,情未感,力未贍,俟之他日而行乃為功,是知不得有行之效也」。〔註48〕「知固以行為功」,「行不以知為功」,這是強調道德認識依賴於道德實踐。要進行格物窮理,只有「勉勉孜孜」,在力行上下功夫,才能攝取精華,論述完備。「行可有知之效」,「知不可有行之效」是說通過道德行為就可以取得道德知識的功效,而停留於通過學問思辨所獲得的道德知

〔註46〕劉少奇:《論共產黨員的修養》,《劉少奇選集》上卷,北京:人民出版社 1981 年版,第 109 頁。

〔註47〕王夫之:《讀四書大全說》卷十,《船山全書》第 6 冊,嶽麓書社版,第 1141 頁。

〔註48〕王夫之:《尚書引義》卷三,《船山全書》第 2 冊,嶽麓書社版,第 314 頁。

識上，卻不能體現道德行為的功效。總之，道德行為可以包括和產生道德知識，但道德知識卻不能包括和產生道德行為，故對於道德修養來說，躬行實踐是最主要的。他說：「德者，行焉而有得於心之謂也。則凡行而有得者，皆可謂之德矣。」〔註49〕真正的道德總是和人們的身體力行、躬行實踐聯繫在一起的，只有不斷地把認識付諸實踐，一步一個腳印地前進，拳拳服膺，才能夠提高自己修養的水平和境界，成為名符其實、堂堂正正的人。

　　在強調躬行實踐方法的同時，王船山也認為，對於道德修養來說，立志、存誠亦是不可缺少的。立志是確立修養目標，端正修養態度，使人修養有恒而精進不息的內在力量。「人之所以異於禽獸者，唯志而已矣。不守其志，不充其量，則人何以異於禽獸哉！」〔註50〕志是人的人格與尊嚴的底蘊與內涵，也是人的價值和生命意義的表現與確證，它集中地表現了人的主體性、能動性和自由創造性的特徵，「志之所至而氣以凝，求仁得仁，而喪亦仁矣」。「志立於不易，則凡吾之所以折大疑、禦大難者，皆此確乎不拔之志以帥氣而行者」。〔註51〕不能夠確立高遠恢宏的志向，道德修養就缺乏可以為之邁進的價值目標，人的德才學識、知情意行各個方面就難以得到全面而健康的發展。「志立則學思從之，故才日益而聰明盛，成乎富有；志之篤，則氣從其志，以不倦而日新。蓋言學者德業之始終，一以其志為大小久暫之區量」。〔註52〕王船山主張把立志、貞志、遂志統一起來，「始之立其志，勿自餒也，必求盡乎道也；繼之貞其志，勿自亂也，必允合乎道也；終之遂其志，勿自任也，不可逾乎道也」。〔註53〕存誠即是實事求是，不虛美不隱惡，以真切篤實之心去體晶瑩純澈之道德。在王船山看來，「誠者實有也，前有所始、後有所終也。實有者，天下之公有也，有目所共見，有耳所共聞也」。〔註54〕存誠的過程就是一個使心趨於客觀公允，與誠合一的過程，它包含著言行一致、表裏如一、誠實信用等方面的內容。只有存誠，才能在道德上有所作為有所建樹。當然，

〔註49〕王夫之：《讀四書大全說》卷一，《船山全書》第 6 冊，嶽麓書社版，第 439頁。
〔註50〕王夫之：《思問錄・外篇》，《船山全書》第 12 冊，嶽麓書社版，第 451 頁。
〔註51〕王夫之：《四書訓義》卷二十七，《船山全書》第 8 冊，嶽麓書社版，第 187頁。
〔註52〕王夫之：《張子正蒙注・至當篇》，《船山全書》第 12 冊，嶽麓書社版，第 210頁。
〔註53〕王夫之：《四書訓義》卷十一，《船山全書》第 7 冊，嶽麓書社版，第 484 頁。
〔註54〕王夫之：《尚書引義・說命上》，《船山全書》第 2 冊，嶽麓書社版，第 306 頁。

存誠與立志，還有躬行實踐是密切聯繫在一起的。存誠離不開立志貞志和躬行實踐，也必然要表現爲躬行實踐。

　　綜上所述，王船山的倫理思想不愧爲博大精深而又獨樹一幟，它不僅表征和彰顯著中華民族的倫理智慧，也是世界倫理文化的組成部分，反映著人類認識自我與人生的思維成果，批判地繼承這一份珍貴遺產，需要我們既站在民族倫理文化的立場上去加以發掘整理，也要站在世界倫理文化的大視角去進行比較會通。如果說比較方法是理解歷史現象和各種理論學說的一把鑰匙，那麼比較方法同時也是我們把握船山倫理與西方近代倫理本質特徵，別其同異得失的一把鑰匙。

第二章　王船山與康德人學思想比論

　　在中西方人學發展史上，王船山與康德可謂兩座令人「仰之彌高，鑽之彌堅」的山峰，又若兩個承前啓後，繼往開來的里程碑。他們在人類東西方由中古走向近代的歷史路經中，不僅掀起了一場人學領域裏的「哥白尼式的革命」，終結了中古人論傳統，成功地實現了人學研究方向的轉型，而且各以其特有的深思睿識建構了一個博大嚴謹的人學思想體系，影響了近代人學發展的整個歷程，對現當代人學研究的格局和趨向也起著某種理論預制或思維定勢的作用。比較王船山與康德的人學思想，無疑有助於我們全面而深刻地理解中西人學發展的內在軌迹與基本精神，從歷史的高度總結人類東西方的人學遺產，以推進當代人學科學的發展，服務於社會主義的精神文明建設。

　　康德（1724～1804）是德國古典哲學的創始人，著名的倫理思想家和人學思想家。出生於東普魯士哥尼斯堡的一個普通馬鞍匠家庭，十六歲考入哥尼斯堡大學，大學畢業後任過十年家庭教師，後回哥尼斯堡大學任教，1770年升爲教授，1797 年辭去教職，潛心著述，直到逝世。康德的生平簡單，一生沒有離開過哥尼斯堡，幾乎像鐘擺式地過著一種刻板、單調而又獨身的生活。海涅曾說，康德的生活史難以敘述，因爲他既沒有生活又沒有歷史。康德的生平就是他的著作。康德的外表生活雖然千篇一律，然而他的內心生活卻與此迥然不同，他的思想在世界各個角落漫遊，希求超脫塵世的束縛，試圖洞察浩淼的宇宙，他的思想鑽進人類靈魂的深處，力求認識自身。在康德的思想和著述中，人的問題始終是一個首要的和最關鍵的問題。他早年致力於研究自然科學，曾提出著名的潮汐摩擦假說和太陽系形成的星雲假說，在十八世紀的形而上學思維方式上「打開了第一個缺口」，後來受盧梭思想的影

響轉而研究人及其哲學。康德十分崇敬盧梭,把他比作第二個牛頓,認為牛頓的思想激勵他去洞察無限的星際,探求宇宙的必然法則,盧梭的學說則幫助他去窺探人類心靈的奧秘,揭示自由的規律。他說:「我自以為我的求知欲極為強烈……有時我想:這一切將給人類帶來榮耀,因此我鄙視那些知識極端貧乏的庸俗之輩。盧梭糾正了我這種看法,炫耀自己特長的這種心情消失了,我學會了尊敬人」。〔註1〕康德看到在他那個時代,科學的發展並沒有使人的理性完善,給人帶來幸福,反而使理性遭到歪曲,給人類造成災難,因此他要克服科學存在的弊端,給科學找到人道化的基礎,他要為之獻身的科學乃是關於人的科學。「如果說的確有那種確實符合人的需要的科學,那麼這就是我所研究的科學,即能夠恰當地給人指出在世界上所佔的位置的科學,它能夠教導我們要想成為一個人,我們該做些什麼」。〔註2〕

同康德一樣,人的問題在王船山的思想體系中亦佔有十分重要的地位,他「闢佛老而正人心」,「貞生死以盡人道」,從天人之分到人禽之辨,就是為了創建新的符合時代需要的人學。王船山的人學思想同康德的人學思想既有相近相通的一面,亦有相異相別的一面。

一、人的本質:實踐本質論與理性本質論

任何人學都是一種傾全力回答和論證「人是什麼」並據此去探尋「人應當是什麼」的科學,這就使得關於人的本質和人性的探討成為人學研究的出發點或理論前提。人的本質歷史地使人成其為人,它規定了人與動物的根本區別,也是產生人與動物區別的其他特性的基礎和源泉。王船山和康德作為東西方兩位偉大的人學思想家,在人學領域裏所發動的思想啟蒙和革命變革就是從人的本質開始的。

在王船山和康德以前的思想界,人們總是從天命或神啟的角度去談論人的本質,亦即中國傳統人學是在天人合一的思維模式中去尋求人的本質,西方傳統人學是在神人合一的思維模式中去論證人的本質。面對著這種把人的本質外在化的人學傳統,王船山和康德均對之作了深刻的批判,不約而同地把人的本質歸還給人自身。但是,也許是批判重心的不同,也許是致思傾向或學術偏好的不同,使得他們在從人自身來認識人的本質的過程中出現了差

〔註1〕 參閱 (蘇聯) 古留加:《康德傳》,北京:商務印書館1981年版,第46頁。
〔註2〕 參閱 (蘇聯) 古留加:《康德傳》,北京:商務印書館1981年版,第70頁。

異，即一個從人的實踐活動及主體的創造性來論證人的本質，一個從人的理性活動及主體的自由意志來論證人的本質。

在王船山看來，人的本質並不是天賦的，天與人「形異質離」。天是獨立於人之外，離人而存在的自在之物，人則是有意志有目的的能夠從事自由自覺的實踐活動的萬物之靈。「天無為也，無為而缺，則終缺矣……人有為也，有為而求盈，盈而與天爭勝」。〔註 3〕天是被動無為的，人則是主動有為的，天只陰陽五行，流蕩灌注出內於兩間，「有理而無心者也」，它不可能具有意志和感知覺，並不存在一個超自然的神秘力量在統領、命令著萬物與人類，更不可能授予人的本質。人的本質是人所特具的人之所以為人的內在機制，是人區別於天地萬物的根本基質，即人的有目的有意識的改造自然與社會的實踐活動。實踐之為人的本質是人的主觀因素與客觀因素的具體的統一，是知和能兩種潛能的發揮。「知」是「引物以實中」的反映客觀對象的能動性。認識主體的能動活動，必然引起客觀對象的相應變化。「能」便是改造客觀對象的及物能力。「及物則中出而即物」，人類通過有意識有目的的改造客觀對象的活動，必然在客觀對象中深深打下人類意志的烙印。人類的實踐活動是「知能同功」，使主觀見之於客觀，把主觀的東西變為客觀的東西並不斷地獲取新知的過程。通過人類的實踐活動，人們不僅創造一個人化的自然界，而且也創造著人們的社會聯繫，創造著一個不斷發展和完善的自我。王船山認為，作為人的本質的實踐活動，一方面是「竭天」、「率天」和「造天」的改造對象世界的實踐，另一方面又是「受命」、「俟命」和「造命」的改造主體世界的實踐。

主體世界的改造以對象世界的創造為前提，人類通過實踐活動，創造一個對象世界，從而證明自己是有意識的類存在物。改造對象世界的過程以「竭天」為起點，以「率天」為中介，進而求達「造天」。「竭天」是指人能通過自己的實踐活動，利用自然所賦予的能力來認識和改造自然。在王船山看來，天賦予人以視力，必須是竭盡人力然後才有目明；天賦予人以聽力，必須是竭盡人力然後才有耳聰；天賦予人以心思，必須是竭盡人力然後才有智慧；天賦予人以正氣，必須竭盡人力然後才能發揚光大。「可竭者天也，竭之者人也」，天給人提供了發揮人的聰明才智的可能性條件，而人則可以把這種可能性轉變為現實性，使天賦予人的各種潛能得到充分而有效的發揮。正是因為

〔註 3〕王夫之：《尚書引義‧洪範一》，《船山全書》第 2 冊，嶽麓書社版，第 341 頁。

「人有可竭之成能」既人有改造自然界的能動作用，所以人能作爲主體進行自由自覺的活動，「以人道率天道」。所謂「率天」，是指人能通過實踐，「官天府地以裁成萬物」，成爲自然界的主人。人不僅僅同自然界相對立，而且能夠作對於天，彌補天道的缺陷與不足，故「天欲靜，必人安之；天欲動，必人興之；吾於是而知人道。大哉人道乎！作對於天而有功矣。夫莫大匪天，而奚以然耶？人者兩間之精氣也，取精於天，翕陰陽而發其昭明。故天廣大而人之力精微，天神化而人之識專壹，天不與聖人同憂，而人得以其憂相天之不及。故曰誠之者人之道也。天授精於人，而亦唯人之自至矣」。〔註4〕「天地無心而存，故其於陰陽也，泰然盡用之而無所擇。晶耀者極崇，而不憂其浮也。凝結者極卑，而不憂其滯也。聖人裁成天地而相其化，則必有所擇矣。故其於天地也，稱其量以取其精，況以降之陰陽乎」。〔註5〕人不同於任天而爲的動物就在於他不會消極地聽任自然的安排，他會發揮自己的主觀能動性，積極地輔助自然界之所不足，使自然界爲人類造福。如果人們對於世界上的事情都是「任天而無能爲」，那世界就不成其爲世界，人也就不成其爲人。所謂造天是指人借助和通過自己的實踐活動與天爭權，與天爭勝，創造一個人化的自然界。「天之所死，猶將生之；天之所愚，猶將哲之；天之所無，猶將有之；天之所亂，猶將治之」。〔註6〕人能做到起死回生，化愚爲哲，變無爲有，撥亂反治，說明人對自然界的能動的改造，充分展示著人的本質力量。「以人造天，而仁者能愛，而後爲功於天地之事畢矣」。〔註7〕造天是竭天、率天的發展與高度提升，也是人的主觀能動性的集中反映。王船山論述人的本質是緊扣人的能動作用，通過解決主觀能動性與客觀規律性的關係問題來實現的。在他那裏，人的本質力量同主觀能動作用的發揮是相輔相成的，一方面人的本質力量的展開必然要導致主觀能動性的發揮，另一方面主觀能動性的發揮又確證和實現著人的本質。作爲人的本質的實踐活動在使自在之物變成爲我之物的同時也使自發的我變成自覺的我和自由的我。「唯能造命者，

〔註4〕 王夫之：《詩廣傳》卷四，北京：中華書局1964年版，第119頁。

〔註5〕 王夫之：《周易外傳・繫辭上傳第七章》，《船山全書》第1冊，嶽麓書社版，第1011頁。

〔註6〕 王夫之：《續春秋左氏傳博議》卷下，《船山全書》第5冊，嶽麓書社版，第617頁。

〔註7〕 王夫之：《周易外傳・繫辭上傳第九章》，《船山全書》第1冊，嶽麓書社版，第1018頁。

而後可以俟命，能受命者，而後可以造命」。〔註8〕王船山認為，造命以受命為前提，只有承認客觀規律然後才談得上認識和掌握客觀規律，只有造命然後才可以俟命。受命是說人應當在自己的實踐活動中承認和尊重客觀事物的發展規律性，堅持「本天以治人，而不強天以從人」。俟命是說人們應當在自己的實踐活動中善於把握時機，等待時機和創造時機，使可能性向現實性轉化，利用自然規律以造福於人類。造命是說人們在自己的實踐活動中通過承認、尊重、掌握和利用客觀規律，以人的主觀能動性創造出合乎人意的生存環境和一個全新的自我。王船山發展了唐相李泌「君相可以造命」的思想，指出不僅君相可以造命，而且「一介之士，莫不有造焉」，〔註9〕普通老百姓也可以掌握自己的命運，做自己命運的主人。「天之命，有理而無心者也。有人於此而壽矣，有人於此而夭矣，天何所須其人之久存而壽之？何所患其人之妨己而夭之？其或壽或夭不可知者，所謂命也。而非天必欲壽之，必欲夭之，屑屑然以至高大明之真宰與人爭螻蛄之春秋也。……天何心哉？……天固無喜怒，惟循理以畏天，則命在己矣」。〔註10〕天命是不存在的，人的壽夭生死，國家的治亂存亡，都有其所以然的道理，而不是什麼天命決定的。「天何心哉……命在己矣」說明天不可能具有使一部分人長壽使另一部分早夭的好惡及意願，人的命運取決於他自身。人們只要尊重自然法則，慎重地對待自然界的發展變化，把客觀規律性與主觀能動性結合起來，就可以掌握或改造自己的命運。總之，王船山認為，人的真正本質是人自己造就的，它既表現為竭天、率天、造天的改造對象世界的活動，又表現為受命、俟命、造命的改造主體世界的活動，其中「造天」和「造命」是人的本質最深刻最生動的表現與確證。

與王船山相似，康德也對自己所面臨的人學傳統「神人合一」論進行了批判。在康德看來，神既不是人的存在的起點也不是人的存在的目的，上帝的存在至多只能作為人們更好地履行自己的道德義務和達於至善境界的一種假設。作為一種假設，上帝不可能獲得自己獨立的具體的存在，更不可能具有意志和感知覺，它無法也無力干預和支配人的生活。在《純粹理性批判》和《判斷力批判》中，康德指出，人是自然萬物的主人，是認識和實踐的主

〔註8〕王夫之：《讀通鑑論》卷二十四，北京：中華書局1975年版，第742頁。
〔註9〕王夫之：《讀通鑑論》卷二十四，北京：中華書局1975年版，第742～743頁。
〔註10〕王夫之：《讀通鑑論》卷二十四，北京：中華書局1975年版，第742～743頁。

體，人的本質是人所特有的區別於動物的本質規定性，這種本質規定性並不是上帝所賦予的而是人內具的。上帝是一種觀念而不是一種存在，關於上帝存在的種種證明都是站不住腳的。「想靠單純的理論途徑來得到上帝存在和靈魂不死的證明，如果是循著自然概念的途徑，這種企圖是注定要失敗的，因為關於超感性存在的知識是不可能的」海涅在《論德國的宗教和哲學的歷史》一書中，對康德在《純粹理性批判》等書裏駁斥上帝存在的本體論證明或目的論證明，評價極高，他說，康德在批判上帝存在的證明時，「扮演了一個鐵面無私的哲學家，他襲擊了天國，殺死了天國全體守備部隊，這個世界的最高主宰未經證明便倒在血泊中了。」〔註11〕事實上康德既批判了正統宗教又以理性去代替正統宗教，以屬人世界去對抗屬神世界，既把人置於世界的中心並以人的觀點去審視一切，又堅持從人自身及其特性去尋求和論證人之所以為人的本質。康德指出：「人自身實在有個使他與萬物有別，並且與他受外物影響那方面的自我有別的能力，這個能力就是理性」。〔註12〕理性是人的真正本質和人的主體性的表現，人的所有一切確證自己為人的行為和品性無不來源於理性。在康德看來，理性既不是感官享受性，也不是知覺反映性，既不是感覺也不是邏輯，而是主體價值觀念，是對把握現象的悟性認識的價值規定和判斷。作為人的本質的理性具有為自然界立法和為自己的道德行為立法的功能，它在現象界中呈現為認識過程中的價值判斷及其獨立思維能力，在本體界中還原為人的實踐行為的自由及其善良意志，在審美界中表現為以自由為本質，以現象為形態並基於想像力的理念。在認識論領域，理性把感性所提供的直觀雜多表象經由知性的綜合整理從而達到思維的最高統一。理性追求無限的絕對的東西，追求無條件的最完善的統一體，理性是一種統一知性，運用知性概念、範疇構造系統的統一認識能力。康德認為，人們通過感性、知性所獲得的經驗知識總是相對的有條件的，只有理性才能把相對的有條件的知識統一成為絕對的無條件的知識。人類正是憑藉這種創造性思維主體的能動作用，打開一扇又一扇未知領域的大門，不斷實現著由自在之物向為我之物的轉化。在倫理學領域，理性構成絕對命令的根據，使道德行為

〔註11〕 （德）海涅：《論德國的宗教和哲學的歷史》，海安譯，北京：商務印書館1972年版，第111頁。

〔註12〕 （德）康德：《道德形而上學探本》，唐鉞譯，北京：商務印書館1959年版，第65頁。

成為可能，即要求人擺脫動物的本性或人的動物性，追求具有普遍必然性的道德行為準則。康德認為，真正的道德無不獨立於一切經驗，完全以理性為依憑。人作為有理性的存在物，不僅具有對普遍必然性的道德律令的信仰和追求，而且具有把自己當作目的以及自己為自己確立行為準則的信念與理想。人只有把自己當作目的才能樹立自己的人格尊嚴，人只有自己為自己確立行為的準則即意志自律才能確證自己是人。依附或盲從於他人的人已經不是一個人，因為他已經喪失了最能確證自己為人的理性，具有的僅是奴性或動物性。自由是理性實現自己功能和價值的表現，是還原了的理性，因而是人的真正本質。人不同於動物，只知服從機械的因果必然律，人也不同於超人，只知立法去讓別人執行，人作為理性存在者，他的行動是經過自己自覺地選擇來決定的，他是服從自己立法的主人，人能夠為自己立法又能夠執行自身所立的法，這就是人之所以為人的本質規定性。在美學領域，理性表現為使形式與主體心理功能相符合的合目的性。康德認為，只有人才能給自己提出自覺而明確的目的，只有人才有審美評價能力。這個人不是知性的人，世界並非作為人的沉默對象而有意義，這個人也不是感性的人，幸福並非是創造世界的最終目的，這個人必須是也只能是理性的人即表現為認識主體、道德主體和審美主體的人，從而是擁有文化並在創造文化的人。康德對人的本質的研究，經歷了文化解決和社會解決的階段，社會解決主要表現為倫理解決，文化解決則是從審美解決中推來，而其實文化解決和社會解決又是相互聯繫而密不可分的，文化所以能成為「最終目的」，乃在於它同道德有關，在於它能間接地促進道德。科學文化不僅使社會更富有教養，而且使人更為文明。總之，人的本質在於人有理性或人是有理性的存在物，人的認識之所以能從個別中推出一般，人的意志之所以是自由自律的，人的情感之所以能夠把握外部世界並對其產生欣賞評價，就在於人的本質是理性的。正是在這個意義上，康德把理性比作整個世界的太陽和立法者，比作人的主宰和心臟。

當我們把王船山與康德關於人的本質學說放在一起進行比較，就會發現這是兩種不同類型的人的本質觀，雖然兩者都批判了從外部世界去尋找人的本質的思想傾向，含有把人的本質還給人自身的思想啟蒙意義，但王船山側重從人的實踐活動來論證人的本質，康德側重從人的理性能力來探尋人的本質；王船山從實踐本質論出發，使理性從屬於實踐並服務於實踐，康德從理性本質論出發，使實踐從屬於理性並服務於理性。與此相適應，還形成了一

系列區別：（1）兩人都在某種程度上把自由視作人的本質，但王船山所理解的自由是一種人學哲學意義上的主體自主自為的實踐，是一種「作對於天」和改造社會與自我的行為的自由，它不僅涉及人類道德行為的選擇，確證著人是道德的主體，更涉及對外在世界的認識與改造。康德所理解的自由是一種人學倫理學意義上的道德精神的自律，是一種將被動的「我必須應當如此行為」變為主動的自覺的「我立意如此行為」式的自己為自己確立行為準則的自由，它涉及的僅僅是人類道德動機的純化和為義務而義務的良善意志，同現實的物質利益及其感官需求是絕然對立的。如果說王船山的自由具有一種具體的實踐性的品格，那麼康德的自由則具有一種抽象的精神性的品格。同時，王船山的自由不僅同人的現實生活密切相關，也寄寓和包含著人對未來世界的探索，反映著人的現實性和理想性。因為在王船山看來，改造自然和社會的實踐活動架起了一座連接現實與理想、現有與應有之間的橋樑，這種實踐活動本身既根源和立足於現實又具有改造現實超越現實的理想性因素。康德的自由僅僅只屬於本體界而不屬於現象界，只同人的理想生活和道德生活相關而不同人的現實生活相關。因為在康德那裏，因果必然律起作用的現象界是談不上自由也不可能有自由的，只有在超經驗的本體界才談得上自由和可能有自由的。（2）兩人都有從文化方面來解決人的本質的傾向。王船山甚至以「材」、「質」、「文」三個概念區分草木禽獸、野人與社會的人，指出「禽獸不能全其質」、「夷狄不能備其文」，只有人才是有自然資質和文化教養的人，不僅能「用其質」而且「必益以文」，但是王船山所談論的文化不僅是指狹義的意識形態的文化，而且是指物質文明與精神文明總和的廣義的文化。在王船山看來。人與動物的區別在於，人類通過自己的實踐活動創造著文明並掌握著文明，如果去掉文明，人類的本質便無法存留，最終將返回到禽獸的行列。他說：「文去而質不足以留，且將食非其食，衣非其衣，食異而血氣改，衣異而形儀殊，又返乎太昊以前，而蔑不獸矣」。〔註13〕王船山把人從動物中分化出來的基礎歸結為物質生活的變化，認為人類正是掌握了「來牟」（即小麥）的生產技術，獲得了「粒食」（即穀物），達到了「豐飽」，才使得人類的性情發生變化，本質得以昭著。康德雖然在談到人是文化的動物時也意識到文化不僅有物質技術方面而且也有精神意識方面，並把文化區分為「技術文化」和「教育文化」兩大類，但由於他把理性視作決定文化價值

〔註13〕王夫之：《思問錄‧外篇》，《船山全書》第 12 冊，嶽麓書社版，第 467 頁。

的東西，突出的是作爲意識形態的「教育文化」方面，認爲只有精神文化才能使人的意識擺脫欲望的獨斷專橫，擺脫對物質技術的單純依賴，使人成爲眞正意義上的人。不僅如此，康德還把技術文化同教育文化對立起來，認爲技術文化只涉及現象界，同人的本質存在著一種二律背反的關係，只有教育文化才同本體界相關，表現和確證著人的本質。

　　從基本特徵上講，王船山的人的本質論是一種帶有唯物史觀萌芽因子的學說，是他的唯物主義和辯證法思想在人學領域中的具體運用，因而是一種不斷生成和發展的呈現爲動態的人的本質理論。實踐活動的豐富性決定了人的本質的豐富性，人的實踐怎樣，人的本質也就怎樣，實踐活動的發展變化決定了人的本質永遠處在製作、創造和發展的過程中。康德的人的本質論則受他的唯心主義世界觀的影響與制約，體現著唯心主義先驗論的性質。在康德那裏，理性先於人們的實踐和後天行爲而存在，具有超經驗、超感覺的特性，它永遠存在卻又很少改變，理性的特性決定了人的本質的永恒性和超驗性，能夠隨意改變的只是人的本質的表現形式而不是人的本質本身。此外，王船山的人的本質論由於著眼於人的實踐活動，因而具有溝通主體與客體、主觀與客觀、認識與行爲、現實和理想並使之相互聯繫、有機結合的功能或作用。盡管實踐活動過程充滿著各種各樣的矛盾，但實踐活動本身又爲解決矛盾創造了條件。康德的人的本質論由於著眼於人的理性以及理性本身與外在世界的對抗性，必然造成理性本身的荒謬或自相矛盾。在康德看來，理性雖然給自己提出了追求絕對的普遍必然的知識或絕對命令的任務，可是它卻沒有能力完成這個任務，在認識領域中要借助知性，在道德領域要借助欲望或幸福來實現，而一旦理性借助知性或欲望來完成追求絕對的普遍必然的知識或絕對命令的任務，那必然要陷入謬誤推理之中。因爲相對的有條件的知性不可能完成追求絕對的無條件的知識的任務，個別的變動的欲望也不可能完成追求普遍的必然的道德律令的任務。康德的二律背反學說具有割裂現象與本體、客體與主體關係的二元論特徵，它在現象與物自體之間劃了一條不可逾越的鴻溝。從其科學性上講，王船山關於人的本質學說雖然不及康德的人的本質論富有思辨或玄奧，但卻比康德的人的本質論更接近馬克思主義的人的本質論。馬克思主義認爲，通過實踐創造對象世界，人證明自己是有意識的類存在物。實踐既創造了人的不同於動物的自然存在和本性，也是人類精神活動和自我意識發展的基礎；通過實踐活動人們形成一定的生產關係和

社會關係，使動物的合群本能提升到人的社會性。在人的實踐活動中，客觀規律性與主觀能動性，社會關係與人的活動、社會現實性與趨向理想的創造力，是一種雙向對流的過程，二者不僅互爲條件，而且彼此滲透。人的實踐本質規定了人既受著自然規律和社會關係的制約，又規定了人必須立足於社會現實的土壤和生存條件，同時人的本質又由自身的主動性和趨向理想的創造力加以規定，人的本質不是一種本能的活動力，而是一種自主的創造性的活動力。人通過主體自身創造性活動不僅創造自我，而且在創造自我的同時也創造了社會和社會關係。誠然王船山還遠不能像馬克思主義那樣來看待人的實踐活動及其人的本質，但他畢竟意識到了實踐活動在人的本質形成發展中的地位作用，邁出了從實踐活動來探尋人的本質的可貴的一步。康德把理性當作人的本質，雖然要比他以前的神授論或生物決定論積極些、進步些，人的本質的結構中確實也包含有理性或目的性的因素，但是理性本身只是一種功能性的屬性而不是本原性的實體，是人類活動的結果而不是人類行爲的本原，理性決不是一種決定其他而又不受其他因素影響的獨特能力，因此康德把理性看作人的本質並未眞正解決人的本質問題，理性本質論依然是唯心主義的、片面的和不正確的。

二、人性：理欲合一論與理欲對峙論

與人的本質緊密相聯的，是對人性的認識與瞭解。在中西方人學史上，這個對人來說也許是最切近最普遍的問題卻一直是一個眾說紛紜，莫衷一是的斯芬克斯之謎，在中國歷史上孟子提出了「仁義禮智非由外鑠我也，我固有之也」的性善論，荀子提出了「今人之性，生而有好利焉」和「好聲色焉」的性惡論，告子認爲性無善惡，董仲舒提出了「性仁情貪」的理論，宋明理學家提出了「天地之性」和「氣質之性」的性二元論，並在此基礎上提出了「存天理，滅人欲」的學說。在西方歷史上，柏拉圖提出了統治者、武士、農夫和手工藝人生而具有不同的本性即統治者擁有理性，武士擁有意志，農夫和手工藝人僅有欲望，中世紀基督教神學認爲，人在本性上是惡的，只有遵從上帝的教導和命令才能享有善性，文藝復興時期的一些思想家提出了人一半是天使，一半是魔鬼，如此等等，不一而足。王船山和康德在對傳統人學人性理論進行深入反思和批判的基礎上，創立了自己的人性學說，他們不僅探討了人的自然屬性，而且還探討了人的道德屬性，並對人的自然屬性和

道德屬性的關係作出了自己的說明與論證。然而，由於他們對人的本質的認識不同，使得他們在論證人的自然屬性與道德屬性的關係時所表現出來的致思趨向大不一樣，即一個認為人的自然屬性與道德屬性是辯證統一的，一個認為人的自然屬性與道德屬性是相互排斥的，由此形成了「理欲合一」的人性論和「理欲對峙」的人性論的差別。

（一）王船山和康德論人的自然屬性

人性作為一個結構系統，無疑包含和涵蓋著人的自然屬性或生理屬性。以本能的需要為基礎的食欲、性欲和自我保存（防衛本能）這三類基本機能構成人的自然屬性的主體內容。馬克思曾指出，「全部人類歷史的第一個前提無疑是有生命的個人的存在。因此，第一個需要確認的事實就是這些個人的肉體組織以及由此產生的個人對其他自然的關係。〔註 14〕人的自然屬性對於人來說是人從事勞動活動和精神文化活動的前提，也是人們認識人性的必不可少的開端。

王船山和康德在研究人性理論時均把人的自然屬性當做研究全部人性的現實的和邏輯的起點，認為人的自然欲望或感官享受性是人性系統中不可缺少的組成部分。王船山說：「飲食男女，皆性也；理皆行乎其中也」。〔註 15〕耳目口鼻心等生理器官及其機能，是人的自然屬性的載體和表現形式。「五色、五聲、五味者，性之顯也……與仁、義、禮、智互相為體用。」人們只有「入五色而用其明，入五聲而用其聰，入五味而觀其所養，」才能夠「周旋進退，與萬物交，而盡性以立人道之常」。〔註 16〕基於這種認識，王船山批駁了佛老及宋明理學家的禁欲主義，認為理學家的「存天理，滅人欲」和「賤形」論是「裂天彝而毀人倫」的謬說淫詞。「吾懼夫薄於欲者之亦薄於理，薄於以身受天下者之薄於以身任天下也。」〔註 17〕君子不薄於以身任天下，理應不薄於以身受天下，因為以身任天下當以以身受天下為前提。仁義道德的建構原本是以聲色臭味為基礎的。離開了聲色臭味，仁義道德就失去了自然的基礎。王船山主張尊重人的自然屬性，滿足人們的物質欲望以保證人們正

〔註 14〕馬克思、恩格斯：《德意志意識形態》，《馬克思恩格斯選集》第 1 卷，北京：人民出版社 1995 年版，第 67 頁。

〔註 15〕王夫之：《張子正蒙注》卷九，《船山全書》第 12 冊，嶽麓書社版，第 362 頁。

〔註 16〕王夫之：《尚書引義》卷六，《船山全書》第 2 冊，嶽麓書社版，第 407～409 頁。

〔註 17〕王夫之：《詩廣傳》卷二，北京：中華書局 1964 年版，第 60 頁。

常的物質生活，並把眾人的物質欲望和自然屬性提到很高的地位來認識，倡導「重飲食男女之辨而協以其安」，提出了「生民之生死，公也」的命題和「人欲之各得，即天理之大同」的論斷。

　　同王船山相似，康德也承認人的感官享受性及其追求幸福的欲望是人性的重要內容或組成部分。康德說：「人類，就其屬於感性世界而言，乃是一個有所需求的存在者，並且在這個範圍內，他的理性對於感性就總有一種不能推卸的使命，那就是要考慮感性方面的利益」。〔註18〕在康德看來，犬儒主義的純淨無欲和苦行僧式的禁欲主義對社會並無任何益處，如果人需要幸福也配享幸福而卻無福可享，那麼這種情形同一個有感性欲望的存在者的圓滿意欲是十分不相稱的。人先驗地具有追求個人感性快樂及其利益的傾向性，這種傾向性一方面造成了個體之間的競爭和社會生活的許多矛盾衝突，另一方面也推動著人類的進步和社會的發展。

　　比較而言，王船山所談論的人的自然屬性側重於人的社會生活方面，康德所談論的人的自然屬性側重於人的個人生活方面；王船山的人的自然屬性指人最基本的生理需要及其欲求，是每個人生而具有的自然、必須而又正常的欲望，康德的人的自然屬性是指人的一切為滿足感官肉體需要的經驗特性，它既包括最基本的生理需要及其欲求，也包括非基本的生理需要及其欲求，既包括共欲也包括私欲。在王船山那裏，人的自然屬性是同道德屬性密切相關的有別於動物性或獸性的自然屬性，即打上社會生活烙印，按照人的方式來滿足和實現的自然屬性。王船山將其稱之為各得的人欲或至正的人欲。至於那種非至正和非各得的感官欲望，他認為不屬於人的自然屬性的範疇，而是一種需要加以遏制和驅除的滯留於人身中的動物性。船山指出：「人之形色足以率其仁義禮智之性者，亦唯人則然，而禽獸不然也。若夫喜怒哀樂愛惡欲之情，雖細察之，人亦自殊於禽獸。」〔註19〕可見，王船山所講的人的自然屬性是一種經過實踐活動改造已經滲透著社會性的自然屬性，是一種區別於動物性的人的自然屬性。滯留於人身中的動物性同自然界中存在的動物性是相類似的，表現為一種只顧自己不顧其他個體的生存競爭和弱肉強

〔註18〕（德）康德：《實踐理性批判》，關文運譯，北京：商務印書館1960年版，第62頁。

〔註19〕王夫之：《讀四書大全說》卷十，《船山全書》第6冊，嶽麓書社版，第1072頁。

食，船山認爲「同我者從之，異我者違之」「縱其目於一色，而天下之群聲悶」「縱其耳於一聲，而天下之群聲悶」「縱其心於一求，而天之群求塞」〔註20〕的「私欲」即是滯留於人身中的動物性。對於這種私欲，應當加以堅決的反對和遏制。人應當有正當的人欲以滿足自己的生存發展需要，但是不必有那種損人利己、損公肥私的私欲。私欲妨礙眾人欲望的實現，所以必須對私欲加以抑制和禁絕。「私欲淨盡，天理流行，則公矣。天下之理得，則可以給天下之欲矣。」〔註21〕在康德那裏，人的自然欲望源於個人感官追求的自然意義，因而與動物性存在著不可分割的聯繫。人正是因爲擁有感官欲望和經驗特性決定了人永遠不能擺脫動物狀態而達於聖潔，人的自然屬性是一種低級的官能欲望，代表了人向惡的本性。人在滿足自己個人欲望和追求自己個人欲望的過程中產生了一種強烈的社會對抗性，即既不能忍受他人的干預，又不能忍受他人滿足自然欲望的方式，人會以比動物更爲兇狠、殘酷、狡猾的方式來追求和滿足自己的個人欲望，因而使社會生活中充滿著人對人的戰爭、衝突與摩擦、糾紛，使人不斷地走向墮落與毀滅。總之，王船山對人的自然屬性持一種肯定評價的態度，但其自然屬性的含義卻是特定的，範圍和容量少於或低於康德；康德則對人的自然屬性持一種否定評價的態度。由於對自然屬性的界說過於寬泛，因而未能區分人的自然屬性與動物的自然屬性，同王船山區分人的自然屬性與動物的自然屬性是頗有差異的。另外，王船山關於人的自然屬性的論述，含有將其同人的道德屬性聯繫起來的因素，是作爲人性系統中的一個方面來論述的，故可稱之一元論的人性論，亦即王船山並未將人的自然屬性視爲一種獨立存在的人性；而康德關於自然屬性的論述，則是將其同人的道德屬性分開來論述的，是作爲同人的道德屬性相對立的一種獨立人性系統來看待的，康德之所以持人性二元論的觀點是與他割裂現象和物自體，製造現象界和本體界兩個世界的對立密切相關的。

（二）王船山和康德論人的道德屬性

道德性是人的社會性的一個重要方面，它表現爲人在與他人、社會發生聯繫並進行交往的過程中有一種依據某種原則而行事的傾向，以及個人對自己人格尊嚴的關注，對榮譽、正義、理性的嚮往與追求。王船山和康德探討了人的道德屬性，認爲道德屬性是人區別於動物的最根本的規定性。在王船

〔註20〕王夫之：《詩廣傳》卷四，北京：中華書局 1964 年版，第 112 頁。
〔註21〕王夫之：《思問錄・內篇》，《船山全書》第 12 冊，嶽麓書社版，第 406 頁。

山看來，人是有道德的動物，人之所以異於草木禽獸就在於人能夠講求道德和擁有道德。「只如明倫察物、惡旨酒、好善言等事，便是禽獸斷做不到處。乃一不如此，倫不明，物不察，唯旨是好，善不知好，即便無異於禽獸」。〔註22〕德性是最值得尊重的，它是人性中的重要內容，既源於天性又提升和完善著天性，發展出一種人之所以為人的本質規定性，使人成為真正意義上的社會人和文明人。尊德性也就是尊重聖人之道，學習做一個聖人。「德性之尊者，聖人之道也，尊德性者，君子之功也」。〔註23〕康德認為，德性源於理性而為人之所必需，人正是因為擁有德性才使人超出於畜群之上。只有德性才會引起人的敬重之情。康德說：「一個人也能成為我所鍾愛、恐懼、驚羨甚至驚異的對象。但是，他並不因此成了我所敬重的對象。他的詼諧有趣，他的勇敢絕倫；他的膂力過人，他的位重權高，都能拿這一類情操灌注在我心中，不過我的內心對他總不起敬重之感。芳泰奈爾說，在貴人面前，我的身子雖然鞠躬，而我的內心卻『不鞠躬』。我可以還補充一句說：如果我親眼見到一個寒微平民品節端正，自愧不如，那末，我的內心也要向他致敬，不論我願意與否，也不論我怎樣趾高氣揚，使他不敢忽視我的高位。這是因為什麼呢？正是因為他的榜樣在我面前呈露出一條可以挫沮我的自負的律令。」〔註24〕即使人們在外表上可以不表露對德性的敬重，但是在內心仍然無法不感覺到它。康德用和王船山差不多的語言揭示了德性的尊貴高大之處及其在人性中的突出地位。

　　區別在於：（1）王船山的德性既含先驗論的性質又具經驗論的特徵，而康德的德性則是絕對先驗的。王船山一方面認為，「德性者，非耳目口體之性，乃仁義禮智之根心而具足者也。常存之於心，而靜不忘，動不迷，不倚見聞言動而德皆實矣」；〔註25〕另一方面又認為，德性隨人們感知見聞及實踐活動而日趨成熟和臻美，真正的德性必須接於物而求其則，必須體天恤道，「純其念於道而不間也」。德性的形成過程就是人們繼善不捨、自強不息、自克己私

〔註22〕王夫之：《讀四書大全說》卷九，《船山全書》第 6 冊，嶽麓書社版，第 1024頁。

〔註23〕王夫之：《讀四書大全說》卷三，《船山全書》第 6 冊，嶽麓書社版，第 562頁。

〔註24〕（德）康德：《實踐理性批判》，關文運譯，北京：商務印書館 1960 年版，第78 頁。

〔註25〕王夫之：《張子正蒙注・天道篇》，《船山全書》第 12 冊，嶽麓書社版，第 72頁。

的過程。「性則因乎成矣，成則因乎繼矣，不成未有性，不繼不能成」。人們惟有不斷地與天爭權，與天爭命，在接受自然界賦予的同時取多用宏，取純用粹，不斷地「成性存存，存之又存，相仍不捨」，才能夠「保天心以立人極」，使德性不斷發展和完善。康德不同於王船山的地方，在於他自始至終認定德性是超越一切經驗特性和後天行為而獨立存在的精神本體，德性惟其是純粹先驗的，方能放射出耀目的光芒。「就它自身來看，它自為地就是無比高貴。任何為滿足一種愛好而產生的東西，甚至所有愛好的總和，都不能望其項背」。〔註26〕德性之所以能夠引起人們由衷的欽佩與敬重，之所以被視為是善的，就在於它所具有的先驗的超感覺的性質。德性之善是理性意志本身的善，是具有內在價值的無條件的善。德性的根源「只能是使人超越自己（作為感性世界的一部分）的那種東西」，亦即內在的理性。如果說王船山的德性以其既貫通經驗感性又有別於經驗感性的特質展現了「即世間而超世間」的東方精神，那麼康德的德性則以其超感性超經驗的性能再現了「否定此在嚮往彼在」的西方思維。

（2）二者對德性與利益的關係認識不同。王船山的德性並不排斥或截然否定人們的物欲功利，而康德的德性則是絕對排斥或否定人們的物欲功利的。在王船山看來，遵循德性而行是滿足人們的物欲，求取功利的最佳途徑，仁義未嘗不欲利，德性與欲利「其途相反，而推之於天理之公，則固合也」。〔註27〕在康德看來，「德性之所以有那樣大的價值，只是因為它招來那麼大的犧牲，不是因為它帶來任何利益。全部仰慕之心，甚至效法這種人品的企圖，都完全建立在道德原理的純粹性上。而只有當我們把人們視作幸福成分的一切東西都排除於行為動機以外的時候，這種純粹性才能被確鑿無疑地呈現出來」。〔註28〕德性的命令具有普遍必然性，而人的物欲功利則帶有個別偶然性，二者的關係當然是相互排斥和對立的。遵循德性而行就是要把「善惡評價從禍福考慮完全分離開。」〔註29〕基於對德性的這種認識，康德建立了純

〔註26〕（德）康德：《實踐理性批判》，關文運譯，北京：商務印書館1960年版，第89頁。
〔註27〕王夫之：《四書訓義》卷八，《船山全書》第7冊，嶽麓書社版，第382頁。
〔註28〕（德）康德：《未來形而上學導論》，龐景仁譯，，北京：商務印書館1982年版，第130頁。
〔註29〕（德）康德：《實踐理性批判》，關文運譯，北京：商務印書館1960年版，第62頁。

粹形式的強調動機的為義務而義務的倫理學體系，與王船山提出的理欲合一義利並重的道德學說大異其趣。

（3）王船山和康德的德性範疇均包容、涵攝仁愛、義務的品德。但在王船山那裏，仁愛既是人對他人不幸關心同情的一種惻隱之心，也是人與人類相為一體的博愛精神及其行為傾向性，是人們自克己私、盡體天理的一種道德行為實踐，義務既是人們對社會不良現象拒斥抵制的一種羞惡之心，也是人們「審事之宜而裁之以益於物」、「而非損物以自益」的一種道德選擇和道德追求。王船山所講的義包括心之制、事之宜、利之和幾個方面。可以說，王船山的仁、義是道德心理與道德行為、道德意向與道德活動的有機統一，他的德性既有本然之性的含義，又有實踐之性的含義。在康德那裏，仁愛和義務的品德是純粹精神和心理動機意義上的，它可以表現為人們的道德實踐，但實踐的效果或過程如何是不值得關注的。康德注重的是動機的純正和意志的良善。「如果由於生不逢時」或者由於無情自然的苛待，這樣的意志完全喪失了實現其意圖的能力，如果他竭盡自己最大的力量，仍然還是一無所得，所剩下的只是善良意志，它仍然如一顆寶石一樣，自身就發射耀目的光芒，自身之內就具有價值」。〔註30〕康德認為，仁愛、義務只有出於純正的動機，受理性的支配，惟依理性為準繩的時候，才是真正的仁愛和義務。真正的仁愛「本於對法則的敬重，而不是本於對行為效果所有的喜愛和偏好」〔註31〕，真正的義務要求人的服從，可是從「不拿使人望而生厭，望而生畏的東西來威脅人」，〔註32〕它立意在讓人自覺自願地承擔或履行。可見，與王船山的德性範疇相比，康德更強調和突出德性的心理意向、本然傾向或動機方面。如果說王船山的德性是動機和效果統一論，那麼康德的德性則是純粹的動機論。

（三）王船山和康德論人的自然屬性和道德屬性的關係

在探討了人的自然屬性和道德屬性的涵義、性能及基本特徵之後，王船山和康德對人的自然屬性與道德屬性的關係作出了自己的論證。比較而言，

〔註30〕 （德）康德：《道德形而上學原理》，苗力田譯，上海人民出版社1986年版，第43頁。

〔註31〕 （德）康德：《實踐理性批判》，關文運譯，北京：商務印書館1960年版，第83頁。

〔註32〕 （德）康德：《實踐理性批判》，關文運譯，北京：商務印書館1960年版，第88頁。

王船山強調二者之間的聯繫和統一，側重在結合上，康德突出二者之間的對立和鬥爭，側重在區分上。

　　王船山認為，「性者，生之理也，均是人也。則此與生俱有之理，未嘗或異，故仁義禮智之理，下愚所不能滅，而聲色臭味之欲，上智所不能廢，俱可謂之為性」。〔註33〕完整健康的人性是人的自然屬性與道德屬性的統一即天理和人欲的統一。人性的這兩個方面是互為體用的關係，天理寓於人欲之中，人欲之中有天理。「天以其陰陽五行之氣生人，理即寓焉而凝之為性，故有聲色臭味以厚其生，有仁義禮智以正其德，莫非理之所宜。聲色臭味，順其道則與仁義禮智不相悖害，合兩者而互為體也」〔註34〕。在王船山看來，如果僅僅以理為性，把形體物欲排除在外，理性就會失卻物質載體而變成絕對抽象物，同時如果僅僅以欲為性，把仁義禮智排除在外，那就會使人欲混同於物之欲，人同動物就無法區別開來。事實上，人的感性欲望和道德理性是辯證的統一，它們異情然卻同行，「異情者，異於變化之幾」，即具有層次上的區別，各有不同的涵義、性能與特徵，前者滿足人的生理需要，可以厚生，後者滿足人的心理和倫理需要，可以正德。「同行者，同於形色之實」，〔註35〕即天理和人欲統一於原初意義上的存在機體或物質形體。人的物質形體是生理和心理、肉體和精神的合一，這就決定了滿足生理需要的人欲和滿足心理和精神需要的天理是不能截然分割的。「天理充周，原不與人欲相為對壘，理至處，則欲無非理」。〔註36〕「人欲之各得，即天理之大同；天理之大同，無人欲之或異」〔註37〕。因此理在欲中，天理「必寓於人欲以見」即通過飲食男女之欲望來體現，飲食男女之中即有天理，「故終不離人而別有天，終不離欲而別有理也。」〔註38〕王船山不僅承認人欲是性，而且肯定人欲是善。「然

〔註33〕王夫之：《張子正蒙注·誠明篇》，《船山全書》第 12 冊，嶽麓書社版，第 128 頁。

〔註34〕王夫之：《張子正蒙注·誠明篇》，《船山全書》第 12 冊，嶽麓書社版，第 121 頁。

〔註35〕王夫之：《周易內傳》卷一，《船山全書》第 1 冊，嶽麓書社版，第 837 頁。

〔註36〕王夫之：《讀四書大全說》卷六，《船山全書》第 6 冊，嶽麓書社版，第 799 頁。

〔註37〕王夫之：《讀四書大全說》卷四，《船山全書》第 6 冊，嶽麓書社版，第 639 頁。

〔註38〕王夫之：《讀四書大全說》卷八，《船山全書》第 6 冊，嶽麓書社版，第 911 頁。

則飲食起居，見聞言動，所以斟酌飽滿於健順五常之正者，奚不日以成性之善」〔註39〕，「天下之公欲，即理也；人人之獨得，即公也。道本可達，大人體道，故無所不可達之於天下」。〔註40〕天理與人欲是統一的。但是，天理與滯留於人身中的動物性即私欲卻是矛盾對抗的。王船山認為，私欲是對食色的貪求，是一種「持其功取之能而求盈」，「逐物而往，恒不知反」的貪欲，是一種「同我者從之，異我者違之」，孜孜以求個人利益，不管他人死活的意欲。「理不行於意欲之中，意欲有時而逾天理」，這種私欲「不能通於天理之廣大，與天則相違者多矣」。〔註41〕據此，王船山提出揚人欲，抑私欲的觀點，主張應盡量尊重和滿足人欲，遏制和驅除私欲，亦即弘揚人的自然屬性，抑制人的動物性。

康德雖然也曾談論過健康的人性是感性欲望和理性道德的統一，甚至把至善界說為人的感性與理性、幸福與道德的適當結合，但是由於他把人分屬於兩個不同的世界，把人的感性與理性、幸福與道德的結合推到遠離此岸世界的彼岸世界，因此他認為在現實的社會生活中人的自然屬性與道德屬性是彼此對抗、互相鬥爭的。在康德看來，人一方面是感性世界的現象，是自然因果之鏈上的環節，具有經驗性質和自然傾向，產生了感官享受欲望和滿足這些欲望的要求，另一方面又是超感性的本體，是從屬於理想的存在物，具有一種內在的自我超越的性質，即對自身的普遍性和功德的追求。人的感性要求是一種低級的欲望官能，代表了人向惡的本性；人的理性要求是一種高級的欲望官能，它是人向善的根據。理性蔑視感性的卑俗與低下，而感性卻「不向任何誡條屈膝，堅持著而且看起來頗有道理」。〔註42〕這一感性與理性的矛盾貫穿於人類生活的始終，而且永遠無法在現實世界中達到統一。康德不無悲觀地指出，只有在超感性超現實的彼岸世界才有可能實現感性與理性的統一。然而彼岸世界是本體世界或目的王國，在那裏，同動物性有著師承關係的人的感官享受性已不能找到立足的根據或理由，因此感官享受性注定了要留在經驗世界或現象界。

〔註39〕 王夫之：《尚書引義》卷三，《船山全書》第 2 冊，嶽麓書社版，第 302 頁。

〔註40〕 王夫之：《張子正蒙注》卷四，《船山全書》第 12 冊，嶽麓書社版，第 191 頁。

〔註41〕 王夫之：《張子正蒙注》卷三，《船山全書》第 12 冊，嶽麓書社版，第 113 頁，135 頁。

〔註42〕 （德）康德：《實踐理性批判》，關文運譯，北京：商務印書館 1960 年版，第 127 頁。

　　比較而言，康德同王船山人性論相同的地方在於，二人都認爲人的道德屬性同人身上滯留的動物性存在著一種背反或矛盾的關係。區別在於康德說的動物性歸屬於人的感性欲望，王船山說的動物性不僅與德性相對立，而且也與人的自然屬性相對立。康德說的人的感性欲望與道德理性的統一是非現實的，根本不可能的，王船山說的人的感性欲望與道德理性的統一則是現實的，可行的，天理與人欲統一於現實的人的物質形體。康德的人性論是一種善惡共存的二元並立論，王船山的人性論則是一種理欲皆善的一體二元論。這一人性論上的差異反映了王船山與康德人學基本趨向上的差異，也是中西人學模式和人學思維模式差異在王船山和康德人學理論中的眞切體現，這一差異還直接或間接制約著他們對人的價值、人的發展諸問題研究的格局與走向。

三、人的價值：己群諸重論與己群相抗論

　　人的本質力量的實現和人性的弘揚確證著人之爲人的價值，人的價值不同於物的價值在於它是人對人自身的關係，人通過拓展自己的本質力量和豐富完善自己的人性的活動，創造出滿足人自身需要的物質財富和精神財富，從而使得人對人自身的存在具有了肯定性的意義。因此，人的價值存在於作爲主體的人自身當中及其人的生活實踐當中。作爲中西方早期啓蒙主義的兩位代表人物，王船山和康德一反中世紀漠視人的價值的觀點，認爲人既是價值的創造者又是價值的消費者，一切價值關係都是圍繞著作爲主體的人展開的。他們不僅滿腔熱忱地肯定了人的族類價值，而且對人的社會價值和自我價值也作了深入的探索、論證。

（一）王船山和康德論人的族類價值

　　族類價值是從人類在整個世界發展中的地位和作用來考察整個人的族類的效用和意義，它既是群類發生學意義上的價值確證，亦是人類進化論意義上的價值追尋。人不同於草木禽獸之處就在於他能夠通過自己的創造性活動，改造著客觀世界和主觀世界，以滿足自己的各種需要。人在創造價值的同時使自身亦有了價值，以至完全可以這樣說，沒有人的族類價值也就沒有任何價值。王船山和康德均認爲人的族類是有價值的，世界上一切價值都是人所創造並爲人而存在的，人能創造價值這一事實特性確證了人的族類價

值。王船山提出了「天地之生人爲貴」的命題，康德提出了「人是目的不是手段」的論斷。

與對人的本質的論述相適應，王船山不同於康德的地方在於他側重從人對外部世界的改造等實踐活動來頌揚人的族類價值，康德則側重於從人所具有的內在的道德理性和自我意識等精神活動來肯定人的族類價值，亦即王船山所談論的人的族類價值呈現出人是價值的創造者的涵蘊，康德所理解的人的族類價值表徵出價值是爲人而存在的要義。

王船山認爲，人之所以爲萬物之靈不僅在於人秉持的是宇宙之間的精英之氣，而且在於人能夠不斷地發掘自己的潛能作對於天，在改天換地的社會實踐中創造出一個人化的自然界，使自然界人化，並使自己的秉賦材質日益精良優化，創造出一個生動活潑、充滿朝氣而又文明進步的自我。王船山指出：「二氣之精，五行之粹，得其秀而最靈者，唯人耳」。〔註43〕「天地之生，以人爲始。故其弔靈而聚美，首物以克家，聰明睿哲，流動以入物之藏，而顯天地之妙用，人實任之。人者，天地之心也」。〔註44〕人是主持天地、顯天地之妙用的主體，他能夠存人道以配天地，保天心以立人極，積極地輔助自然，彌補自然的缺陷與不足，使自然界爲人類造福。「魚之泳游，禽之翔集，皆其任天者也。人弗敢以聖自尸，抑豈曰同禽魚之化哉？」〔註45〕人不同於「任天」的禽獸就在於他能夠「竭天」、「率天」乃至「造天」。如果人們對於世界上的事情都是「任天而無能爲」，那麼人就不成其爲人，人就不能被稱之爲宇宙的精華，萬物的靈長。「天之所生而生，天之所殺而殺，則是可無君也；天之所哲而哲，天之所愚而愚，則是可無師也；天之所有因而有之，天之所無因而無之，則是可無厚生利用之德也；天之所治因而治之，天之所亂因而亂之，則是可無秉禮守義之經也。」〔註46〕人的種類之所以具有價值，根本的原因在於人能與天爭權，與天爭勝，以人造天，而不是消極地聽任自然界的安排。人類正是在認識自然改造自然的偉大實踐中，一方面使人本身的自然社會化，表現爲人的自然

〔註43〕王夫之：《讀四書大全說》卷十，《船山全書》第 6 冊，嶽麓書社版，第 1118 頁。

〔註44〕王夫之：《周易外傳》卷二，《船山全書》第 1 冊，嶽麓書社版，第 882 頁。

〔註45〕王夫之：《續春秋左氏傳博議》卷下，《船山全書》第 5 冊，嶽麓書社版，第 617 頁。

〔註46〕王夫之：《續春秋左氏傳博議》卷下，《船山全書》第 5 冊，嶽麓書社版，第 617 頁。

秉賦的竭而後明、竭而後聰、竭而後睿、竭而後強以貞，另一方面使對象世界人化，即在對象世界中打上人的烙印，使客觀自然界沿著人類所渴望和所需要的目的變化。在人的自然秉賦的人化和對象世界的人化過程中，人類既意識到了自己，又意識到了自然，區分了人與自然界，不僅創造了價值，也提高和肯定了自己，從而使人的族類價值得到了充分的表現和確證。

康德認爲，人是地球上唯一有理性的存在物，人不僅在維持肉體生存的手段上具有高於動物的技術性素質，如靈巧的雙手、會說話的眼睛以及構造得十分精細的大腦，而且還在維持自己精神生存的手段上具有一種令動物無法比擬的適合於社會生活的實用的素質，即人有一種積極地與自己的野蠻性作鬥爭並不斷地完善自身的能力，這種能力通過文明的教化尤其是通過社會交往而逐漸形成。在康德看來，大自然使人變得靈巧，不是爲了一種處理事物的方式，而是不確定地爲了一切方式，因而是爲了運用理性，通過這些，「人類的技術或機巧的素質就表現爲一個有理性的動物的素質」。〔註 47〕人類具有理性是人高於動物而能夠作爲目的來追求的內在原因。理性內含或包容著社會性、交往性以及道德性。人由其理性而被規定爲與其他人處在一個社會之中，在其中通過藝術和科學而受到陶冶、教化和道德薰陶，〔註 48〕不斷走向進步和完善。理性提高了人的技術素質和道德素質，使人成爲文化的動物和道德的動物。康德說：「有理性之物是以自己爲目的而存在」，「我們把有理性者稱爲人，因爲他的本性就證明他是目的，不能只當作工具」。〔註 49〕可見康德論證人的族類價值是完全依憑理性或著眼於理性的。

誠然，康德也曾有過從人的勞動或生產活動來論證人的族類價值的傾向，但遺憾的是康德並沒有從人通過勞動能動地改造自然和創造自身上來理解勞動，而是把勞動看作大自然恩賜給人類的一種現成的素質，看作是人類理性的一種外在表現或要求。康德認爲，人所有的一切天賦都是爲了理性的健全和聽命於理性的安排而已。因此，在王船山那裏是實踐決定人的族類價值，在康德那裏是理性決定人的族類價值。

〔註 47〕　（德）康德：《實用人類學》，鄧曉芒譯，上海：上海人民出版社 2005 年版，第 263 頁。

〔註 48〕　參閱《康德著作全集》第 7 卷，北京：中國人民大學出版社 2010 年版，第 329 頁。

〔註 49〕　（德）康德：《道德形而上學探本》，唐鉞譯，北京：商務印書館 1959 年版，第 43 頁。

（二）王船山和康德論人的自我價值

自我價值即是人類個體存在對於自身所具有的肯定性意義。人的自我價值首先表現爲人有自我意識，能夠對自己的存在及其人生予以省察反思，其次表現爲人的生命存在具有肯定意義，人有珍惜和愛護生命的需要，再次表現爲人有自尊自愛自強的需要以及自我實現、自我發展和自我完善的需要。自我意識是人的自我價值的重要內容和基礎。王船山指出：「二氣之精，五行之粹，得其秀而最靈者，唯人耳。唯君子知性以盡性，存其卓然異於禽獸者以相治而相統，乃廓然知禽獸草木之不能有我，而唯我能備物」。〔註 50〕人的自我價值在於人能意識到自我並以主觀形式把自己同自然界區分開來，能夠有意識地對待自己和肯定自己。「我者，大公之理所凝也」。〔註 51〕康德雖然反對笛卡爾「我思故我在」的論斷，但卻十分強調自我意識的重要性。自我意識是康德認識論的核心，也是康德道德論和實踐人學的核心問題。他把自我意識區分爲先驗的自我意識和經驗的自我意識，認爲自我意識是人們進行認識活動、道德活動和審美活動的根基，對自己缺乏認識和瞭解的人不可能眞正認識現象界，更不可能認識本體界。康德指出：「人就是目的本身，那就是說沒有人可以把他單單用作手段，他自己總永遠是一個目的，因而那以我們自己爲化身的本質對我們自身來說，一定是神聖的。——所以得出這個結論，乃是因爲人是道德律令的主體，而這個律令本身就是神聖的……這個道德律令就建立在他的意志自律上」。〔註 52〕自我認識是意志自律、道德自決的前提，因而，也是「人和每一個其他有理性的存在者的道德價值的基礎」。〔註 53〕

比較而言，王船山強調人的自我意識是從弘揚人的主觀能動性入手，以我認識到了的自我作爲人的自我價值的起點，含有把自我意識活動本身確證爲人的自我價值的因素；康德強調人的自我意識則僅僅由於自我意識是意志自律、道德自決的前提，康德甚至說：「我並不是通過意識我在思維而認識我自己，而只在當我意識……我自身的直觀時才認識我自己」。〔註 54〕自我意識

〔註 50〕 王夫之：《讀四書大全說》卷十，《船山全書》第 6 冊，嶽麓書社版，第 1118頁。

〔註 51〕 王夫之：《思問錄・內篇》，《船山全書》第 12 冊，嶽麓書社版，第 418 頁。

〔註 52〕 （德）康德：《實踐理性批判》，關文運譯，北京：商務印書館 1961 年版，第134 頁。

〔註 53〕 （加拿大）華特生編選：《康德哲學原著選讀》，北京：商務印書館 1987 年版第 212 頁。

〔註 54〕 （德）康德：《純粹理性批判》，藍公武譯，北京：商務印書館版，第 406 頁。

如果不是同意志自律、道德自決聯繫在一起就無法作爲確證人之自我價值的內容。

其次，王船山和康德揭示了個體生命存在對於自我的意義和價值，認爲個體對自己負有維繫生命存在、提高生命質量，珍惜生命價值的義務或責任，人的自我價值表現在人的生命存在對自我具有肯定性的意義。王船山指出：「聖人者人之徒，人者生之徒。既已有是人也，則不得不珍其生。生者，所以舒天地之氣而不病於盈也」。〔註55〕「將貴其生，生非不可貴也」。〔註56〕在王船山看來，天地既命我爲人，人就應當珍重和愛惜自己的生命，生命是十分寶貴的，保持和維繫自己的生命是人的首要義務，因爲人的生命形體的存在是人從事各項活動、相天造命的必不可少的基礎和前提。只有珍惜和愛護自己的生命，才能夠談得上體天恤道，載仁由義。一般地說，沒有人的生命存在，一切都無從談起，一切都沒有意義。當然人的自我肯定絕對不能僅僅停留在極爲狹隘的水平上。王船山談珍惜生命恰恰是將其同「載義」或「務義」聯繫在一起的。康德也認爲，珍惜和愛護自己的生命，是人履行其他道德義務的絕對的必要的條件，是人必須履行而又不得不履行的首要的道德義務。康德反對戕賤自己的生命和自殺，指出一個自然系統是要促進生命發展，如果一個人輕視自己的生命，想以自殺來結束自己或毀滅自己，那麼這勢必違反普遍必然的準則律令。如果人人都輕生厭世，動輒自殺，那人類會怎麼樣呢？不得而知。康德在此基礎上提出了人對自身生命存在的義務，把個體對自身的道德義務區分爲人對自己動物部分的義務，作爲道德存在者加於自身的義務以及人作爲自己的法官加於自己的義務三個方面，其中人對自己動物部份的義務包括從整體上反對自殺，從部份上反對自我戕殘，從衣食上反對饕餮，從種族上反對性混亂等等。主張珍惜和愛護自己的生命，反對厭世輕生和自我戕殘、自我毀滅，是王船山與康德相近似的地方。不同的是王船山將珍生與務義聯繫起來分析，視人的生命爲履仁由義的物質載體，康德則立意於從普遍必然的道德律令入手，認爲促進生命的發展是絕對命令的要求。在王船山那裏，珍生含有行爲實踐與自我意識統一的意義，在康德那裏，珍生則是服從律令與自我意識結合的產物。在王船山那裏，珍生是個體對自我的一種價值呼喚或意識覺醒，在康德那裏，珍生則是普遍必然的絕對命令

〔註55〕王夫之：《周易外傳》卷二，《船山全書》第1冊，嶽麓書社版，第869頁。
〔註56〕王夫之：《尚書引義》卷五，《船山全書》第2冊，嶽麓書社版，第363頁。

對自我的一種價值督導或社會要求。因而也可以說，珍生之於王船山，是個人道德權利與道德義務、道德意識和道德實踐統一的價值追求，珍生之於康德，是個人道德義務和社會道德律令所指向的價值目標。

再次，王船山與康德談到了人的自尊自愛於人的自我價值的關係，二人都反對盲從他人或完全倚靠他人，主張做自己命運的主人。比較而論，王船山強調自立自強，康德則突出自律自制。在王船山看來，自立自強是確證我之為我的重要基元，只有自立自強才能夠斟酌損益，不為世所顛倒，「歷乎無窮之險阻而皆不喪其所依」，「泊然於生死存亡而不失其度」。只有自立自強的人才能敢於面對人生的坎坷，在嚴峻的生活考驗面前，能夠「保初終之素」，雖居危亂之世，亦能「困其身，而後身不辱；困其心，而後志不降」，〔註57〕如山泉幽咽靜流於坎坷，蹇者趑趄於道左，不竭不顛，「履凶遊濁，守貞篤志」，〔註58〕「行乎憂患而保其忠厚」。〔註59〕只有自立自強的人才能夠「破一鄉之見而善及天下，離一時之俗而遊於千古」，「功配天地而不矜，名滿萬世而不爭。」王船山認為，不能夠自立自強的人只會寄身於炎寒之世局，「以利為名為鵠」，「富而驕，貧而諂，朝而秦，暮而楚，緇衣而出，素衣而入，蠅飛蜣驚，如飄風之不終日，暴雨之不終晨」。〔註60〕不能夠自立自強的人只知求食求匹偶求安居，為了個人的身家性命甚至不惜出賣自己的靈魂與人格，這些人「拖沓委順於當世之然而然，不然而不然，終日勞而不能度越於祿位田宅妻子之中，數米計薪，日以挫其志氣，仰視天而不知其高，俯視地而不知其厚，雖覺如夢，雖視如盲，雖勤動其四體而心不靈」。〔註61〕王船山稱那些不能自立自強的人為「無恒之人」，對之表示了極大的輕蔑，認為「無恒之人」的人生是沒什麼價值的。船山主張，人應當堂堂正正地活著，富貴不淫，貧賤不移，威武不屈，體定百年之長慮，立一成純之局。做人，如果不能自立自強，缺乏高遠恢宏、堅貞不拔的志向，那就是最大的悲哀，「人莫悲於心死，而身死次之」。〔註62〕

在康德看來，自律自制是確保我之為我的要素。人不同於動物在於他是

〔註57〕王夫之：《周易大象解》，《船山全書》第1冊，嶽麓書社版，第725頁。
〔註58〕王夫之：《周易大象解》，《船山全書》第1冊，嶽麓書社版，第714頁。
〔註59〕王夫之：《周易大象解》，《船山全書》第1冊，嶽麓書社版，第725頁。
〔註60〕王夫之：《俟解》，《船山全書》第12冊，嶽麓書社版，第486頁。
〔註61〕王夫之：《俟解》，《船山全書》第12冊，嶽麓書社版，第479頁。
〔註62〕王夫之：《詩廣傳》卷四，北京：中華書局1964年版，第129頁。

服從自己立法的主人，他能夠將被動的「我必須應當如此行爲」，變爲主動的自覺的「我立意如此行爲」，能夠使絕對命令轉化爲善良意志，既絕對服從又自我立法。意志自律就是人自己爲自己確立行爲的原則並主動服從自己所確立的行爲原則。康德甚至把自由規定爲意志自律，認爲人們正是在對道德律令的絕對服從的行爲中，展示了自由的無比尊嚴。道德律令是自由體現出來的途徑，自由離開了道德律令便永遠不能被人感到。作爲道德律令的自由它同先驗的普遍的抽象原則密切相關，也呈須落實到人的個體行爲之中，是純粹理性自身具有的先驗的實踐能力（即普遍形式的道德律令）絕對必然地在個體行爲中爲自己立法。康德還認爲自愛、自立、自負均是一種感性衝動，它們不僅不能弘揚人的自我價值，相反還會影響人的自我價值。道德律令恰恰是要把像自愛自負等感情壓抑平伏下去，只有壓抑了這種種愛好憎惡和一切感性衝動，才會產生出另一種由理性原因所產生的積極的感情即「對於道德律令的一種敬重感情」。〔註63〕康德指出，只有在有理性者的人心中才可能有這種感情，因爲只有有理性的存在物才有必要強制自己以屈從道德律令。從某種意義上說，自律自制是理性戰勝感性，道德感情戰勝好惡感情的產物。如果我們把王船山強調自立自強等內在精神看作是對進取性道德或創造性道德的肯定，那麼康德強調自律自制等人生品質實質是對協調性道德或規約性道德的肯定。王船山關於人的自我價值的論述表現爲一種積極的向上的人對自我發展和完善的充分信任，同時也是一種公開的直接的爲自我爭地位的革命要求，康德關於人的自我價值的論述表現爲一種較爲保守或消極的發展自我和完善自我的要求，是一種隱晦而又間接的爲自我爭地位的思想呼籲。

（三）王船山和康德論人的社會價值

社會價值就是個人對社會的作用和貢獻。在自我價值的現實化過程中看起來似乎是自我的東西實際上是屬於社會的，因爲自我價值的實現不是純粹內省式的心理修養過程，而是一個同社會相關並處在一定社會關係網絡中的實踐過程。王船山和康德在論述了人的自我價值之後全面探討了人的社會價值，他們認爲人並不是孤立的存在，個人同他人，個人同社會集體是緊密地聯繫在一起的，個人具有自己不可推卸的社會責任和社會義務，人的社會價

〔註63〕　（德）康德：《實踐理性批判》，關文運譯，北京：商務印書館 1961 年版，第76 頁。

值表現在人對這種社會義務的體認與履行方面，表現在尊重他人的尊嚴、利益和權利以及尊重社會整體的利益和意願等方面。

在王船山看來，自我與他人、一己與群體具有連帶互動性，「是己立己達、立人達人之同此一理，非己所私者也。於己之欲立，而人之欲立者在焉，不立人而固不可；於己之欲達，而人之欲達者在焉，不達人而固不能。理無間，則心無間；心無間，則事亦無間也。……故求仁者於己欲立之際，能即取此欲立之心而譬之，因以見人之並生於天地之間而不能自固其生者，當亦如我之思以自成其志力，且更有甚於我而弱不能植者」。〔註64〕真正的自立或自我實現總是同立人或與人為善密切相關的，同時尊重和愛護他人，關心和維護社會整體利益亦是尊重自我、實現自我的表現與確證。王船山認為，自我價值的實現就是以仁為己任，以義為天職以及為天地立心、為生民立命、為往聖繼絕學、為萬世開太平的過程，而這同時也是為他人和社會謀福利，為他人和社會創造財富與價值的過程。「吾心之體，即天地生生無盡之理；吾心之用，即萬物各得其情。以此思所任者，天理有一之不存，則廢天地之心；人情有一之不得，則墮萬物之命」。〔註65〕「一人之心，天下人之心也；而天下人之心，皆自吾心會通以行其典禮」，「存吾心以應天下，而類天下以求吾心，則天理不違，而己私淨盡矣」。〔註66〕如果人活著僅僅只為他自己，不願承擔、履行對他人、集體、國家和民族的義務，甚至為了自我身家性命不惜損害他人和社會集體利益，那麼這樣的人不僅沒有價值而且也談不上什麼自我價值。王船山認為，自我之所以有價值就在於他能夠將自我同他人和社會集體聯繫在一起，在為他人和社會集體創造財富的同時弘揚和提高了自我的價值。生命之所以可貴就在於它能夠履仁由義，自立自強之所以被認可為確證自我價值的方式在於人缺乏自立自強就難於更好地發揮自己的主觀能動性和創造性，難於更好地為他人和社會集體作貢獻。

同王船山一樣，康德也意識到了人的自我價值只有在與他人、社會的關係中才能表現出來，交往性、社會互動性是人的重要特性。康德指出，只有把他人視為目的的人才能真正把自己視為目的，尊重別人是尊重自己的表現，「任何

〔註64〕 王夫之：《四書訓義》卷十，《船山全書》第 7 卷，嶽麓書社版，第 476～477 頁。

〔註65〕 王夫之：《四書訓義》卷十二，《船山全書》第 7 冊，嶽麓書社版，第 538 頁。

〔註66〕 王夫之：《四書訓義》卷十六，《船山全書》第 7 冊，嶽麓書社版，第 682～684 頁。

一個人對別人所作的惡行，可以看作他對自己作惡，因此，也可以這樣說：如果你誹謗別人，你就是誹謗了自己」。〔註67〕康德在自己的倫理學著作中專門談到了人對他人和社會集體的義務，認為人不僅有愛他人的義務，包括與人為善（反對忌妒）感人之恩（反對忘恩負義）同情體貼他人（反對怨毒）等方面，而且還有敬重他人的義務，包括尊重他人（反對對他人的嘲諷、中傷與不恭）等方面。康德盛讚對他人的義務感的崇高性，他說：義務呵義務，你絲毫不取媚人，絲毫不奉承人，而只是要求人的服從，可是你並不拿使人望而生厭、望而生畏的東西來威脅人。你只提出一條律令，那條律令就自然進入人心。一切好惡不論如何暗中抵制，也都得默然無語！呵！你的尊貴來源在哪裏呢？這個根源只能是使人類超越自己作為感性世界的一部分的那種東西即人的理性命令及其擺脫了全部自然機械作用的自由和獨立。〔註68〕

　　王船山與康德關於人的社會價值的論述的差異主要在於人的自我價值與社會價值的關係的不同認識。在王船山那裏，人的自我價值與社會價值是辯證統一而又不可分割的，自我存在，自立自強以及自我完善與社會存在、社會關係和社會發展是互為前提和目的的，沒有個人的存在也就沒有社會的存在，沒有整個社會的發展，個人的發展也是沒有基礎的。一個不能自立自強的人不可能充分發揮出自己的主觀能動性，也不可能真正尊重、愛護和關心他人；相反，如果沒有尊重他人、愛護他人的信念，也就很難做一個自尊自愛的人。王船山強調人我兼顧，己群諸重，認為人的自我價值應當得到承認和尊重，人的社會價值應當得到弘揚與提升。人不可能只有自我價值而沒有社會價值，也不可能只有社會價值而沒有自我價值，那種人為地割裂人的價值，擡高自我價值而貶抑社會價值或者抹煞自我價值而擡高社會價值的思想傾向都是不對的。王船山認為，人的自我價值與社會價值有如明明德與新民、內聖與外王的關係，其中明明德是新民的基礎和前提，新民是明明德的必然要求和發展到臻美階段的產物。「乃其明德之學，無一理之不求明，無一念之不求審，無一事之不求當；其新民之學，責之己者必備，用其情者必正，立之教者必順」。〔註69〕明明德表徵出人的自我價值，新民表徵出人的社會價

<hr>

〔註67〕　《康德的法律哲學》，轉引自《西方法律思想史資料選編》，北京大學出版社
　　　　　1983 年版，第 425 頁。
〔註68〕　參閱（德）康德：《實踐理性批判》，關文運譯，北京：商務印書館 1961 年版，
　　　　　第 88～89 頁。
〔註69〕　王夫之：《四書訓義》卷一，《船山全書》第 7 冊，嶽麓書社版，第 44 頁。

值。明明德同新民是統一的,所謂新民不過是使人民都明其明德,家長能自明其明德並使家人都明其明德,則教行於全家而家齊;國君能自明其明德並使國人都明其明德,則教行於全國而國治;聖王能自明其明德,則教行於天下而天下平,因而人的自我價值與社會價值是統一的。王船山既主張發揮個人正心誠意、格物致知、修身養性的積極性,又主張發揮個人齊家治國、救時匡世、革故鼎新的積極性,做到窮則獨善其身,達則兼善天下,得志與民由之,不得志獨行其道。他說,人們以身涉世應當做到「知行不行在己,得不得在心,不可失吾尊也,不可喪吾樂也。其窮也,守正以居,無一言一行之或貶,無所往而非義,期以得此心之安;其達也,遵理而行,為斯世斯民而求治,不徇世而枉道,期以行生平之學。則其囂囂也,於窮不失義之中,而固有可樂之學。天下能抑我於遇合,而我之所為剛大不撓者自在也。志不失而氣即伸,得己矣,而何勿囂囂乎?其達不離道之所為,而實有為民師保之德;民之待命已素,而我之所為知覺開先者不虛也。天下在一身,而一身在天下,民望不失焉,而以此為囂囂也」。〔註70〕「天下在一身」,「一身在天下」標明了個人與社會是密不可分的,個人既要肯定和發展自己,造就一高大偉岸之人格,更要關心和投入社會,推動社會的不斷發展和進步,做一個於社會有益的人。

在康德那裏,人的自我價值與社會價值雖有聯貫性的一面,個人與他人之間「交互為目的」,「個個有理性者的意志都是頒佈普遍律的意志」,但是由於自我與他人的不可替代及其利益對抗性,使得個人自我價值的實現常常借助於對他人利益和社會整體利益的破壞、損害來實現。由於個人意志自由選擇的存在,人總是把自己的自由著眼於其自身,為個人的利益而奮鬥,因而演出了一幕幕人我相抗、己群對峙衝突乃至互相戕殘侵吞的歷史劇目。康德認為,在個人身上既存在利己的目的又存在利他的目的,既存在感性欲望又存在理性道德,而社會集體要求於個人的則只是利他的目的和理性道德,這樣利己的目的雖然客觀存在,但它畢竟不具有道德價值,只有利他的目的才是為社會所認可的積極的具有道德價值的目的。人的自我價值具有偶然性和個別性,只有人的社會價值才具有必然性和普遍性。康德說:「在其他一些自顧自的動物那裏,每個個體都實現著它的整個規定性,但在人那裏只有類才

〔註70〕 王夫之:《四書訓義》卷三十七,《船山全書》第 8 冊,嶽麓書社版,第 836 ～837 頁。

有可能如此，所以人類只有通過許多世代無窮盡系列的進步才能努力去追求
其規定性」。〔註71〕「總體是最完美的，一切好的東西都是爲總體而存在的」。
〔註72〕康德還認爲，社會群類是理性的化身，反映著普遍必然律的要求，人
只有使自己的意志所遵循的準則永遠同時能夠成爲一條普遍的立法原理才能
確證自己作爲目的的價值。人所以必須服從超人性的絕對命令，是由於人作
爲目的與道德律令有一種必然的先天綜合關係的原故。因此康德所注重的是
人超越自身的社會價值和族類價值，康德關注的是作爲整個德國近代資產階
級的或者整體化階級化了的主體自由。康德指出：「最高的道德上的至善，僅
僅通過個人爲達到他自己道德上的完善而進行的努力是不可能實現的，爲達
此目的，必須把意志善良的人們聯合爲一個整體即一個體系，在這個體系中，
而且只是由於這個體系的統一，最高的道德上的善才能實現」。〔註73〕康德的
這一論述同王船山「天下在一身，而一身在天下」，「修身，而明德之功全矣。
繼此而新民之道起焉，則自家而國而天下，皆德之所及」，〔註74〕是頗爲殊異
而又大爲不同的。如果說康德關於人的價值的論述表現出整體至上主義的價
值傾向，那麼王船山關於人的價值的論述雖則有重視社會價值、族類價值以
及社會整體主義的因素，但基本傾向是人我兼顧、己群諸重的。康德是以人
的族類和社會整體來消溶、淹抑或對抗人的個體與自我，王船山則是以弘揚
人的族類價值和社會價值來提升和確證人的自我價值，通過強調人的族類和
社會整體來更好地展現、肯定人的個體與自我。

四、人的發展：樂觀主義與悲觀主義

　　人的發展與完善是人學的最高範疇也是人學的理論歸宿。研究人是爲了
人和人的全面、自由、和諧的發展。從歸根結底的意義上講，探討人的本質，
揭示人性的奧秘，談論人的價值，只有彙聚到人的發展與完善這一主題之下
並圍繞這一軸心而旋轉才有價值和意義。王船山和康德作爲中西人學的兩位
巨擘，對人的發展與完善給予了極大的關注，他們不僅論述了人的發展歷程，

〔註71〕《康德全集》第 7 卷，第 324 頁。
〔註72〕轉引自古留加：《康德傳》，北京：商務印書館 1981 年版，第 44 頁。
〔註73〕轉引自（蘇聯）阿爾森。古留加：《康德傳》，北京：商務印書館 1981 年版，
　　　　第 217 頁。
〔註74〕王夫之：《四書訓義》卷一，《船山全書》第 7 冊，嶽麓書社版，第 72 頁。

而且描畫了人的發展前景，對同人的發展極爲相關的必然與自由、善與惡、現實與理想等問題均作出了獨到的解證。

（一）王船山和康德論自然的發展與人的發展

爲了更好地探討人的發展，王船山和康德比較了自然的發展和人的發展，認爲自然的發展是一部必然史，人的發展則是一部自由史；自然的發展可謂善始然卻不能善終，人的發展卻能善終。

王船山認爲，天是無目的無意志的自然界，在其中起作用的是客觀的必然的規律，天之道「有理而無心者也」，它的發展是純粹自然的，「天地無心而成化，故其於陰陽也，泰然盡用之而無所擇：晶耀者極崇，而不憂其浮也；凝結者極卑，而不憂其滯也」。〔註75〕天資始萬物之理氣，以太和陰陽二氣化生萬物，陰陽二氣相融相結而象生，相參相藕而數立。在氣化中，由於陰陽二氣的交感作用，有聚散、往來、屈伸的二氣清通之理。天之所以爲天而化生萬物者，是建立在以太和氤氳之氣爲本體的基礎之上的。「天以太虛爲體，而太和之絪緼充滿焉，故無物不體之以爲性命」。〔註76〕天能以太和絪緼之氣生人生物，說明天能善始，也就是說自然的發展在起點可以謂之善，它體現了一種化生和創造的精神。但是天在生人生物之後，仍憑其本然的絪緼之氣往來屈伸，故不能彌補自然的諸多缺陷，創造一個完美均衡的世界，因此可以說天不能善終。船山認爲，與天不同，人則是有意志有目的的能夠通過自己的實踐活動作對於天從而爭得自由的萬物之靈。人是宇宙內唯一善始善終之生物，人能善始是說人秉的是自然界的精英之氣即二氣之精，五行之粹，「人合五行之秀以成乎人之秉彝」，天生之，地成之，「而斟酌飽滿以全二氣之粹美之，人之能也」。〔註77〕人能善終是說人能「裁成天地而相其化」，於天地「稱其量而取其精」，〔註78〕以達到起死回生、化愚爲哲、變無爲有、轉亂爲治。「裁之於天下，正之於己，雖亂而不與俱流。立之於己，施之於天下，則凶人戢其暴，詐人斂其姦，頑人砭其愚，即欲亂天下而天下猶不亂也」。〔註79〕人只要充分利用，發揮自

〔註75〕王夫之：《周易外傳》卷五，《船山全書》第1冊，嶽麓書社版，第1011頁。

〔註76〕王夫之：《張子正蒙注・天道篇》《船山全書》第12冊，嶽麓書社版，第66頁。

〔註77〕王夫之：《張子正蒙注》卷八，《船山全書》第12冊，嶽麓書社版，第317頁。

〔註78〕王夫之：《周易外傳》卷五，《船山全書》第1冊，嶽麓書社版，第1011頁。

〔註79〕王夫之：《續春秋左氏傳博議》卷下，《船山全書》第5冊，嶽麓書社版，第617～618頁。

然界賦予自己的認識和改造客觀世界的能力，就能做自然界的主人和自己命運的主人，實現從必然王國向自由王國的飛躍。

　　與王船山相似，康德也認為自然的歷史只能善始不能善終。但康德對之的解釋與王船山頗多差異。王船山將自然的善始歸結為絪縕化生和生人生物，康德卻認為它是上帝的創造性工作；王船山將自然的不能善終歸結為天化的不當之處或無為而缺，康德則將自然的不能善終理解為人打亂了上帝的工作。在康德看來，上帝作為至善至美的創世主創造了天地萬物，從而開始了自然的歷史，故自然的歷史以善開始。那麼，為什麼以善開始的自然史卻會以惡終結呢？這是因為，作為上帝創造產品的人運用上帝賦予自己的靈性打亂了上帝所創造的自然的秩序，從而導致了自然界的人化。既然人打亂了上帝所創造的自然的秩序，在康德那裏理解為惡，因此康德就把人的發展的起點理解為惡，得出了自由的歷史以惡開始的定論，與王船山自由的歷史起點為善的思想大異其趣。康德指出，自由的歷史以惡開始，因為它是人的工作。由於個人意志自由的存在，人總是把自由運用於人自身，為個人的欲望、情感和利益而奮鬥，其結果就是憂慮、恐懼、苦惱、競爭、衝突乃至戰爭，並演出一幕幕愚蠢、幼稚、荒唐、空虛、滑稽的世界歷史劇目。「當我們看到人類在世界的大舞臺上表現出來的所作所為，我們就無法抑制自己的某種厭惡之情；而且盡管在個別人的身上到處都閃爍著智慧，可是我們卻發見，就其全體而論，一切歸根到底都是由愚蠢、幼稚的虛榮、甚至還往往是幼稚的罪惡和毀滅欲所交織成的；從而我們始終也弄不明白，對於我們這個如此之優越而自詡的物種，我們自己究竟應該形成什麼樣的一種概念。」〔註80〕饒有興味的是，康德也同王船山一樣得出了自由的歷史終將以善結尾。康德認為，人的理性本質要求過普遍幸福與和睦愉快的生活，並要求建立合乎理性的目的王國，人們會意識到因過度追求個人欲望、利益而帶來的種種惡果，從而更加自覺地使這種追求變得有節制和合理化。「在經過了許多次的破壞、傾覆甚至於是其內部徹底的精疲力竭之後，卻終將達到即使是沒有如此之多的慘痛經驗，理性也會告訴給他們的那種東西，那就是：脫離野蠻人的沒有法律的狀態而走向各民族的聯盟」。〔註81〕區別在於：（1）王船山的人的發展

〔註80〕　（德）康德：《歷史理性批判文集》，何兆武譯，北京：商務印書館1990年版，
　　　　　第2頁。
〔註81〕　（德）康德：《歷史理性批判文集》，何兆武譯，北京：商務印書館1990年版，
　　　　　第11～12頁。

以善終結的論述是相對於人與自然的關係而言，即人相天造命，創造出一個合目的性的世界；康德自由的歷史以善終結的思想是建立在人與人、集體與集體關係的分析之上的，即爲了人我己群的共存必須遵循理性的教導，限制自由的濫用。（2）王船山的人的發展以善終結的論述由於和人發揮自己的潛能作對於天相聯繫，因而是現實的完全可以達到的，王船山對此充滿信心；康德的自由的歷史以善終結的思想由於和人克制自己的感性欲望及行爲應當性相關，因而是否實現可能還很難斷定。康德本人認爲這種結論是理性的邏輯的，是一種推論與預測，但現實也許完全不一樣。康德指出：「從人類全體的這一切作用和反作用之中根本就不會產生出任何東西來，至少也不會產生出任何明智的東西來；因而未來就將始終是像既往一樣，所以人們也就無法說清，對於我們的物種來得是如此之自然的那種紛爭，是否終於會在一種如此之文明的狀態之中而爲我們準備好一座萬惡的地獄；到那時它也許會又以野蠻的破壞再度消滅這種文明狀態的本身以及全部迄今爲止的文明的進步──這種命運是人們在盲目的偶然性的統治之下所無法抵禦的」。〔註82〕事實上康德並未排除自由的歷史以惡終結的可能性。可見，康德不同於王船山的地方，不僅在於他認爲自由的歷史以惡開始，而且在於他認爲自由的歷史可能以善終結，也可能以惡終結，關鍵看善惡矛盾鬥爭發展的趨勢和結果如何。

（二）王船山和康德論「理性的機巧」

人的發展是一個漫長而曲折的過程，追溯其起點和瞻望其終點都不可能代替對歷史過程及其現實趨勢的分析。在人的發展征途中，善與惡，正義與不義等各種矛盾紛繁交措，所表現出來的作用方式及其影響紛呈各異，大有「月失樓臺，霧漫迷津」之勢。王船山和康德對人的發展過程及其矛盾問題都分外關注，不約而同地提出了「理性的機巧」的思想，較爲深入地闡發論證了善惡矛盾與人的發展、歷史進步的關係。

王船山認爲，在人的發展史上，由於人我己群利益及其認識的不同必然會形成不同的善惡觀，而現實生活中善惡也是相比較而存在、相鬥爭而發展的。「善惡相形而著，無惡以相形，則善之名不立」。〔註83〕「無善則可以善，

〔註82〕（德）康德：《歷史理性批判文集》，何兆武譯，北京：商務印書館1990年版，第13頁。

〔註83〕王夫之：《張子正蒙注·誠明篇》，《船山全書》第12冊，嶽麓書社版，第131頁。

無惡則可以惡;適於善而善不可保,適於惡而惡非其難矣」。〔註84〕又說:「天不與百姓同憂,故善有時而成乎不善;天無往而非理之自出,故不善有時而可以善」。〔註85〕善與惡不僅相互排斥相互對立,而且也相互聯繫相互依賴,在一定條件下還可以互相轉化。在人的發展和社會進步的過程中,惡並非純粹而絕對地表現爲惡,從某種意義上說,惡也是促進人向善發展,促進社會向文明過渡的一個必不可缺的環節或因素。由此王船山提出了「理性的機巧」的思想,認爲善惡矛盾的發展具有理性的目的,理性憑其機巧使情欲爲其服務,既利用非理性的事物又否定非理性的事物以實現其自身。理性的機巧表現在假個人的私心以行天下的大公,假英雄的情欲以達到普遍理念的目的。在王船山看來,天道(即理性)的命令不是直線式的,而是「因化」,憑依實際自然和人事上的變化,而加以推動或否定,斟酌實際情形,取曲折的途徑依矛盾進展的過程,以求完成其目的。〔註86〕他說:「天欲開之,聖人成之;聖人不作,則假手於時君及智力之士以啓其漸。以一時之利害言之,則病天下;通古今而計之,則利大而聖道以宏。天者,合往古來今而成純者也」。〔註87〕天正是假借秦皇漢武們惡劣的權欲、物欲和情欲以啓其漸,從而達到自己的理性目的。「秦以私天下之心而罷侯置守,而天假其私以行其大公,存乎神者之不測,有如是夫」!〔註88〕漢武帝在掌權之後,出於鞏固政權,稱霸天下的野心,「北討匈奴,南誅甌、越,復有事西夷,馳情宛、夏、身毒、月氏之絕域」,但恰恰是這種惡劣的暴力強權造成了邊遠蠻荒之地的開發與文明,使「江、浙、閩、楚文教日興」,使「天地文明之氣日移而南」,「迄於南海之濱、滇雲之壤,理學節義文章事功之選,肩踵相望,天所祐也,漢肇之也」。〔註89〕王船山還循著同樣的思路,指出天如何假武則天之手以正綱常,假巨奸之私以興國家之公的機巧,以此來說明惡在人的發展歷程中的作用,揭示人的發展歷程的曲折性和複雜性。

同王船山一樣,康德也認爲,自然用來發展人們天賦才能的手段就是人

〔註84〕 王夫之:《尚書引義·大禹謨》,《船山全書》第 2 冊,嶽麓書社版,第 260 頁。
〔註85〕 王夫之:《續春秋左氏傳博議》卷上,《船山全書》第 5 冊,嶽麓書社版,第 549 頁。
〔註86〕 賀麟:《王船山的歷史哲學》,載《中國哲學思想論集》(清代篇)臺灣牧童出版社 1976 版,第 147 頁。
〔註87〕 王夫之:《讀通鑒論》卷三,北京:中華書局 1975 年版,第 60 頁。
〔註88〕 王夫之:《讀通鑒論》卷一,北京:中華書局 1975 年版,第 2 頁。
〔註89〕 王夫之:《讀通鑒論》卷三,北京:中華書局 1975 年版,第 61 頁。

們在社會中彼此對抗的作用，善僅僅是人的發展和歷史進步的結果，而推動歷史進步，造成人之發展的動力源泉卻是人的對抗性和醜惡的人性。「大自然決不做勞而無功的事，並且決不會浪費自己的手段以達到自己的目的。既然她把理性和以理性爲基礎的意志自由賦給了人類，這就已經是對她所布置的目標的最明顯不過的宣示了。……在這裏，大自然彷彿是以其最大的節約在行動著，並且把她對動物的裝備安置得如此之緊縮、如此之精密，剛好夠一個起碼的生存的最大需要而已；就好像是她有意讓人類──當他們從最低的野蠻狀態努力上升到最高的成熟狀態以及思想方式的內在完滿性，並且從而上升到（大地之上盡可能的）幸福狀態的時候──能完全獨自享有這份功績並且只需感謝他們自己本身似的」。〔註90〕人的發展面臨著許多生物都不曾有過的困難或矛盾，自然界既沒有給人以公牛的尖角和獅子的利爪，也沒有給人以狗的牙齒和鳥的翅膀，她給人的只是一雙孱弱而纖細的手。看來，與其說自然注意的是人的福祉，不如說是人的理性的自尊。自然決意要人自己創造一切，大自然根本不曾想做任何使人類生活得安樂的事情，「反倒是要使他們努力向前奮鬥，以便由於他們自身的行爲而使他們自己配得上生命與福祉」。〔註91〕在康德看來，大自然用來發展人們天賦才能的唯一手段就是人們在社會中彼此對抗的作用，即當人想加入社會時卻又同時帶有抗拒性，並不斷地要造成解散這個社會的威脅。人有一種很大的傾向性，總想把自己同別人分開，一味按照自己的意思來擺佈一切，並且無法忍受別人滿足生活需要的方式。正是這種抗拒性或彼此對抗作用「喚起了人類的全部能力，推動著他去克服自己的懶惰傾向，並且由於虛榮心、權力欲或貪婪心的驅使而要在他的同胞們──他既不能很好地容忍他們，可又不能脫離他們──中間爲自己爭得一席地位。於是就出現了由野蠻進入文化的眞正的第一步，而文化本來就是人類的社會價值之所在；於是人類全部的才智就逐漸地發展起來了，趣味就形成了……從而把那種病態地被迫組成了社會的一致性終於轉化爲一個道德的整體」。〔註92〕康德以森林裏的樹木比作人，認爲只有每一株樹都力

〔註90〕 （德）康德：《歷史理性批判文集》，何兆武譯，北京：商務印書館1990年版，第5頁。

〔註91〕 （德）康德：《歷史理性批判文集》，何兆武譯，北京：商務印書館1990年版，第5頁。

〔註92〕 （德）康德：《歷史理性批判文集》，何兆武譯，北京：商務印書館1990年版，第7頁。

求攫取別的樹木的空氣和陽光，才能使得彼此都要超越對方去尋求從而長得高大挺拔；相反那些在自由的狀態之中彼此隔離而任意在滋蔓著自己枝葉的樹木，便會生長得殘缺，佝僂而又彎曲。可以說，沒有人的抗拒性或彼此對抗作用，人類的全部才智就只會永遠埋沒在其胚胎裏。「人類若是也像他們所畜牧的羊群那樣溫馴，就難以爲自己的生存創造出比自己的家畜所具有的更大的價值來了；他們便會填補不起來造化作爲有理性的大自然爲他們的目的而留下的空白。因此，讓我們感謝大自然之有這種不合群性，有這種競相猜忌的虛榮心，有這種貪得無厭中的佔有欲和統治欲吧！沒有這些東西，人道之中的全部優越的自然秉賦就會永遠沉睡而得不到發展」。〔註93〕結論是，只有通過那些看來是不懷好意和互相對抗的根源的力量的發展，才有可能達到普遍的合理的善的狀態。

　　比較而言，王船山和康德所論及的「理性的機巧」，充分揭示了人的發展過程中的善惡辯證性，揭示了惡劣的情欲、物欲和權欲在人的發展和歷史進步中的槓杆作用，相同之處頗多。差別在於：（1）王船山所論及的「天假其私以行其大公」是結合著歷史和現實生活中的具體人物特別是具有大欲或權力意志的人物而進行分析的，因而是現實的歷史的具體的；康德所論及的只有通過人們之間的彼此對抗作用的發展才能達到普遍的善的狀態，是從人性或人的基本傾向性入手而進行分析的，因而是理論的邏輯的抽象的；（2）在王船山那裏，善惡是同時存在並互相鬥爭的，惡劣的情欲、物欲經由天道的因化轉而爲善創造條件；在康德那裏，善惡並不是同時存在而互相鬥爭的，惡是過程，善是結果，惡之所以能向善邁進，取決於理性的機巧；（3）由於王船山在總體上認自由的歷史爲善始善終，因此「理性的機巧」當看作自由的歷史的中間環節，屬於「肯定（善始）──否定（善惡對峙）──肯定（善終）」發展鏈條中的否定之鏈，亦即在王船山那裏，人的發展以善開始（原始的善）經過惡的發展階段（天假其私以行其大公）最後歸結爲善（高級的善和目的之善）；康德的對抗性產生文化，導致善，實質是把惡的本性和對抗性視作人的發展的起點，又把它們當作人的發展的一個漫長的歷史階段或過程，與善的發展過程或階段相對應，亦即在康德那裏，人的發展以惡開始經過惡而達到善，表現爲「否定（惡始）──肯定（善終）」的發展圖示；（4）

〔註93〕　（德）康德：《歷史理性批判文集》，何兆武譯，北京：商務印書館1990年版，第7～8頁。

在王船山那裏，人的發展以善告終奠基於辯證否定之上的揚棄，在康德那裏
則奠基於二律背反之上的取代，王船山的揚棄源自對人的發展前景的樂觀主
義信念，康德的取代則包蘊著兩個世界對峙相抗的悲觀主義情愫。康德把善
的實現歸咎於本體世界，從而使善的實現與現象界之間出現了一條無法逾越
的鴻溝，這同王船山是大為不同的。

（三）王船山和康德論人的發展前景及其命運

王船山和康德循著各自對人的發展歷程的思維路徑，對人的發展前景作
了頗具特色的描畫與論證。王船山認為，人的發展是一個極漫長、曲折、複
雜的過程，其間交織著文明與野蠻、進步與退步、善與惡、公正與偏私等的
矛盾衝突與鬥爭，但從總的發展趨勢上看前景是光明的，未來是美好的。這
是因為，不僅人本身有一種自我發展、自我完善、使自己有別於草木禽獸，
過真正人的生活的內在要求及其行為實踐，而且社會生活中「天假其私以行
其大公」的機巧，使得光明的東西必定會最終戰勝黑暗的東西，美善的事物
必定會最終戰勝醜惡的事物。王船山堅信，天地之間必無長夜之理，冬天過
去，春天就會到來。「情知臘盡雪須消，耐，耐，耐！」他用滿腔深情揭示和
描畫了一幅「寒梅春在野塘邊」的勝景，認為一代亭亭鼎鼎，瀟灑安康，「光
芒燭天」，「芳菲匝地」的全面發展的新人即將誕生。「吾今日未能有明日之吾，
而能有明日之吾者，不遠矣」。〔註94〕王船山更堅信，歷史是不斷進步的，時
代是不斷發展的，我們民族的生命是日新而又永恒的，中華民族總有奮起自
雄、復興繁榮、興旺發達的一天。王船山認為，人類社會經歷了一個由蒙昧
至野蠻而到文明，由不太文明到較高文明再到高度文明的發展過程，人類從
「植立之獸」進化而來，以後經過茹毛飲血、人我相抗的野蠻時代，才逐步
進到倫明、禮定、法正的文明時代，總的趨勢是不斷向前。王船山批判了「一
代不如一代」的歷史退化論，指出唐代人民比上古人民文明得多，「倫已明、
禮已定、法已正之餘，民且願得一日之平康，以復其性情之便，固非唐、虞
以前茹毛飲血、茫然於人道者比也」。〔註95〕並據此斷言，「治唐、虞、三代
之民難，而治後世之民易」。〔註96〕唐宋以後的天下，雖說充滿各種矛盾衝突
與曲折迂迴的現象，但較之以前則是「文治益敷」，大大地進化發展了，因此

〔註94〕王夫之：《思問錄·外篇》，《船山全書》第12冊，嶽麓書社版，第434頁。
〔註95〕王夫之：《讀通鑒論》卷二十，北京：中華書局1975年版，第598頁。
〔註96〕王夫之：《讀通鑒論》卷二十，北京：中華書局1975年版，第597頁。

我們沒有理由對人的發展及其命運持悲觀主義或退化論的觀點，我們應不斷地趨時更新，用雙手去迎接更加美好的明天和未來！

康德認為，人，從整個人類來看，由於感性與理性的同時存在及其鬥爭決定了他既不像低等動物那樣僅僅根據他們的本能而行動，也不會像一個純粹理性王國的公民按照預定的計劃來行動，既不能擺脫好惡達於聖潔，也不會完全無視理性的指導而徹底淪為動物。在談到理性的機巧時，康德曾經指出，大自然以人們的合群性或對抗性作為手段從而尋求一種平靜與安全的狀態，即「通過把人類置諸於災難之中而迫使他們脫離這種狀態，並走入一種可以使他們全部的那些萌芽都將得到發展的公民憲法」。〔註97〕但是康德又認為這只是一種可能性，人的發展是否會有光明的前景還很難說。人們的不合群或彼此對抗作用既可能由於理性的機巧而導致一種使人類物種的全部潛能充分發展，人人都成為目的的世界公民狀態，也可能由於人「道德和肉體的墮落迅速趨向最壞的狀況」，而為人類準備一座萬惡地獄，這樣一種看法會迫使我們不得不滿懷委屈地把我們的視線從目的王國或世界公民狀態的身上轉移，「並且當我們在其中永遠也找不到一個完全合理的目標而告絕望的時候，就會引導我們去希望它只能是在另外一個世界裏了」。〔註98〕在康德看來，人具有理性，能夠為自己選擇生活方式，能夠為自己確立行為的準則，這確是人的榮光和偉大；但是「這一顯著的優越性所可能喚醒他的那種一瞬間的歡慰，卻又必定立刻就繼之以憂慮和焦灼：他還不能就事物隱蔽的本性和長遠的效果來認識任何的事物，又怎麼能運用自己這一新發現的能力呢？他彷彿是站在一座深淵的邊緣；因為迄今為止都是本能在向他指點著他所欲望的唯一對象，但是現在這裏面卻向他展示了無窮的對象，而他自己還一點都不懂得怎樣去加以選擇……」〔註99〕康德雖然也談到過人的至善，認為至善是人的感性與理性、幸福與德行的完美結合，但是康德又認為至善不能夠在現象界展現而只能夠在超感性的本體界實現，他在現象界與本體界之間劃了一條不可逾越的鴻溝。

〔註97〕　（德）康德：《歷史理性批判文集》，何兆武譯，北京：商務印書館1990年版，第14頁。

〔註98〕　（德）康德：《歷史理性批判文集》，何兆武譯，北京：商務印書館1990年版，第20頁。

〔註99〕　（德）康德：《歷史理性批判文集》，何兆武譯，北京：商務印書館1990年版，第63頁。

康德與王船山人學思想的這種差異，不僅與他們所處的國度、時代及其所代表的那個階級的發展狀況密切相關，而且也與他們對人的本質及其人學思維模式的不同密切相關。如果說王船山對人的發展前景所抱的樂觀主義態度與他對人的實踐能力或本質力量的肯定性認識相關，與他把人理解成己與群、認識與行為、現實與理想的辯證統一相關，那麼康德對人的發展前景所流露出的悲觀主義情緒則與他僅從人的理性或精神狀態來論證人的本質以及有意識地製造現象界與本體界的對立，有著一種內在必然的邏輯聯繫。可見，關於人的發展及其他人學問題的認識，是同對人的本質及人性問題的理解相貫通的，一切人學問題的爭論或不同認識，都可以在人的本質及人性問題的認識中找到源頭。

五、比較的啓示

通過比較王船山與康德的人學思想，我們不僅跟隨東西方兩位人學大師作了一次認識人自身的邀遊，深為兩位人學大師在人自身這塊園地上的辛勤耕耘及其收穫到的果實所感奮、激動，而且也驚奇地發現人是一項多麼巨大的工程，探尋人和研究人又是一件具有何等意義的工作。王船山和康德之所以被後人廣為稱頌，也許最關鍵的莫過於他們在這塊最值得探討卻探討得最不夠的領域邁開了堅定的步伐，留下了深嵌在這塊園地上的足印。比較王船山與康德的人學思想，於我們啓示最大的有三：

一是深覺以往人們以內在超越和外在超越，倫理型和科學型來論中西文化本質區別的思想並非無懈可擊，實質上中國文化也有置重外在超越、強調對自然的認識和改造的傳統，西方文化亦有推崇內在超越、主張道德至上或倫理中心的傳統。王船山和康德作為中西文化長河中兩位承前繼後、繼往開來的偉大思想家和文化巨匠，在人學研究領域所呈現出來的恰恰是內在超越與外在超越、崇尚倫理與崇尚科學的異位，亦即王船山強調對外部世界的認識、改造遠甚於康德，康德強調對內部世界的認識、改造決非王船山能夠比擬。在王船山那裏，「非知天不足以知人」，知天的價值似恐在知人之上，知天是竭天、相天乃至率天、造天的必要前提，也是人的本質力量和人的價值的表現與確證。人之高於或優越於草木禽獸就在於他不是消極地聽命於自然界而在於他能調動起自己的耳目心思等生理心理官能體天恤道，作對於天，創造一個人化的自然界。在康德那裏，知識的價值在於道德的價值，實踐理

性高於純粹理性，認識自身從而更有效地做自己情感、意念的主人，純正自己的道德動機，培養起不爲欲利福樂所動的道德人格，既是人的本質使然和人的價值之所在，也是人完善自身超越自身的必由之路。

　　馬克思恩格斯在談到肇始於康德的德國哲學的特徵時這樣說道：「德國哲學是從意識開始的，因此就不得不以道德哲學告終，於是各色英雄好漢都在道德哲學中爲了眞正的道德而各顯神通」。〔註 100〕如果我們再把視野放寬一些，就會發現不僅德國哲學有置重內在超越，重視倫理道德的傾向，法國笛卡兒和荷蘭斯賓諾莎視倫理學爲最高最有價值的科學的定論，中世紀經院哲學家托馬斯・阿奎那把過有道德的生活看成人類社會的根本目的的見解，以及古希臘蘇格拉底、柏拉圖、斯多亞學派的倫理至上主義等，無不有力地證明著西方文化的本質特徵是不能用外在超越和科學型來予以概括、歸類的。從某種意義上說，西方文化向內開掘與反省的程度以及推崇倫理道德的程度絲毫不比中國文化遜色，差別在於各具有不同的倫理道德罷了。誠如王亞南四十年代批判梁漱溟以倫理型和科學型來論中西文化本質特徵時所說，每個社會都有它自己的道德生活規準，且不說古代希臘蘇格拉底、柏拉圖實在說過同我們祖宗差不多重視倫理情誼和道德修養的話，「即如在擺卻了中世紀溫情主義倫理情誼被認爲急功近利，專以計較物質利害關係爲其文化生活特徵的資本主義社會」，〔註101〕也有置重倫理道德和社會公正的傾向。

　　同理，中國文化亦不能用內在超越和倫理型來予以概括和歸類，那種把中國文化僅僅看成是內在超越和倫理型的見解，是非常淺薄而又十分片面的。事實上，中國文化不僅有高度發達的科學技術傳統，而且科學技術的發展在十七世紀以前的數千年間一直是走在世界前頭的，中國人改造自然征服自然的努力並不比西方人遜色。李達在《中國社會發展遲滯的原因》一文中指出：中國人並不缺乏科學的頭腦。遠在春秋時代，魯班已經創造過機器；漢代蔡倫發明了造紙術；諸葛亮創造木牛流馬；隋楊廣造出了具有弩機與報警磬的迷樓；唐李皋發明了用雙輪行駛的戰艦，五代時發明了印刷術；此外，如渾天儀與羅盤針之類，都是中國人的發明……這些表示著中國人的智力並

〔註100〕馬克思、恩格斯：《德意志意識形態》，《馬克思恩格斯全集》第 3 卷，北京：人民出版社 1960 年版，第 424 頁。

〔註101〕王亞南：《論東西文化與東西經濟》，載《社會科學新論》1946 年版，中國經濟科學出版社。

不劣於歐洲人。若把封建時代的中國和封建時代的歐洲比較，我想中國人的科學的頭腦，比歐洲人的還要高明。

中國近代科學技術的落後，原因是多方面的，恐怕最主要的是封建專制主義及其清政府的腐敗無能，而並非是中國文化置重內在超越，推崇倫理道德的傾向。從文化的生成及發展上說，每一民族的文化都是這一民族認識自然、社會和人生的成果結晶，都包含有真善美的價值觀念及其與之相適應的文化體系。沒有一個民族的文化是只有真而沒有善美或只有善而沒有真美的。文化的差異只有在真對真的比較、善對善的比較以及美對美的比較中才能發見，捨此就難免不犯穿鑿附會、任意構想的錯誤。

二是通過比較王船山與康德的人學思想，使得我們對那種中國文化以社會為本位、絲毫不重視個人價值或只有西方文化才重視個人價值的觀點亦不敢苟同。從王船山與康德關於人的價值的論述來看，王船山對人的自我價值的重視似在康德之上，而康德流露出來的推崇社會整體的價值傾向又遠非王船山所能比擬。在中西方人學、倫理學思想史上，中國人從來沒有像西方人那樣形成把個人同社會對立起來，要麼無限制地主張個人本位，提倡赤裸裸的個人主義，要麼一味地推崇社會本位，強調整體至上主義的思想傾向，中國人大多數是主張把他人和自我，社會群體和個人聯繫起來，講求「己欲立而立人，己欲達而達人」的，帶有人我兼顧、己群諸重的特色。因此，中國既沒有亞里士多德視人為城邦的動物並認為整體永遠大於或高於部分，以及托馬斯阿奎那「人只有從屬於上帝才能獲得自己的存在」，「社會利益永遠大於高於神聖於個人利益」，康德「只有人的族類才實現自己整個規定性」，還有黑格爾「國家是目的，個人不過是實現歷史目的的手段」等整體至上主義的學說，也沒有蒙田「我們應當只為自己個人而活著」，霍布斯「人對人像狼一樣」，愛爾維修「個人利益是人們一切行為的動機和出發點」，「是人們行為價值的唯一而且普遍的鑒定者」，「誰若違背自己的個人利益而行為，誰就是一個瘋子」等個人至上主義的學說。中國文化在強調人的自我價值時特別強調它的道德價值方面，主張人們應當發奮自強，不斷地充實完善自己，成就一頂天立地，高大偉岸的人格；西方文化強調人的自我價值則往往側重於生存權益和個人享受的保障，而對人的自我道德價值的強調則往往為持整體至上主義學說的思想家們所看重，個人至上主義者突現的個人實質是一種感性的個人而並非理性的個人，是一種自然的個人而並非社會的個人。五四運動

前期的杜亞泉在《靜的文明與動的文明》中有這麼一段話：「蓋我國除自然的個人以外，別無假定的人格，故一切以個人爲中心，而家族，而親友，而鄉黨，而國家，而人類，而庶物，皆由近及遠，由親及疏，以爲之差等，無相衝突。西洋社會中，既有個人主義，又有國家主義，階級主義，民族主義，時相齟齬，而個人爲中心與國家爲中心之二主義尤爲現世之爭點」。〔註 102〕杜亞泉的整個比較文化觀是大可商榷或加以批判的，但這一段話至少是較爲眞實地再現了中西思想文化的歷史狀況。中國文化講求推己及人，設身處地，推崇成己成人，光大自我，確也含有以個人爲中心的因素，試想如果一味地貶損和否定自我，自我又怎麼可能去積極地修身養性，格物致知進而齊家、治國、平天下呢？！從某種意義上說，西方由個人至上主義者所提出的置重個人價值的種種主張，實則不是眞正地在肯定或弘揚人的自我價值，而是在把人當動物看，引導人走向人格分裂，滿足了動物性的本能卻喪失了人文性的理智，而整體至上主義者由於一味地貶低個人，擡高社會整體的地位和價值，因而也未能眞正地提出和解決尊重個人價值的問題。可見，西方文化無論是個人至上主義派別亦或是整體至上主義派別都沒有很好地重視人的個人價值。因爲，將個人與社會對立起來的思維傾向是不可能眞正看重人的個人價值的。

馬克思主義認爲，眞正地尊重人的個人價值同對個人與社會集體作辯證統一的理解與認識相關聯，我們應當排除那種把個人與社會對立起來的傾向。「只有在集體中，個人才能獲得全面發展其才能的手段，也就是說，只有在集體中才可能有個人自由」。〔註 103〕同時，眞正的集體總是包含著尊重個人價值的內在因素，社會集體利益「首先是作爲彼此分工的個人之間的相互依存關係存在於現實之中」。〔註 104〕中國傳統社會盡管沒能形成如同馬克思所說的「人的自由聯合體」那樣的眞正的集體，但中國文化史上的許多思想家包括王船山之類的思想巨匠區別於西方思想家的地方在於，他們沒有把社會整體同各個個人對立起來，而是在將二者統一起來的基礎上去談論人的自我價

〔註 102〕傖父：《靜的文明與動的文明》，《東方雜誌》第 13 卷，第 10 號，1918 年 10 月。

〔註 103〕馬克思、恩格斯：《德意志意識形態》，《馬克思恩格斯全集》第 3 卷，北京：人民出版社 1960 年版，第 84 頁。

〔註 104〕馬克思、恩格斯：《德意志意識形態》，《馬克思恩格斯全集》第 3 卷，北京：人民出版社 1960 年版，第 276 頁。

值與社會價值，由此從理論品格上所展現出來的重視人的自我價值的思想傾向，也許比西方思想家要更爲多些和正確些。

三是通過比較王船山與康德的人學思想，我們發現中西人學的許多差異本質上是人學思維模式的差異即一體二元和二元並立的差異。在王船山那裏，世界是一個整體，人也是一個整體，在世界這個整體內有天與人、己與物的二元存在，在人這個整體內有天理與人欲、理想與現實的共存。處於一體中的二元並不是絕然對立而是相互滲透相互貫通，不可分割的，即「終不離人而別有天，終不離欲而別有理」。在康德那裏，世界是二元的，人也是二重的，必然的現象界與自由的本體界是永難統一的，感性的人與理性的人也是無法協調的，二律背反是世界和人發展變化的一般法則。在王船山看來，理想植根於現實又引導著現實，現實不同於理想卻又孕育著理想，因而現實是完全可以被改造的，今天的現實即是昨天的理想，理想也是完全可以實現的。人正是因爲集理想與現實於一身決定了人能夠通過自己改造現實的實踐活動創造出一個嶄新的世界和自我，實現和佔有人的眞正本質，豐富和弘揚人的各種屬性，達到自由的全面的和諧的發展。而康德關於人的學說由於建基於兩個世界對峙及二重人性對抗的思維模式上，因而必然得出理想只能是理想，現實終歸是現實的結論，使人深覺現實的世界禁錮人拘束人，理想的世界遠離人冷漠人，改造自己和現實如同古希臘神話中薛西弗斯把一塊石頭從山底推向山頂、馬上又滾下山來的徒勞無功一般。如果說王船山關於人的學說洋溢著一種樂觀主義的人生氣息，起著激勵人、肯定人和給人以信心力量的理論作用的話，那麼康德關於人的學說則充斥著一種無可奈何的悲觀主義情調，起著一種使人難堪，叫人絕望的消極作用，這是康德所始料未及的。這裏我們似乎可以借用馬克思批判馬丁·路德的一段話來揭示康德人學的理論困惑：「他破除了對權威的信仰，是因爲他恢復了信仰的權威，他把僧侶變成了世俗人，是因爲他把世俗人變成了僧侶。他把人從外在的宗教篤誠解放出來，是因爲他把宗教篤誠變成了人的內在世界。他把肉體從鎖鏈中解放出來，是因爲他給人的心靈套上了鎖鏈」。〔註105〕

總起來說，康德的人學具有存在主義人學的某種韻味，它是一種描述人的境況，闡釋人之衝突的描述性人學，批判性有餘而建設性不足，王船山的

─────────────

〔註105〕馬克思、恩格斯：《〈黑格爾法哲學批判〉導言》，《馬克思恩格斯選集》第 1 卷，北京：人民出版社 1995 年版，第 10 頁。

人學則是一種著眼於人之行爲和創造性活動的實踐性人學，是一種旨在充分調動人的積極性以實現率天載義、建功立業之目的的建設性超過批判性的現實人學。如果說康德對人存在的困境所作的揭露分析比王船山要更爲冷峻和深刻，那麼他對人學問題所作的總體論證及結論則比王船山要更爲偏頗或片面。而今，當著我們要建構馬克思主義的人學體系，探尋有中國特色的社會主義人學理論觀念乃至二十一世紀世界人學發展的趨勢、前景時，也許王船山人學思想給我們所提供的啓示要比康德更爲多些和有益些。因爲，康德兩個世界的人學理論及二元對峙的思維模式確實無法使我們對人的本質、人性、人的價值、人的發展等問題的認識進到科學的階段與水平，無法使我們獲得對之認識的實質性收穫。康德人學給我們唯一有所啓示的是它意識到但並沒有解決的文化與文明，科學與道德以及感性與理性的背反現象的存在，它可以促進我們對之作深入的反思與追問。當然，王船山的人學理論也並非完美無缺，它也有許多在我們今天看來屬於封建糟粕性的東西，帶有產生它的那個時代和階級的不可避免的局限。我們要在馬克思主義思想指導下，運用歷史分析和階級分析的方法，給以實事求是的分析、評價與批判繼承，去其糟粕，取其精華，使其優秀的至今仍閃爍著眞理光芒的合理因素成爲我們社會主義新文化的組成部分，爲建設有中國特色的社會主義人學學科服務。

第三章　王船山與斯賓諾莎道德觀比論

　　人學是倫理學的理論基礎和必要準備，科學而完整意義上的倫理學總是包容和涵攝著人學或以人學的基本理論起步，並將其與人學相續相通的。這其中的奧妙莫過於人是道德的主體，道德是人的道德，人類為了過一種有理性的社會生活因而需要道德，道德也正是人們肯定自我、發展自我和完善自我的社會形式。王船山的倫理學說以人學作為出發點或理論起點，通過對人的本質、人的特性、人的價值、人的發展等問題的分析論證揭示出倫理道德在人生中的重要地位與特殊作用，進而過渡到倫理道德理論的探求的。

　　從王船山道德學說的對等或可比意義上尋求比較的對象，似恐當以斯賓諾莎（1632～1677）為宜。遵循比較的共時性原則，他們大致生活於同一時代，十七世紀無論是在西歐諸國還是在中國都是一個新舊對峙、天崩地解的時代，依社會進化而言，都處在封建社會解體而向新社會過渡的大變動時代。遵循比較的相關性原則，他們都是唯物主義的大師，對中世紀的正統思想（即基督教神學和經院哲學、隋唐佛學和宋明理學）都作了尖銳的批判，並建立了一個由存在論經認識論到道德論的哲學體系，斯賓諾莎的實體論與王船山的氣化論頗多類似，而王船山偏重理性的致知論與斯賓諾莎唯理論的認識論亦屬同型，在倫理道德理論上，他們均反對僧侶主義和禁欲主義的道德學說，對各自的傳統道德觀念作出了批判性的總結，並且對道德的起源、道德的本質與價值及道德修養諸問題作出了全面而深入的探討。另外，他們各自的身世和思想的命運也十分相似，他們生前都過著默默無聞、窮愁潦倒的日子，磨鏡片的酸辛和居草堂的淒苦不相上下，寧失教授職位不向權貴低頭的勇氣和起兵興師抗清、雖九死其猶未悔的堅毅均為大丈夫的氣概和精神；他們本

人均具有高尚的道德品質和獨立不移的人格，具有一種孜孜不倦奮不顧身探求眞理和科學知識的精神。然而，也許是他們生活的時代還沒有發展到需要和歡迎他們所闡發和創立的高深然卻是指引人類奔向未來的理論學說的程度，使得他們的思想生前都未得到人們的認可與理解，死後亦遭受著被埋沒、被冷遇的命運。他們的思想眞正被人所認識並得到廣泛傳播，那是在日曆翻到一百多年之後。而更多相同的是，他們的思想一經發現和傳播就引起轟動效應，並且常盛不衰。海涅指出，所有我們現代的哲學家也許常不自覺地借斯賓諾莎所摩擦過的眼鏡以觀看世界，黑格爾說，斯賓諾莎是近代哲學的重點，要麼是斯賓諾莎主義，要麼不是哲學。梁啓超認爲，衡陽王子精義之學是五百年來眞通天人之故者，章太炎更說：當清之際，卓然能興起頑儒，以成光復之績者，獨賴而農一人而已矣。從道德論上看，斯賓諾莎奠定了近代功利主義道德觀的基礎，影響了西方許多倫理學家的道德觀；王船山的公益論和珍生務義說也對我國近代道德學說的形成發展起著重要的理論導引作用。因此，從某種意義上說，比較王船山與斯賓諾莎的道德學說，不僅有助於我們更好地理解王船山或斯賓諾莎道德論的精神實質，而且也有助於我們全面而深刻地認識中西道德觀念的基本特徵及其發展流變。

一、道德的起源：社會關係論和自然欲望論

　　道德的起源問題是道德的重大理論問題，任何一個研究道德現象的倫理學家都不可能對此一問題等閒視之。因爲，道德的起源涉及到道德生成的基礎、道德發展的根源，對這一問題的研究影響到對道德的本質與特徵，道德的功能與作用、道德的價值與目標以及道德評價的手段和方式諸問題的認識，同時倫理學史上的不同道德派別的劃分主要也是依據人們對道德起源和道德原則的不同認識而予以確認、劃分的。在王船山和斯賓諾莎以前的人類道德思想史上，天賦道德論和神啓道德論佔有著突出的地位，影響極其深遠。漢代的董仲舒從「人之爲人本於天，天亦人之曾祖父也」的觀點出發，把道德的起源歸於天或天道，他明確指出：「道之大原出於天，天不變，道亦不變。」〔註1〕「是故仁義制度之數，盡取之天」，「王道之三綱，可求於天。」〔註2〕在董仲舒看來，天不僅是有意志有目的的人格神，而且是至善的道德化身。「天

〔註 1〕 《舉賢良對策》。
〔註 2〕 《春秋繁露·基義》。

志仁，其道也義，」〔註3〕「察於天之意，無窮極之仁也。人之受命於天也，取仁於天而仁也。」〔註4〕人類道德的起源既是天人合類、天副人數的產物，也是人秉天之意、以之配天的結晶。此後，理學家程頤程顥，還有朱熹均繼承了董仲舒關於道德起源的理論，認為在現實的君臣父子等倫理綱常形成之前，就已經有了君臣父子等道德原則，現實的三綱五常正來源於這個永恆不變的天理，人倫物理無所逃於其間。仁義禮智之性出於天、源理理。甚至貧富、貴賤、壽夭也都是天之所命。朱熹說：「都是天所命。稟得精英之氣便為聖為賢，便是得理之全，得理之正。稟得清明者便英爽，稟得敦厚者便溫和，稟得清高者便貴，稟得豐厚者便富，稟得長久者便壽，稟得衰頹薄濁者，便為愚不肖、為貧、為賤、為夭。天有那氣生出一個人來，便有許多物隨他來。」〔註5〕這顯然是一種極端的道德宿命論和人生宿命論，較之董仲舒有過之而不及。在西方，基督教《聖經》宣稱，道德是上帝對信徒的啟示，起源於上帝拯救人類的善意。《出埃及記》所描述的「摩西十誡，」是說摩西應上帝耶和華的召喚，在西奈山接受上帝的啟示，因而產生了「不可殺人、」「不可偷盜」、「不可姦淫」等道德誡律。教父哲學的創始人奧古斯丁在他的《天國》一書中指出，人間的善惡是一種按「造物主的法則」和「神聖的天道」所承受的「天然的順序」，人間的德性、品行均是天意的贈予與安排。經院哲學家托馬斯·阿奎那更認為人只有靠上帝的恩賜才能具有真正的幸福，人只有靠上帝的啟示才能擁有真正的道德。他說：「上帝使其智慧成為萬物的創造者，他與萬物的關係正如藝術家對他的藝術產品的關係一樣，」〔註6〕社會、國家、法律、道德等均是上帝的創造物，直接地起源於上帝的創造性動機。上帝所創造的法律是永恆的法律，上帝所創造的道德亦是千古不易的道德。在托馬斯·阿奎那看來，「人是能夠依靠理智來認識普遍存在的善性並依靠意志來要求獲得這種善性的。但是普遍的善只有在上帝身上才能找到。因此，除上帝之外任何東西都不能使人幸福並滿足他的一切願望。」〔註7〕

　　面對著中西道德學說史上的這種天命論或神啟論，王船山和斯賓諾莎均

〔註3〕　《春秋繁露·天地陰陽》。
〔註4〕　《春秋繁露·王道通三》。
〔註5〕　《朱子語類》卷四。
〔註6〕　《阿奎那政治著作選》，馬清槐譯，北京：商務印書館1963年版，第110頁。
〔註7〕　《阿奎那政治著作選》，馬清槐譯，北京：商務印書館1963年版，第68頁。

對之作出了深刻的批判，他們都看到了道德同人自身的密切關係，主張從人是道德的主體這一論述中去尋找道德的起源。但是，由於他們對道德與人關係認識的層次及其角度不同，也由於他們對人與自然的關係的認識不同及其哲學立場的某些差異，使得他們一個從人類倫常關係及其社會生活需要來解釋道德的起源，一個則從人的自然欲望及其生理滿足去探尋道德的起源，從而形成了社會關係的道德起源論和自然欲望的道德起源論。

王船山認為，道德是人類社會生活所特有的人之所以異於草木禽獸的一種本質規定性或社會現象，「天道不遺於禽獸，而人道則為人之獨。」作為一種人類社會生活所特有的調整人們行為的準則和規範的道德，是人們的社會關係的反映。只有在形成人們的社會關係並且主觀上意識到這種關係的時候才會出現道德。在王船山看來，道德是人類進化發展到一定階段的產物。人類的祖先並非神，而是「植立之獸而已」。他依據考古的資料和經驗指出：「中國之天下，軒轅以前，其猶夷狄乎！太昊以上，其猶禽獸乎！……所謂飢則呴呴，飽則棄餘者，亦植立之獸而已。」〔註8〕又說：「燧農以前，我不敢知也，君無適主，婦無適匹，父子兄弟朋友不必相信而親，意者其僅穎光之察乎？昏墊以前，我不敢知也，鮮食艱食相雜矣，九州之野有不粒不火者矣，毛血之氣燥，而性為之不平。」〔註9〕這兩段話說明在黃帝以前，中國社會還處在野蠻時代；伏羲以前，人和禽獸相差無幾，「飢則呴呴，飽則棄餘。」在燧農氏以前，是根本談不上什麼倫理道德，也不存在什麼倫理道德現象的，那時人們純依本能而行事，「父子兄弟朋友不必相信而親。」道德的產生有一定的客觀和主觀的社會前提。造成道德產生的主客觀兩方面的社會前提的是人的物質生產活動及其衣著飲食的變化，是農業的發明和火的使用。王船山指出：「帝貽來牟，豐飽貽矣，性情貽矣，天下可垂裳而治，性情足用也。」〔註10〕正是由於人類掌握了「來牟」（即小麥）的生產技術，獲得了粒食（即穀物），達到了豐飽，正是由於人類發明了火和用火煮食物，改變了茹毛飲血的生活習慣，才使得人類的性情隨之發生變化，逐步由禽獸而至人類。在王船山看來，人類從動物群中走出來的動力正是人類的生產實踐活動即農業的發明和火的發現，「來牟率育而大文發焉。后稷之所以為文，而文相天矣。嗚

〔註8〕 王夫之：《思問錄‧外篇》，《船山全書》第 12 冊，嶽麓書社版，第 467 頁。
〔註9〕 王夫之：《詩廣傳》卷五，《船山全書》第 3 冊，嶽麓書社版，第 491～492 頁。
〔註10〕 王夫之：《詩廣傳》卷五，《船山全書》第 3 冊，嶽麓書社版，第 492 頁。

呼!天育之,聖粒之,凡民樂利之,不粒不火之禽心其免矣夫。」〔註 11〕如果放棄了農業和用火,人類的本質便無法存留,最終將返回到禽獸的行列。王船山說:「文去而質不足以留,且將食非其食,衣非其衣,食異而血氣改,衣異而形儀殊,又返乎太昊以前,而蔑不獸矣。〔註 12〕農業生產實踐活動把本來是孤立的個人聯繫起來,形成相互依賴、相互協作的社會聯繫,爲人作爲道德主體創造了社會條件,同時這種實踐活動也使初民們的形體、結構發生一系列根本的變化,逐漸萌發出人類最初的意識、語言和交往,爲人作爲道德主體奠定了自然基礎和主觀基礎。

王船山認爲,道德的產生一方面與人們在實踐過程中所形成的倫常關係相聯繫,另一方面又與人們在實踐過程所發展越來的自我意識和道德心理相貫通。他依據自己「天下惟器而已矣。道者器之道,器者不可謂之道之器也」〔註 13〕的理論,把道德產生的根源首先歸之爲人類倫常關係的形成。他說:「人相與爲倫而道立焉。」〔註 14〕人類最基本的倫常關係爲君臣、父子、兄弟、夫婦、朋友等。他堅定反對朱熹「未有這事,先有這理,如未有君臣,已先有君臣之理;未有父子先有父子之理」的先驗道德論,堅持認爲先有君臣、父子、兄弟、夫婦、朋友五倫,然後才有君臣之道、父子之道、夫婦之道、兄弟之道、朋友之道。沒有道德關係,何來調節道德關係的行爲準則。王船山認爲,在人同禽獸相差無幾的洪荒之世,沒有也不可產生謙恭禮讓、互相尊重的道德現象,在「衣裳未正,五品未清,婚姻未別,喪祭未修,狉狉獉獉」〔註 15〕的唐虞以前的歷史時期,也不可能產生忠孝仁愛、信義悌順的道德準則和規範。「未有子而無父道,未有弟而無兄道。」〔註 16〕倫理道德規範是人們社會關係的調整與反映,沒有一定的社會關係,倫理道德規範的產生就不具有客觀的社會條件和基礎。王船山指出,人類的五種基本道德規範完全是建立在倫常關係的基礎之上並適應調整這五種關係的需要而產生的,「有君臣而尊卑之義著矣,」「有父子而親愛之情著矣」,「有夫婦而內外之別著

〔註 11〕 王夫之:《詩廣傳》卷五,《船山全書》第 3 冊,嶽麓書社版,第 492 頁。
〔註 12〕 王夫之:《思問錄·外篇》,《船山全書》第 12 冊,嶽麓書社版,第 467 頁。
〔註 13〕 王夫之:《周易外傳》卷五,《船山全書》第 1 冊,嶽麓書社版,第 1027 頁。
〔註 14〕 王夫之:《讀四書大全說》卷三,《船山全書》第 6 冊,嶽麓書社版,第 572頁。
〔註 15〕 王夫之:《讀通鑒記》卷二十,《船山全書》第 10 冊,嶽麓書社版,第 763 頁。
〔註 16〕 王夫之:《周易外傳》卷五,《船山全書》第 1 冊,嶽麓書社版,第 1028 頁。

矣」，「有昆弟而長幼之序著矣」，「有朋友之交而相交之信著矣。」〔註17〕道德的發生不僅必須以人們的倫常關係爲依據，而且也同人們對倫常關係的認識密切相關。人不同於動物，「動物有天明而無己明，」其活動受生理組織的需要所決定，因此「它對他物的關係不是作爲關係存在的，」〔註18〕人能意識到倫常關係的存在。禽獸沒有自我意識，不能以主觀形式把自己同自然界區分開來，不能意識到自己同他物的關係，只有人才具有自我意識，能夠把自己同自然界區分開來，能夠有意識地對待自己，對待同其他人的關係，唯有人才能「存其卓然異於禽獸以相治而相統，乃廓然知禽獸草木之不能有我，而我能備萬物。」〔註19〕眞正的道德關係總是「爲我而存在的，」自我意識不僅使人意識到活動的環境與對象，而且還能給活動的節奏與秩序加進自覺自由的成分，不僅使每個個體意識到自己與他人、社會、集體的關係，而且還能使每個個體意識到這些關係對自己的價值和意義，從而自覺地調控自己對待這些關係的基本態度和行爲。船山認爲，個體意識和自我意識是道德產生的主觀前提。人道區別於動物本能就在於它能意識到自我，是自我意識的產物，即自己爲自己確立行爲的法則。「求己以己，則授物有權；求天下以己，則受物有主。授受之際而威儀生焉，治亂分焉」。〔註20〕只有通過自我意識的作用才能眞正認識自我與他人、自我與天地萬物的關係，加深對人倫道德的認識與瞭解，並由此形成和發展起自我肯定、自我實現和自我完善的道德。王船山還考察了道德的具體形成過程。在王船山看來，隨著人們生產實踐活動的擴大以及內容的豐富，出現並產生了社會分工，社會分工的發生以及當時部族內部有了氏族劃分，便會產生個人的需要和利益與他人、社會集體的需要和利益之間的矛盾，亦即在「萬有不齊之民」之間必然出現好利惡害的差別並形成對立的局面，造成「利於一事，則他之不利者多矣；利於一時，則後之不利者多矣，不可勝言矣，利於一己，而天下之不利於己者至矣」〔註21〕的利益矛盾與利益糾紛，這種矛盾的出現，客觀上要求有調節工具的產生

〔註17〕 王夫之：《四書訓義》卷二，《船山全書》第 7 冊，嶽麓書社版，第 174 頁。

〔註18〕 馬克思、恩格斯：《德意志意識形態》，《馬克思恩格斯選集》第 1 卷，北京：人民出版社 1995 年版，第 81 頁。

〔註19〕 王夫之：《讀四書大全說》卷十，《船山全書》第 6 冊，嶽麓書社版，第 1118 頁。

〔註20〕 王夫之：《尚書引義·顧命》，《船山全書》第 2 冊，嶽麓書社版，第 408 頁。

〔註21〕 王夫之：《四書訓義》卷八，《船山全書》第 7 冊，嶽麓書社版，第 382 頁。

即調解這種矛盾的觀念和相應的言行，要求「敬天地之產而秩以其分，」「重飲食男女之辨而協以其安」，〔註22〕要求「於天理人情上絜著個均平方正之矩，使一國率而繇之。」〔註23〕所謂「秩以其分、」「協以其安，」「絜著個均平方正之矩，」就是最初意義上的道德調節和道德行為準則。正是由於社會關係的形成和利益矛盾的產生，出現了從道德意識上約束各種行為，從道德上鞏固一定的社會關係的必然性，在人類自身的社會生活中約定俗成了一些簡單的道德標準，道德由此而誕生。王船山指出：「一國之人，為臣為民，其分之相臨，情之相比，事之相與，則上下、左右、前後盡之矣。為立之道為，取此六者情之所必至、理之所應得者，以矩絜之、使之均齊方正，厚薄必出於一，輕重各如其等，則人得以消其怨尤，以成孝悌慈之化。」〔註24〕道德的作用在於「以整齊其好惡而平施之」，在於消除人我己群間的怨尤，達到「人欲之各得」，使「所惡於上，毋以使下」，「所惡於下，毋以事上」，造成「好民之所好，民即有不好者，要非其所不可好也；惡民之所惡，民即有不惡者，要非其所不當惡也。」〔註25〕

　　王船山還談到，道德從不自覺的意識發展為自覺的意識，從習慣道德發展為自律道德，經歷了一個從少數人到大多數人，由表及裏、由淺入深、由此及彼、由片面到全面的長期的曲折的發展過程。作為對各種倫常關係認識和反映的道德一開始並不是普遍地存在於所有人的意識和行為中，而是首先在個別人、少數人的意識中比較明確、比較完整，然後隨著社會交往和文化教育的發展才逐步擴展為多數人的普遍的共同的意識，成為人與人之間應該如何和不應該如何的道德要求。在這個過程中，聖賢和道德楷模的作用不容忽視。王船山認為，聖賢是最先意識到道德的價值、功能和作用的少數人，他們通過自己的言傳身教使道德日益風行於天下。船山說，「觀者，天之神道也，不言不動而自妙其化者也。二陽在天位，自天以下皆陰也。天以剛健為道，垂法象於上，而神存乎其中；四時之運行，寒暑風雷霜雪皆陰氣所感之

〔註22〕王夫之：《詩廣傳》卷二，《船山全書》第3冊，嶽麓書社版，第374頁。
〔註23〕王夫之：《讀四書大全說》卷一，《船山全書》第6冊，嶽麓書社版，第437頁。
〔註24〕王夫之：《讀四書大全說》卷一，《船山全書》第6冊，嶽麓書社版，第437頁。
〔註25〕王夫之：《讀四書大全說》卷一，《船山全書》第6冊，嶽麓書社版，第437～438頁。

－87－

化，自順行而不忒。聖人法此，以身設教，愚賤頑冥之嗜欲風氣雜然繁興，
而『顯若』之誠，但鹽而不薦，自令巧者無所施其辯，悍者無所施其爭，而
天下服矣。」〔註26〕又說：「道之不明也，而欲與天下明之，此賢者之責也。
詩、書之所著，禮、樂之所定，古聖賢之所為，皆所以使人之共明斯道者也。
故教者修焉，而使學者學焉，然非徒以其文具也。夫欲使人能悉知之，能決
信之，能率行之，必昭昭然知其當然，知其所以然，由來不昧，而條理不迷。
賢者於此，必先窮理格物以致其知，本末精粗，曉然具著於心目，然後垂之
為教，隨人之深淺而使之率喻於道。所以遵其教，聽其言，皆去所疑，而可
以見之於行。」〔註27〕聖人在理論上「欲明人者先自明，」「先窮理格物以致
其知」，不僅知其所以然，而且知其所當然，在實踐上以身作則、身體力行、
處處為人師表，因而能夠由己及人、由近及遠、由小到大，使人民心悅誠服
地受其教化，使道德成為調節人們相互關係、維繫社會有機體生存發展的一
種特殊規範。

　　與王船山從社會關係和人的社會實踐活動及其社會需要的角度來探討道
德的起源有別，斯賓諾莎則是從人的自然本性及其欲望的角度來探討道德的
起源的。斯賓諾莎認為，道德是人的道德，而人是自然界的一部分，受自然
界的規律支配，因之道德也是歸屬於自然的，是自然的產兒。在斯賓諾莎看
來，整個客觀世界只存在一個物質性的實體，這就是自然或神，而其他一切
事物和現象，只不過是實體的樣式。斯賓諾莎堅決反對把人看作一種實體的
觀點，他指出：「我絕不認為，人就其由精神、心靈或身體組成而言是一個實
體」。〔註28〕如果把人看作一個實體，那麼人的本性既不能存在、亦不能被理
解。因為，在斯賓諾莎看來，人並不是永恒存在的而是有限的，人所具有的
一切思想，只是我們歸之於神的思想屬性的那些樣式，依存於整個思想世界；
人的每一個身體的動作都是神的廣延這一屬性的一個樣式，依存於整個物質
世界。所以，人是神或自然的一部分，是實體的一個樣式，他依存於自然，
受自然的支配。人的一切就在於：他是自然的僕人或奴隸，他服役於神。如
果人只憑籍自身而不依賴於神，那麼人將會很少或者根本不可能完成任何事

〔註26〕王夫之：《周易內傳·觀》，《船山全書》第 1 冊，嶽麓書社版，第 201 頁。

〔註27〕王夫之：《四書訓義》卷三十八，《船山全書》第 8 冊，嶽麓書社版，第 925
　　　　頁。

〔註28〕（荷蘭）斯賓諾莎：《神、人及其幸福簡論》，洪漢鼎等譯，商務印書館 1987
　　　　年版，第 179 頁。

情，並且還會導致人的悲慘和不幸。斯賓諾莎指出：「我們真正是神的僕人，而且我們的最大的圓滿性就在於此」；「我們把一切都歸於神，使我們單獨地敬愛它，因爲它是最崇高的和最圓滿的，我們把自己整個身心呈現給它，因爲這才是我們永恒的快樂和福祉所在……如果神使人不再爲它效勞，那麼這就等於剝奪掉了人的幸福，並且毀滅了他」。〔註 29〕

　　基於這種分析，斯賓諾莎明確指出，整個自然界是爲鐵一般的必然性所支配的，人作爲自然界的一部分，也和其他個別事物一樣是整個自然界的連續不斷的因果鏈條中的一環。人在自然中不是王國中之王國，他沒有破壞自然秩序，不遵循自然的公共規律的自由，也沒有超出自然規律，依自由意志自己任意創造規律的特權。自由不過是對必然的認識，人既是自然的一部分，人的身心變化都由自然所引起，服從自然的必然性，那麼人性也只能是神的屬性的一部分。它是由自然屬性的某些分殊所構成，自然的本性也就是人的本性，人的自然本性決定了人是追求自我保存、追求於己有利的東西的動物，「人性的一條普遍規律就是，凡人斷爲有利的，他不會等閒視之，除非是希望獲得更大的好處，或是出於害怕更大的禍害；人也不會忍受禍患，除非是爲避免更大的禍患，或獲得更大的好處。也就是說，人人是會兩利相權取其大，兩害相權取其輕」。〔註 30〕斯賓諾莎認爲，這是一條深入人心的規律，它應該列爲永恒的真理與公理之一。每個個體都力求保存自身，這是自然的最高律法和權利，也是人的本性的確證。在《倫理學》第三章中，斯賓諾莎直接把人的自然欲望看作人的本質自身，他說：「欲望是人的本質被認爲人的任何一個情感所決定而發生某種行爲而言……欲望是意識著的衝動，而衝動是人的本質自身，就這本質被決定而發出有利於保存自己的行爲而言。」〔註 31〕

　　同時，斯賓諾莎還認爲自然的就是合乎理性的，自然的命令也就是理性的命令。「理性既然不要求任何違反自然的事物，所以理性所真正要求的，在於每個人都愛他自己，都尋求自己的利益——尋求對自己真正有利益的東西，並且人人都力求一切足以引導人達到較大圓滿性的東西。並且一般講來

〔註 29〕　（荷蘭）斯賓諾莎：《神、人及其幸福簡論》，洪漢鼎等譯，北京：商務印書館 1987 年版，第 226 頁～227 頁。
〔註 30〕　（荷蘭）斯賓諾莎：《神學政治論》，溫錫增譯，北京：商務印書館 1982 年版，第 214～215 頁。
〔註 31〕　（荷蘭）斯賓諾莎：《倫理學》，賀麟譯，北京：商務印書館 1983 年版，第 151 頁。

每個人都盡最大的努力保持他自己的存在」。〔註32〕理性是自然欲望的化身，是自愛自保的反映和表現形式，它既不超越自然也不對抗自然，凡是與人的自然本性及其欲望相關的就都是合乎理性的。如果理性違背人的自然本性，那理性就不是理性。

據此，斯賓諾莎明確指出，道德起源於人的自然本性或自然欲望。既然人的本性是趨向於自我保存和尋求自我利益，那麼「保存自我的努力乃是德性的首先的唯一的基礎」，〔註33〕離開對個人利益及其幸福的追求就無所謂道德。「道德的原始基礎乃在於遵循理性的指導以保持自己的存在。因此一個不知道自己的人，即是不知道一切道德的基礎，亦即是不知道任何道德」。〔註34〕人們依據自己自愛自保的自然人性發明了並創造了道德，使得道德成為服務於人之生存幸福的重要工具。無論在歷史上還是在現實生活中，人們總是把那些有利於自己的生存發展的東西稱之為道德的或善的，把那些不利於自己的生存發展的事物或現象稱之為不道德的或惡的。人們判斷善惡是非的標準，是看對自己有利還是有害，能帶來快樂還是痛苦。因此，善惡完全是由人的利益規定的，對人有用與否，是善惡的真正標準。在斯賓諾莎看來，並不是因為我們認為某物是好的，所以我們才追求、希望、尋求和欲望它，相反的而是因為我們追求、希望、尋求和欲求某物，所以我們才認為它是好的。他說：「所謂善或惡是指對於我們的存在的保持有補益或有妨礙之物而言……因此只要我們感覺到任何事物使得我們快樂或痛苦，我們便稱那物為善或為惡」。〔註35〕「善是指我們確知對我們有利的東西而言，反之，所謂惡是指我們確知那阻礙我們佔有任何善物的東西而言」，〔註36〕人根據善惡的正確知識，即是按照理性的命令去生活、行為，也就是道德。

斯賓諾莎區別了道德的起源與法律的起源，認為道德起源於人的自然本

〔註32〕（荷蘭）斯賓諾莎：《倫理學》，賀麟譯，北京：商務印書館1983年版，第183頁。

〔註33〕（荷蘭）斯賓諾莎：《倫理學》，賀麟譯，北京：商務印書館1983年版，第187頁。

〔註34〕（荷蘭）斯賓諾莎：《倫理學》，賀麟譯，北京：商務印書館1983年版，第212頁。

〔註35〕（荷蘭）斯賓諾莎：《倫理學》，賀麟譯，北京：商務印書館1983年版，第176頁。

〔註36〕（荷蘭）斯賓諾莎：《倫理學》，賀麟譯，北京：商務印書館1983年版，第170頁。

性和自然欲望;在國家和法律產生之前的自然狀態中就已經存在,在自然狀態下,自然的法則就是道德的法則。每個個體都要竭力保存自己而維持其本身的存在,人人都按照自己的欲望和力量來求得滿足自己的需要,就是自然的法則或道德的法則。在自然狀態下,自然法所禁止的,只是沒有人打算得到也不可以得到的東西;反之,凡是人要得到也可以得到的東西,無論採用什麼方法和手段都是合乎自然法的,因為這是自然的永恒秩序和規律所決定的。法律的起源於道德的起源有別在於它是人們訂立契約、**轉讓**自己的一部分自然權利的產物。斯賓諾莎認為,人類所以需要制定法律是為了約束人們的欲望。「如果人要大致竭力享受天然屬於個人的權利,人就不得不同意盡可能妥善相處,生活不應再為個人的力量與欲望所規定,而是要取決於全體的力量與意志。」〔註37〕為了不使人們處於彼此的敵意、怨恨、忿怒、欺騙和敵視之中,人們同意締結契約,把自己的部分自然權利轉讓給最高政權。在契約的基礎上建立了國家,制定了法律。「法律是人們為自己或別人立的,為的是生活更安全,更方便,或與此類似的理由。」〔註38〕法律是一定的人為人類整體確立的,是人人必須遵守的一種行為規範,法律的用途是使大家過上一種安全而彼此協調的生活。

當我們把王船山與斯賓諾莎關於道德起源的論述放在一起進行比較,就會發現二者的相同和不同之所在。他們的相同或相似之處在於:(1)二者均從人本身及其需要來探討道德的起源,反對神啓論和天賦道德論。(2)二者均看到了人的自然欲望與道德起源的某種聯繫,論述了人的自然欲望與道德的發生或形成的這種聯繫。(3)二者均有把道德的起源看成早於國家和法律起源的思想傾向。它們的相異或不同之處在於:(1)側重的角度不同,即王船山是從人的社會關係、社會分工、社會需要方面去論證道德的起源;斯賓諾莎則是從人的自然性、自然傾向、自然欲望去論證道德的起源。(2)對人類需要道德的根源和意義認識不同。在王船山看來,人類之需要道德,是為了調解因社會分工的擴大、社會關係的複雜而造成的利益矛盾和利益糾紛,使每個人的欲望都能得到正當的滿足和實現;在斯賓諾莎看來,人類之所以有道德是自然的命令和要

〔註37〕 （荷蘭）斯賓諾莎:《神學政治論》,溫錫增譯,北京:商務印書館1963年版,第214頁。

〔註38〕 （荷蘭）斯賓諾莎:《神學政治論》,溫錫增譯,北京:商務印書館1963年版,第65頁。

求，是自我保存和追求個人利益的人性使然。道德不同於法律就在於它不禁止人們依憑自然本性而爲的行爲，它重在促使人們對自我利益的追求，只有法律才對人們因憑欲望衝動和自我利益而造成的利益矛盾進行調控裁決。（3）在王船山那裏，道德具有社會性，是調節人們行爲的準則規範現象，具有爲公的特質和功能，在斯賓諾莎那裏，道德具有個人性，是維繫個人利益、實現個人欲望的自然法則系統，具有爲私的特質和功能。（4）王船山關於道德起源的學說是同茹毛飲血、生存競爭的野蠻狀態相對立的，道德作爲明倫察物、居仁由義的確證本質上是同文明、文化密切相關的，含有使人類從動物群中走出來、發揮人之所以爲人的精微茂美之處、從而遠離禽獸的因素，斯賓諾莎關於道德起源的學說由於和自然狀態相聯繫，因而本質上不是對人類野蠻習性的克服而是對之確認和維護，含有使人與自然合一併爲其動物性辯護的因素。如果說王船山正是在區分天道與人道的過程中使人類的道德超出自然必然的層面而上升到社會自由的層面，具有把道德歸之於社會理性而不訴諸於人之生理本能的意義；那麼斯賓諾莎恰恰是在將人等同於自然、視人爲自然的一部分或僕人的過程中認道德爲天道與人道的合一亦即凡是自然的就是道德的，使道德從屬於自然必然。斯賓諾莎雖然也曾把道德看作是自由的象徵，但在他那裏自由僅僅是對必然的認識而已，絲毫不具有王船山那種積極主動地改造必然世界的含蘊。（5）王船山從社會生活實踐和社會關係的形成發展來論道德的起源，並把道德看成是人類社會發展到一定歷史階段的產物，因而使得其關於道德起源的理論充滿著一種歷史主義的精神；斯賓諾莎則由於把道德起源歸之於人的自然欲望和自愛自保的本能，因而具有一種把道德視作獨立於人們社會存在之外的東西的超歷史主義精神。從某種意義上說，王船山的道德起源論是歷史的具體的，含有唯物史觀的萌芽或因素，而斯賓諾莎的道德起源論則是抽象的超歷史的，陷入了歷史唯心主義的泥坑。

　　從上述比較中我們還可以得出這樣一種認識，雖然王船山和斯賓諾莎在世界觀上同是唯物主義者，但在道德觀上由於對道德起源的不同理解，則有了唯物和唯心的差異，從而使得王船山的唯物主義比斯賓諾莎的唯物主義要更爲徹底和全面，因此我們說王船山的唯物主義是馬克思主義的辯證唯物主義和歷史唯物主義產生之前唯物主義發展的最高階段和最高水平。王船山在關於道德起源的論述中，有許多近似馬克思主義道德起源論的內容，比如從農業生產、火的發明、社會分工與社會關係、自我意識等方面來論述道德起

源的主客觀條件、社會必然性，即使是帶有濃厚聖賢色彩的對道德起源具體過程的描述，只要剔除若干封建主義的雜質，仍然有許多閃耀著奇光異彩並同馬克思主義道德起源論相吻合的東西。王船山的道德起源論是人類倫理思想史上殊爲珍異、頗爲優秀的道德起源學說，值得我們很好地加以研究、總結和批判地繼承。

二、道義與功利：辯證的義利統一論與純粹的義利合一論

　　道義與功利的關係問題是道德價值觀的核心問題，也是道德本質論和道德原則論的重要問題。王船山與斯賓諾莎作爲中西方兩位傑出的倫理思想家，對這一道德領域中最爲根本的理論問題給予了特別的關注。他們均反對把道義與功利截然分割或對立開來的傾向，批判了道德理論上的禁慾主義，強調道義與功利的聯繫與結合。但是由於對道德起源及其人性理解的不同，使得他們在談論這種聯繫與結合的過程中產生了較大的差異，即一個是在對義利概念作深入分析、對義利關係作多方探討基礎上而形成的辯證統一論，一個是未對義利概念作分析，徑直把功利視爲道義的單純合一論。

（一）王船山的義利學說

　　王船山的義利學說有別於前人的地方在於它兼具規範倫理與分析倫理的雙重意蘊，即在探尋道德價值和道德導向的過程中展開了對義利概念的辨異分析、對義利關係的類型化論證，從而既避免了把一切利益現象歸於之正當的自然主義謬誤，又避免了將道義看作同利益毫無關涉的絕對道義論的弊端。

1、義利概念的辨異分析

　　在王船山看來，「盡人道以正人倫，其尤重者莫大於義利之分。」〔註39〕義利之分旨在認識義利概念的特質及其不同涵蘊，探求義利概念在各種不同情境下的意義轉換及其不同層次問題，進而爲深入研究義利關係、確立價值準則服務。

義的多維含義

　　王船山認爲，義，作爲道德準則和價值目標，既是抽象的又是具體的，既是社會的亦是個人的，既是外在的亦是內在的，可以從多角度多側面予以考察和認識。

〔註39〕王夫之：《宋論》卷十四，北京：中華書局 1964 年版，第 240 頁。

（1）義者，心之制、事之宜也

心之制是指人心有所宰制規約，處在一種求道之中，或以道作爲心靈主宰的狀態。船山指出：「天下固有之理謂之道，吾心所以宰制乎天下者謂之義。道自在天地之間，人且合將去，義則正所以合者也。均自人而言之，則現成之理，因事物而著於心者道也；事之至前，其道隱而不可見，乃以吾心之制，裁度以求道之中者義也。」〔註40〕心之制說明義是心靈深處的道德動機決定和良善的道德意向，含有從主觀上樹立起追求和嚮往公正無私之道的意識。事之宜是指人們在道德行爲實踐中應力求使自己的處事接物合乎正當、適乎其度，即達到恰到好處。「義者，宜也，行而宜之之謂義。」王船山認爲，義是心之制、事之宜的合一，心之制是義的邏輯起點亦貫穿在義的過程中，成爲事之宜的先決條件和永隨性機理，事之宜是義的實現樣式或表現形式，由心之制發展而來並印徵、確證著心之制。因此，「義不義，決於心而即徵於外。」〔註41〕君子義以爲質，「酌乎事之所宜，而裁以其心之制」。〔註42〕在王船山看來，心之制與事之宜是密不可分的，人的行爲或處事欲達適宜正當之境地，離不開心靈的宰制與裁決即離不開心之制，而人的心靈要眞能體現有所宰制與裁決又必須通過處事接物的效果即事之宜來檢測。心之制使人的內在動機純潔、道德人格趨於高尚，事之宜使人的外在行爲合理，待人處事能力臻於完善。

（2）立人之道曰義

義是人之所以爲人的人道的集中體現，是人們立身行世的道德原則和行爲規範。人在世界上活著，面對著複雜多變的人生處境，需要開展和從事多方面的社會活動，怎樣才能使人處變化無常的社會環境而不迷失自我以至陷入隨波逐流的泥坑中呢？王船山認爲，只有義才能擔當這一重任。「夫所謂義者，唯推而廣之，通人己、大小、常變以酌其所宜，然則於事無不安，情無不順。」〔註43〕「義者，吾性之不容已，即天下之所自立。」〔註44〕義以其特有的功能和效用協調著人我己群間的關係，指導著人們怎樣做人，並回答

〔註40〕 王夫之：《讀四書大全說》卷八，《船山全書》第 6 冊，嶽麓書社版，第 929 頁。

〔註41〕 王夫之：《讀通鑑論》卷十六，北京：中華書局 1975 年版，第 458 頁。

〔註42〕 王夫之：《四書訓義》卷十九，《船山全書》第 7 冊，嶽麓書社版，第 847 頁。

〔註43〕 王夫之：《四書訓義》卷八，《船山全書》第 7 冊，嶽麓書社版，第 382 頁。

〔註44〕 王夫之：《四書訓義》卷二十，《船山全書》第 7 冊，嶽麓書社版，第 893 頁。

著做什麼樣的人才有意義和價值的問題，從而爲人豎起應爲之奮鬥的價值目標，激勵和鼓舞著人們實現自我和完善自我的熱忱。王船山指出：「生以載義生可貴，義以立生生可捨。」〔註45〕做人如果不講求和尊崇義，僅僅只爲個人的身家性命而活著，那是十分渺小而又可卑的，生命之所以彌足珍貴就在於它能夠體認道義並履行、信守道義。人只要以義立身，生命就會閃閃發光；人只要遵循或服從道義，就會擁有一個嶄新而富有價值的自我。「義者，一定不易之矩則也。乃萬事之變遷，皆不逾於當然之定理，而一事之當前，則一因其所固然之準則。天下之待於君子者無窮，而君子何以應之哉？……」〔註46〕惟有以義應之，才能夠接對自如，「居不以苟安爲土，纖芥毫毛之得失，皆信其必至；動不以非常爲怪，倉卒倒逆之禍福，一聽其自然……則可安可危，而志不可惑也；可生可死，而氣不可奪也。」〔註47〕

（3）天理之公曰義

義中含有對社會公共利益的價值認可與自覺維護，即「貞萬事之理，合萬物之欲。」王船山指出：「義者天地利物之理，而人得以宜。」〔註48〕天地利物之理含有廓然大公的意義，是對諸種利益關係的調整和整體利益的維護。眞正的義應當是「明於吾性之大公，因乎天理之必至」的公義，只有公義才能夠施之於大小者無遺，施之於大而大者不虞，使「上下前後左右大順。」在此基礎上，船山認爲公義就是古今之通義，並將其與「一人之正義」和「一時之大義」作了比較，提出「不以天下私一人」，「不以一人疑天下」，主張把「一人之正義」、「一時之大義」與「古今之通義」聯繫起來，並使「一人之正義」、「一時之大義」服從和統一於「古今之通義」。〔註49〕萬一如果不能統一，那就應當以「古今之通義」爲上。不使一人之義而廢天下之公，不使一時之義而廢古今之通義。

在王船山看來，古今之通義涉及到中華民族的生存與發展，代表著國家和社會的根本利益和長遠利益，是義之爲義的最高標準和最後依據，是人人都必須遵循奉行的價值目標和倫理原則。

〔註45〕王夫之：《尚書引義》卷五，《船山全書》第2冊，嶽麓書社版，第363頁。
〔註46〕王夫之：《四書訓義》卷八，《船山全書》第7冊，嶽麓書社版，第371頁。
〔註47〕王夫之：《周易外傳》卷五，《船山全書》第1冊，嶽麓書社版，第994頁。
〔註48〕王夫之：《讀四書大全說》卷三，《船山全書》第6冊，嶽麓書社版，第518頁。
〔註49〕王夫之：《讀通鑒論》卷十四，北京：中華書局1975年版，第400～401頁。

利的多維含義

利作為滿足人們物質需求的事實和現象，亦可從多角度予以認識或歸類。

（1）利者，功之遂、事之益也

這是從最一般而又普遍的意義上界說利，源於《易》所言的乾利。乾利是一種利天下萬物而不言所利、使萬物各得其益而又無往不遂的大利。乾利不僅能統萬物始終之理，使天下萬物各循其軌道，各正性命而不相悖害，而且還是其他一切事物之利的源泉和保證。「乾之始萬物者，各以其應得之正，動靜生殺，咸惻隱初興、達情通志之一幾所函之條理，隨物而益之，使物各安其本然之性情以自利；非待既始之餘，求通求利，而唯恐不正，以有所擇而後利。此其所以為大也。」〔註50〕君子體察這種公正無私的乾利，當以自克己私，利濟蒼生，以天下為己任，憂民之所憂，樂民之所樂，使天下人人各遂其欲，使天下萬事都能達到理想的效果。王船山主張一身之利無謀也，而利天下者則謀之，盛讚「博施於民而能濟眾」的行為和境界，倡導「功於天下，利於民物」。

（2）生人之用曰利

利是人的生存發展所必須的功用和效益。「出利入害，人用不生」。船山認為，人對聲色臭味的欲望和對財貨功利的追求是滿足人之機體存在的根本條件，「口之於味，目之於色，耳之於聲，四體之於安佚，夫人之不能廢。」〔註51〕人們只有入五色而用其明，入五聲而用其聰，入五味而觀其所養，才能夠周旋進退，與萬物交而盡性。為了滿足自己生存發展的物質欲求，獲得有利於自己生存發展的功利效用，人們進行著「因天之能、盡地之利」的實踐活動。為了飽腹，人們從事著耕種稼穡，為了禦寒，人們「輯裘以代毛」，為了安全，人們聚族而居。正是在這些為滿足自己生存發展需要的實踐過程中，人類逐漸從動物界中分化出來，由野蠻而至文明。王船山在《詩廣傳》等著作中專門談到人類衣食住行需要的滿足在人類進化發展中的作用。他說：「人之所以異於禽獸者幾希。無不幾希矣，況食也者，所以資生而化光者乎？」「食也者，氣之充也；氣也者，神之緒也；神也者，性之函也。榮秀之成，膏液之美，芬馡之發，是清明之所引也，柔懿之所醖也，翾潔之所凝也。甘不迷，苦不煩，燥不悍，濕不淖。獷無所生，淫無所蕩，慘無所激，滯無

〔註50〕王夫之：《周易內傳·乾》，《船山全書》第1冊，嶽麓書社版，第69頁。

〔註51〕王夫之：《尚書引義》卷三，《船山全書》第2冊，嶽麓書社版，第296頁。

所菀，狂無所助。充生人之氣而和之，理生人之神而正之，然後函生人之性而中之」。〔註52〕如果人們「食非其食，衣非其衣」，那就會導致「食異而血氣改，衣異而形儀殊」，重新返回到禽獸的行列。可見，人的生存發展是需要一定的物質生活條件，生人之用的利是不可或缺的。

（3）人欲之私曰利

在現實生活中，一些人在處理人我己群的關係時，往往「屑屑然求財貨之私己以為利」，把利於人當作損，把利於己當作益，於是產生了人欲之私這種偏狹之利。這種利，「利於一事，則他之不利者多矣；利於一時，則後之不利者多矣」。這種人欲之私意義上的利區別於生人之用和功之遂、事之益意義上的利的地方在於，一是它建築在把個人利益同他人利益和社會利益對立起來的基礎之上；二是把個人利益視作真實的至高無上的利益，為了個人利益不惜損害他人利益和社會利益；三是它不只是作為一種事實、功用和效益而存在的，而且已經成為行為原則和價值目標；四是它的運作方式不是為他人、社會謀利的給與、貢獻、創造，而是從他人、社會那裏的索取、佔有和享受。因此這種利不是一種純正意義的利，而是一種包含有致害因素的區區小利，是一種「始於利者、終於不利」的同害相關的偏私之利。

2、義利關係的模型化論證

依據自己對義利概念的辨異、分析，王船山論述了義利之間的種種錯綜複雜的關係，創立了辯證的義利統一論。

（1）心之制、事之宜統一意義上的義同功之遂、事之益相結合的利，二者從總體上說是互相滲透、互相聯繫而又互相確證的。王船山以「利者義之和也」、「利物足以合義」來概括它們的關係。在這種義利結構模型中，心之制、事之宜即包孕有功之遂、事之益的成分，功之遂、事之益也體現著心之制、事之宜的要求。船山指出：「事得其宜，則推之天下而可行，何不利之有哉？」〔註53〕「以其美利利天下，而要與以分之所宜，故其利者皆其正；而唯其正萬物之性命，正萬事之紀綱，則抑以正而利也。」〔註54〕利者「義之和也」是說功之遂、事之益之利「所利皆貞而貞無不利」，使萬物各得其宜，物情各和順於適然之數。在王船山看來，功之遂、事之益之利即是功於天下、

〔註52〕王夫之：《詩廣傳》卷五，《船山全書》第3冊，嶽麓書社版，第492頁。
〔註53〕王夫之：《四書訓義》卷八，《船山全書》第7冊，嶽麓書社版，第382頁。
〔註54〕王夫之：《周易內傳·乾》，《船山全書》第1冊，嶽麓書社版，第44頁。

利於民物，而功於天下、利於民物恰恰是仁義之士所爲的。心之制、事之宜之義即是「審事之宜而裁之以益於物」，事得其宜，利亦自在其中，宜於事則宜於人，宜於事則功之遂，二者是交融互滲、辯證統一的。

（2）立人之道之義與生人之用之利的關係，這種義利關係，是建立在對人的身與心、靈與肉需求滿足的基礎之上，表徵的是人的物質生活與精神生活的關係。處於這一模型中的義與利，各有其不同的特質與功用，同爲人之生存發展所必需，二者缺一不可。利以養其體，義以養其心，體不得利不能樂，心不得義不能安。從先後上講，利居先，義居後，如果沒有利，人們便無法生存，義也就無從談起。在王船山看來，人的自然機體的存在是人們從事其他一切社會活動的必要前提，先有物質生活然後才有精神生活。「形者性之凝，色者才之撰也。故曰，湯、武身之也，謂即身而道在也。道惡乎察？察於天地。性惡乎著？著於形色。有形斯以謂之身，形無有不善，身無有不善，故曰湯、武身之而以聖。」〔註55〕從本末上講，義爲本，利爲末。仁義道德是人區別於動物的根本點，是人們行爲的原則和生活的目的，財貨功利則只是人生存的條件，是服務於道義目的的手段。王船山指出，仁義自是體，功利僅爲用，道義爲萬化之本原，而功利乃緒餘之必有，「圖其本而自可生其末。即欲計其末，亦必先培其本」。〔註56〕基於這種認識，王船山批判了管仲學派「衣食足而後廉恥興，財物阜而後禮樂作」的思想，認爲這是一種「執末以求其本」的觀點。王船山認爲，養衣食之源者義也，司財物之生者仁也，仁義可以帶來功利，功利卻不一定導致仁義，因此仁義是本體，功利是末用。「由此言之：先王以裕民之衣食，必以廉恥之心裕之；以調國之財用，必以禮樂之情調之」。〔註57〕仁義道德應當貫穿在人們的謀利計功行爲之中並成爲指導人們謀利計功的原則，道德原則對人們的物質生活有促進和提高的作用。只要注重和履行道義，就必然能夠促進衣食財用的增長，得到功利效益。

（3）義者天理之公和利者人欲之私的關係，這種義利關係建立在人我己群關係認識和對待的基礎上，表明的是個人利益與他人利益、個人利益與社會整體利益的關係。處於這一模型中的義與利其實是一種善惡是非的關係。

〔註55〕王夫之：《尚書引義》卷四，《船山全書》第2冊，嶽麓書社版，第352頁。
〔註56〕王夫之：《四書訓義》卷一，《船山全書》第7冊，嶽麓書社版，第91頁。
〔註57〕王夫之：《詩廣傳》卷三，北京：中華書局1964年版，第77頁。

天理之公爲是爲善，人欲之私爲非爲惡。王船山指出：「君子之應天下歸於至是者而已。是與非原無定形，而其大別也，則在義利。義者，是之主；利者，非之門也。義不繫於物之重輕，而在心之安否。名可安焉，實可安焉，義協於心，而成乎天下之至是。若見物而不見義，此天下所以汙君子者，而斷然去之久矣。義利之辨莫切於取捨辭受，推之於進退存亡，亦此而已」。〔註58〕義者將個人利益與天下大利結合起來，於取捨辭受皆以義爲準，見得思義，見利思義，「行之必有節文，出之必以退遜，成之必在誠實」，能夠執其當然而不可撓；惟其當之爲貴，並且能夠自克己私，犧牲個人利益以成全公共利益，即便是赴湯蹈火、獻出生命亦在所不惜。反之，謀求一己私利之人則唯利是圖，雞鳴而起孳孳爲利，「生於利之鄉，長於利之塗，父兄之所熏，肌膚筋骸之所便，心旌所指，志動氣隨，魂交神往，沈沒於利之中」，〔註59〕爲了一己私利甚至不惜傷害天理，侵犯他人利益和社會公共利益。正因爲這種私己之利建築在「己之益，人之損，己之得，人之失」的基礎之上，所以放任這種私利自流就必然造成人與人之間的怨恨衝突，造成君主「身弒國亡、子孫爲戮」和人民「血膏原野、骴暴風日」的悲慘局面。有鑒於此，王船山認爲，誰能夠眞正認識義之必利而利之不一定利的道理，誰就掌握了這一義利關係的眞諦。義利之際其爲別也大，利害之際其相因也微。「制害者莫大乎義，而罹害者莫凶於利」，「制以義，害不期遠而遠矣」，「貪其利，則樂生人之禍而幸五行之災也，害之府也」。〔註60〕王船山主張以義制利，認爲義對利來說，有統帥並用的關係，不是離開義而取利，以義統帥和制約利要求達到至極的境界，不是義對利採取中立，放任自流。

此外，王船山還談到了君臣之義與天下公利之間的關係以及上以養民爲義與因民之所利而利之之間的關係，提出了「以義則天命之不失，民必之不散，而可爲利」〔註61〕的思想，豐富了義利關係的涵蘊。

總之，王船山既主張義利之辨，又主張義利合一，主張在區分義利不同涵義及其不同關係模型的基礎上把義與利辯證地統一起來。王船山指出：「義

〔註58〕王夫之：《四書訓義》卷二十八，《船山全書》第 8 冊，嶽麓書社版，第 249
　　　 ～250 頁。
〔註59〕王夫之：《讀通鑒論》卷十四，北京：中華書局 1975 年版，第 373 頁。
〔註60〕王夫之：《尚書引義》卷三，《船山全書》第 2 冊，嶽麓書社版，第 277～279
　　　 頁。
〔註61〕王夫之：《四書訓義》卷一，《船山全書》第 7 冊，嶽麓書社版，第 97 頁。

者，利之合也。知義者，知合而已矣」，〔註62〕意即義是積聚、統合利，知義就是認識和掌握積聚、統合利的道理。又說：「義之與利，其途相反，而推之於天理之公，則固合也」。〔註63〕王船山主張的義利統一論是一種義利有差別應當在重義的基礎上互補和以義制利的辯證的義利統一論。

（二）斯賓諾莎的義利學說

斯賓諾莎強調自我保存是道德的基礎，認為道德起源於人趨樂避苦、趨利避害的自然本性，因而對道義與功利的關係給予了特別的關注。在斯賓諾莎看來，道義與功利的關係可從兩方面考察，即從道德與利益以及個人利益與社會公共利益或利己利他兩個方面予以考察和論證。

1、道德與利益的關係

斯賓諾莎認為，在道德與利益的關係問題上，是利益決定道德而不是道德決定利益。利益是道德的根源和基礎，道德是幫助人達到快樂和幸福境界的工具或手段。因此，凡是不能促進人們實現利益和幸福的道德，都不是真正的道德。真正的道德總是以利益為基礎並為利益服務的。道德不是別的，它首先是人們依照自己的本性而行動，是一種趨於自我保存的努力。他說：「一個人愈努力並且愈能夠尋求他自己的利益或保持他自己的存在，則他便愈具德性，反之，只要一個人忽略他自己的利益或忽略他自己存在的保持，則他便算是軟弱無能」。〔註64〕「我們不能設想任何先於保存自我的努力的德性。」〔註65〕離開對個人利益及其幸福的追求，便無所謂任何道德。斯賓諾莎認為，善惡、公正與不公正等道德範疇，都起源於人的趨利避害的自然本性並同利益密切相關。所謂善就是增強人的活力、有助於維持其生存的東西，亦即對人們有利的事物或現象；所謂惡就是削弱人的活力、妨礙其自我保存的東西，亦即對人有害的事物和現象。人們總是從自己的切身利益出發，把那些能夠促進自己利益實現的言行稱之為善的，把那些不能夠促進自己利益實現的言行稱之為惡的。善惡完全是由人的利益規定的，根本不存在利益以外的善與

〔註62〕 王夫之：《春秋家說》卷下，《船山全書》第5冊，嶽麓書社版，第268頁。
〔註63〕 王夫之：《四書訓義》卷八，《船山全書》第7冊，嶽麓書社版，第382頁。
〔註64〕 （荷蘭）斯賓諾莎：《倫理學》，賀麟譯，北京：商務印書館1983年版，第185頁。
〔註65〕 （荷蘭）斯賓諾莎：《倫理學》，賀麟譯，北京：商務印書館1983年版，第186頁。

惡。利益發展到何種階段和程度，就有與之相適應的道德觀念和道德標準。斯賓諾莎指出，在自然狀態下，由於人們的利益尚未分化，由於沒有私有財產，一切公有，因而就沒有產生保護自己私有財產不受侵犯的公正或不公正的觀念，「換言之，在自然狀態下，即無所謂公正或不公正，唯有在社會狀態下，經過公共的承認，確定了何者屬於這人，何者屬於那人，才有所謂公正或不公正的觀念。」〔註 66〕公正或不公正的觀念是伴隨著財產私有及其佔有權的確立而出現的。此外，「罪」與「功績」的道德觀念，也起源於人們的利益要求。斯賓諾莎指出：「在自然的狀態下，無所謂人人共同一致承認的善或惡，因為在自然狀態下，每一個人皆各自尋求自己的利益，只依照自己的意思，純以自己的利益為前提，去判斷什麼是善，什麼是惡，並且除了服從自己外，並不受任何法律的約束，服從任何別人。因此在自然狀態下，是沒有「罪」的觀念的，反之，只有在社會狀態下，善與惡皆為公共的契約所決定，每一個人皆受法律的約束，必須服從政府。所以，『罪』不是別的，只是國家的法律所要懲罰的『不服從』而已。反之，服從就是一個公民的功績，因為，由於公民能服從國家的法令，他才被認為值得享受國家的權益。」〔註 67〕罪與功績的道德範疇是隨著人們為保護自己的利益、通過訂立社會契約、組建國家而產生的。利益發展到哪一步就必然會有與之相適應的道德觀念的產生。

利益決定道德，道德產生以後又可使人們更好地追求利益，道德以其理性的力量使人們產生著正確的利益觀念，協調和控制著人們的情感，使人們成為自己情感、欲念的主人。斯賓諾莎認為，當人心中有了道德的觀念，心靈就處於主動的積極的狀態，痛苦就會轉化為快樂。他說：「心靈具有不正確的觀念愈多，則它便愈受情欲的支配，反之，心靈具有的正確觀念愈多，則它便愈能自主」；〔註68〕「只要具有正確的觀念，它必然主動，只要具有不正確的觀念，它必然被動。」〔註 69〕道德無疑是心靈中所具有的正確的觀念，它能夠指導人們更好地認識社會和人生，辨別出真正的利益和虛假的利益。在斯賓諾莎看

〔註 66〕（荷蘭）斯賓諾莎：《倫理學》，賀麟譯，北京：商務印書館 1983 年版，第 200
　　　　～201 頁。

〔註 67〕（荷蘭）斯賓諾莎：《倫理學》，賀麟譯，北京：商務印書館 1983 年版，第 200
　　　　頁。

〔註 68〕（荷蘭）斯賓諾莎：《倫理學》，賀麟譯，北京：商務印書館 1983 年版，第 99
　　　　頁。

〔註 69〕（荷蘭）斯賓諾莎：《倫理學》，賀麟譯，北京：商務印書館 1983 年版，第 98
　　　　頁。

來，人生最大的利益和最高的幸福在於認識自然，認識了自然就能夠獲得自由，達到人生的圓滿境界，就能夠不被外物引誘、不受外物激動，永遠主動的生活，享受著靈魂的滿足，青春常駐，生氣勃勃。反之，愚人則單純爲外因所引誘和激動，完全生活在對自然無知無識的狀態中，從來也不可能享受眞正的靈魂的滿足。斯賓諾莎指出：「世俗一般人所追逐的名利肉欲等，不惟不足以救濟人和保持生命，且反而有害；凡佔有它們的人──如果可以叫做佔有的話──很少有幸免於沉淪的，而爲它們所佔有的人則絕不能逃避毀滅」。〔註70〕斯賓諾莎在總結歷史和現實經驗時談到，世界上因過分追求名利肉欲而不能自拔，最後「置身虎口，甚至身殉其愚的人，例子是很多的，」「因過於放縱肉欲而自速死亡的人更是不可勝數」。〔註71〕只有愛好認識自然和德性的人才不至於被肉欲名利殉身，才有可能過上一種幸福快樂然卻又無痛苦的生活。愛好認識自然和德性可以培養和陶冶我們的心靈情操，使得我們的精神世界充實豐裕，「經常歡欣愉快，不會受到苦惱的侵襲，因此，它最值得我們用全力去追求，去探尋」，〔註72〕斯賓諾莎反對把追求財富、榮譽、肉體享受當作人生唯一的或至高無上的目的，認爲如果把追求財富、榮譽、肉體享樂當作唯一的或至高無上的目的，那就將對社會人生「有百害而無一利」；〔註73〕只有把財富、榮譽、肉體享樂當作手段而非目的時，它們才會受到一定的節制，於是它們的存在「不但沒有什麼妨害，而且對於我們所以要把它們作爲手段去追求的那個目的的實現，也有很大的幫助」。〔註74〕

2、利己與利他的關係

斯賓諾莎認爲，道德的基礎即在於保持自我存在的努力，「一個不知道自己的人，那是不知道一切道德的基礎」，也就是不知道任何道德的人。因此道德既然不要求任何違反自然的事物，所以它所眞正要求的，「在於每個人都愛

〔註70〕（荷蘭）斯賓諾莎：《知性改進論》，賀麟譯，北京：商務印書館1986年版，第20頁。

〔註71〕（荷蘭）斯賓諾莎：《知性改進論》，賀麟譯，北京：商務印書館1986年版，第20頁。

〔註72〕（荷蘭）斯賓諾莎：《知性改進論》，賀麟譯，北京：商務印書館1986年版，第20頁。

〔註73〕（荷蘭）斯賓諾莎：《知性改進論》，賀麟譯，北京：商務印書館1986年版，第21頁。

〔註74〕（荷蘭）斯賓諾莎：《知性改進論》，賀麟譯，北京：商務印書館1986年版，第21頁。

他自己，都尋求自己的利益」。〔註75〕斯賓諾莎明確提出了個人利益是道德的根源和基礎，並且認爲利己是人們一切行爲的動機和目的。一個人越是能夠追求自身的快樂及個人利益，則他就越有利於他人和社會，就越有道德。

斯賓諾莎堅決反對「萬惡起源於我們的病態的肉欲」的禁欲主義觀念，認爲只有沉悶的愁苦的迷信才會阻礙我們的享樂。「快樂直接地並不是惡，而是善；反之，痛苦直接地即是惡」；〔註76〕「只要我們感覺到任何事物使得我們快樂或痛苦，我們便稱那物爲善或爲惡」；〔註77〕「我們所感到的快樂愈大，則我們所達到的圓滿性亦愈大」。〔註78〕在斯賓諾莎看來，人生的快樂與其圓滿性相關。因此利己是無可非議的，能以物爲己用，且能盡量善自欣賞，實智者分內之事，「如可口之味、醇良之酒，取用有節，以資補養，他如芳草之美、園花之香，可供賞玩。此外舉凡服飾，音樂，遊藝，戲劇之屬，凡足以使自己娛樂，而無損他人之事，也是哲人所正當應做之事」。〔註79〕斯賓諾莎本人雖然過著十分清苦的生活，但他從不蔑視人生的快樂與享受，他不能理解人怎麼會在歎息、眼淚、悲慘的情境中覓得美德。斯賓諾莎以探求幸福、快樂爲天職，志在使人們獲得有關快樂、幸福的正確知識。在給友人的一封信中斯賓諾莎寫道，「我力求我的一生不是在憂鬱和歎息中而是在安靜、歡樂和愉快中度過，從一個境界進到另一個更高的境界」。「我享受著人生的幸福而且要勉力去生活得幸福，不是去過那種悲哀和嗟歎的生活，而是過平靜、快樂、令人高興的生活」。〔註80〕

斯賓諾莎認爲，追求我們自身的快樂與利益，這是道德的第一原則，這一原則既是極其自然的而又十分合理的。但是要實現我們自身的快樂與利益，還必須利他和尊重社會公共利益。因爲自我是心靈與肉體的統一，它的

〔註75〕　（荷蘭）斯賓諾莎：《倫理學》，賀麟譯，北京：商務印書館 1983 年版，第 183 頁。

〔註76〕　（荷蘭）斯賓諾莎：《倫理學》，賀麟譯，北京：商務印書館 1983 年版，第 203 頁。

〔註77〕　（荷蘭）斯賓諾莎：《倫理學》，賀麟譯，北京：商務印書館 1983 年版，第 176 頁。

〔註78〕　（荷蘭）斯賓諾莎：《倫理學》，賀麟譯，北京：商務印書館 1983 年版，第 206 頁。

〔註79〕　（荷蘭）斯賓諾莎：《倫理學》，賀麟譯，北京：商務印書館 1983 年版，第 206 頁。

〔註80〕　（荷蘭）斯賓諾莎：《神、人及其幸福簡論》，洪漢鼎等譯，北京：商務印書館 1987 年版，第 97～98 頁。

完善需要對人完滿有益的東西或外部條件，即「完全與我們的本性相符合的存在」，什麼是這樣的存在呢？這樣的存在只能是作爲同類的人即自我與之相關的他人和人類。在斯賓諾莎看來，孤立的個人不可能充分發揮自己的力量，個人只有在依靠和借助他人及人類社會的情況下才能充分發揮自己的力量。除了人之外，沒有任何別的東西對於人更爲有益。因此，人要保持自己的存在，追求自己個人的快樂幸福與個人利益，最有價值的事情莫過於力求使所有的人都和諧一致，使所有的人的心靈和身體都像一個人的心靈和身體一樣，這同樣既是自然的命令也是理性的命令。「理性的命令，只教我們爲尊重自己的利益起見，應與他人結爲友誼」；〔註81〕「凡受理性指導的人，亦即以理性作指針而尋求自己的利益的人，他們所追求的東西，也即是他們爲別人而追求的東西」。〔註82〕斯賓諾莎認爲，理性具有統一個人利益與他人利益、個人利益與社會公共利益的功能或作用，理性使人認識到自己的個人利益，理性更使人認識到爲了保持和追求個人利益還必須照顧和承認他人利益，尊重社會公共利益。理性告訴人們，爲了利己，必須利他，只有利他才能利己。斯賓諾莎主張，人應當合理地自愛，應當成爲一個有遠見的利己主義者，亦即應當在利己的基礎上實現個人利益與社會公共利益的結合。「天地間沒有任何個體事物比起遵循理性的指導而生活的人對於人更爲有益」。〔註83〕只有在把個人利益與他人利益結合起來的情形下，各個人才能找到眞正有利於自我保存的東西，尋到眞正值得追求的快樂，因而過眞正合乎本性的生活。所以「絕對遵循德性而行，在我們看來，不是別的，即是在尋求自己的利益的基礎上，以理性爲指導，而行動、生活、保持自我的存在」。〔註84〕斯賓諾莎力圖證明，每一個有德性的人爲自己所追求的善，他同樣也願意爲他人去追求。如果他看到別的人也同樣地追求它，那麼他對它的愛就會更加持久，他反過來還會使別的人同樣地愛它。人正是在同他人和社會的交往中不斷地形成和發展起自己的美德。經驗證明，只有通過人與人的交往和互相影響，人們才

〔註81〕（荷蘭）斯賓諾莎：《倫理學》，賀麟譯，北京：商務印書館1983年版，第198頁。

〔註82〕（荷蘭）斯賓諾莎：《倫理學》，賀麟譯，北京：商務印書館1983年版，第184頁。

〔註83〕（荷蘭）斯賓諾莎：《倫理學》，賀麟譯，北京：商務印書館1983年版，第195頁。

〔註84〕（荷蘭）斯賓諾莎：《倫理學》，賀麟譯，北京：商務印書館1983年版，第187頁。

能堅定或者改變自己的觀點或看法；只有通過人群聯合的力量，才能避免各種威脅著人類生存的危難。

基於上述種種認識，斯賓諾莎倡導合理的開明的或有節制的利己主義，提出應當使自己的利己超越單純唯我主義的狹隘的眼界，在公共福利和利他的行爲中實現自己的個人利益和幸福。在《知性改進論》一書中，斯賓諾莎總結概括出三條生活規則：「一、言語必須使眾人可以瞭解。一切不妨害於達到我們的目的的事情，都必須盡力去做。因爲我們如果能充分照顧到眾人的理解力量，也可以獲益不淺。這樣就可以使得眾人欣然接受眞理了。二、享受快樂必須以能保持健康爲限度。三、最後，對於金錢或任何其他物品的獲得，必須以維持生命與健康爲限度。對於那些不違反我們目標的一般習俗，都可以遵從。〔註85〕可以說這三條生活規則也就是斯賓諾莎合理利己主義的三條基本原則。

（三）王船山與斯賓諾莎義利學說的比較

通過上述對王船山與斯賓諾莎義利學說的闡釋論證，我們發現二者既有相似相通之處，又有相異相別之點。二者的相似相通之處表現在以下幾個方面：（1）王船山與斯賓諾莎幾乎已經相當明確地意識到了道義與功利的關係問題是道德理論乃至倫理學說最爲基本的問題，意識到了道義與功利的關係既涉及到道德的本質、根源與作用，又涉及到道德的原則和規範以及社會的價值目標。正確地認識道義與功利的關係問題，不僅對於指導個人人生實踐，而且對於社會道德關係的形成與健康發展，都有著重要的意義。王船山說的君子小人之辨，人禽夷夏之分，都可歸於義利關係的探討，斯賓諾莎說的一個不知道自我利益的人即是不知道任何道德的人，即是明證。（2）王船山和斯賓諾莎在探討道義與功利的關係問題時既認識到了利益對道德形成發展的支配或決定作用，強調了道德不能脫離利益的一面，又認識到了道德對利益實現及其利益協調的指導或規約作用，強調了追求眞正的利益離不開道德。（3）王船山和斯賓諾莎均意識到盲目追求個人利益必然造成禍害的事實，主張對個人利益給以必要的節制，使個人利益的追求符合道義或理性，有益於人的身心健康和發展完善。

但是，由於他們對道德的起源及道德的本質、社會作用認識不同，由於

〔註85〕　（荷蘭）斯賓諾莎：《知性改進論》，賀麟譯，北京：商務印書館 1986 年版，第 22～23 頁。

他們在認識道義與功利關係時所持的角度、論證方式以及側重不同，也許還有各自承繼的倫理傳統和道德精神不同，使得他們的義利學說存在著根本性的差異，表現為兩種不同風格的道德價值理論，即整體主義和個人主義、利群主義和利己主義的道德價值理論。具體說來：（1）王船山的義利學說處處注重區分道義與功利的不同涵義、特質及其功用，斯賓諾莎的義利學說總是將道義與功利聯繫起來，即王氏重義利之分，斯氏重義利之合，與此相關，王氏在論證義利關係時強調道義與功利的辯證統一，主張用道義去矯飾功利的偏頗，使功利的追求置於道義原則的指導規約之下；斯氏在闡釋義利關係時，強調功利與道義的直接合一，認為道義是功利的表現形式和內在要求，功利的追求與實現即是道義的實現。在王船山那裏，道義包含有功利的因素或本身必然導致功利，功利中的社會公共利益同道義密切聯繫但人欲之私利卻未必如此；在斯賓諾莎那裏，功利包含有道義的因素或本身必然導致道義，道義直接地是功利的表現和為功利服務的。（2）王船山的義利學說雖有注重義利合一的方面，但從本質講則是一種道義論的倫理價值觀，側重道義的價值似在功利之上。斯賓諾莎的義利學說，雖也突現了理性和道義的作用，但從本質上看則是一種功利論的倫理價值觀，側重功利的價值似在道義之上。（3）王船山的義利學說區分了義利的不同等級層次，認為不僅義有個公與私的問題，利也有個公與私的問題，主張以公義、公利作為判斷行為正當與否的標準，提出「公者重，私者輕」，「不可屑屑然求財貨之私己以為利」，表現了社會整體主義的價值導向精神，具有弘揚中華民族優秀倫理、增強民族凝聚力、推動社會進步的積極作用。斯賓諾莎的義利學說雖然談到了利己與利他的關係，主張尊重社會公共利益，但置重的是個人利益和利己，主張把自我保存、趨樂避苦當作道德的唯一基礎，表現的是一種個人本位主義和利己主義的倫理精神，亦有承繼西方傳統倫理、為資本主義生產方式辯護的作用，反映了新興資產階級要求發展商品生產和賺錢發財的願望。

從理論上講，王船山比斯賓諾莎高明的地方在於，他的義利學說不僅肯定了利益的事實特性和現實性，而且肯定了道義的正當特性和合理性，不僅較為正確地論述了道義寓於利益之中，利益中含有道義的因素，而且較為科學地闡釋了義之必利、利之非必利的邏輯理由。王船山的辨義利不是站在單純自然必然和單純事實必然的立場上來談論道義，也並沒有割裂道義與功利的聯繫，製造一個與事實世界相對立的價值世界。可以說，王船山的義利學

說既同中國歷史上理學家「不論利害，惟看義當爲與不當爲」的絕對道義論不同，也同事功學派「功到成處，便是有德；事到濟處，便是有理」的功利主義價值觀有別。從某種意義上說，它同馬克思主義所建立起來的集體主義倫理價值觀有某種契合或相似之處。馬克思的集體主義「既不拿利己主義來反對自我犧牲，也不拿自我犧牲來反對利己主義」；〔註86〕它宣揚集體利益高於個人利益，公共利益是道德的源泉和基礎，但是並不把集體利益與個人利益對立起來，將集體利益視作同個人截然相反的抽象物；它提倡大公無私、爲全人類謀幸福的道德品質與道德精神，但是卻同宗教禁欲主義輕視自己、完全抹煞個人利益毫無共同之處。它反對空洞的不切實際的道德說教，但絲毫不否認人的正義感、良心與尊嚴，不否認先進道德在推動社會進步和促進人之完善中的作用。

　　從歷史上說，斯賓諾莎比王船山大膽和激進的地方在於，他的義利學說推崇快樂主義，直截了當地賦予個人利益以道德的性質，論證了追求世俗利益的正當性和合理性，同時還把個人利益與他人利益、個人利益與社會公共利益聯繫起來，提出了做一個有遠見的開明的或有節制的利己主義的命題或判斷，在當時的社會歷史條件下無疑具有反對封建主義、爲新興資產階級提供理論武裝的積極的進步的作用，不愧爲一種倫理道德觀上的啓蒙。但是，由於他把資產階級追求個人利益的願望及其趨樂避苦的本性當成是自然的永恒的爲一切人所共有的人性，因而犯了抽象人性論或自然人性論的錯誤，使其義利學說具有超階級超歷史的性質；由於他把個人利益當作是道德的基礎和唯一標準，因而在後來的社會生活中使道德成爲利己主義的代名詞從而失去正義性和尊嚴，爲道德虛無主義或道德無用論埋下了可以利用發掘的種子。馬克思主義認爲，個人利益不能成爲道德的基礎和唯一的標準，只有眞實的同時又代表著個人利益的社會公共利益才是道德的根源和基礎。正如俄國馬克思主義者普列漢諾夫所說的，「道德的基礎不是對個人幸福的追求，而是對整體的幸福，即對部落、民族、階級、人類的幸福的追求。這種願望和利己主義毫無共同之點。相反地，它總是要以或多或少的自我犧牲爲前提」。〔註87〕社會公共利益是利益結構中最能顯示社會理性和時代發展要求的那一

〔註86〕馬克思、恩格斯：《德意志意識形態》，《馬克思恩格斯全集》第 3 卷，北京：人民出版社 1960 年版，第 275 頁。

〔註87〕《普列漢諾夫哲學著作選集》，北京：三聯書店 1961 年版，第 1 卷，第 550～551 頁。

部分利益，它是社會道義的物質載體，是集體凝聚力、民族親和力的始基或淵源。一旦失去了這種社會公共利益，也就失去了集體的凝聚力和民族的親和力，那個社會共同體也必將趨於瓦解。一旦人們置社會公共利益於不顧，道德上的腐化墮落就無法避免，而道德上的腐墮落達到一定限度將會使集體的生存、民族的發展喪失最基本的原動力，最終將會毀滅整個社會，那時就連起碼的物欲和生存需要也無從談起。

　　總之，如果說斯賓諾莎的義利學說在個別論點上比王船山的義利學說要先進些，在當時的社會歷史條件下所起的作用比王船山的義利學說要大些，那麼王船山的義利學說在總體上則比斯賓諾莎的義利學說要正確些，在往後的社會形態裏特別是社會主義社會可能起的作用則比斯賓諾莎的義利學說要大些。斯賓諾莎和王船山的義利學說既各有所長，亦各有所短，我們應當運用馬克思主義的觀點和方法予以實事求是地批判分析，揚長避短，使其精華和合理因素能夠成為社會主義道德文化的組成部分。

三、道德的修養：躬行實踐論與省察致知論

　　要使道德原則和道德規範內化為人們的道德信念，外化為人們的道德行為，均有賴於主體的道德修養。道德修養是培鑄人們道德情感、形成人們道德品質和道德人格的必要前提和手段，是提高人們道德素質和道德境界不可或缺的過程或環節。道德修養的實質是人們根據社會的道德要求和個人的道德理想所進行的自我改造和自我完善。一種道德能否真正掌握社會、把握世界和實踐人生，取決於它最終是否轉化為社會成員自覺的道德修養。正因如此，古往今來，道德的修養一直是倫理學家所關注和著力探討的重大問題。在中國，儒家倫理的創始人孔子及其後來的孟子、荀子等人都十分重視道德的修養問題，孔子曾說，他最憂慮的事情就是「德之不修，學之不講，聞義不能徙，不善不能改」，〔註88〕他不僅強調「修己以敬」，認為只有修養好自己的品德，才能嚴肅認真地對待一切事情，而且強調「修己以安百姓」，認為只有修養成高尚的品德，才能使百姓得到安定。孟子從性善論出發，提出向內用力、求其放心以及反身而誠、養浩然之氣的修養理論，認為只要堅持道德修養，人就能夠培養起一種「富貴不能淫，貧賤不能移，威武不能屈」的

〔註88〕《論語・述而》。

大丈夫人格，成就一番豐功偉業。荀子更說：「志意修則驕富貴，道義重則輕王公」，〔註89〕認爲「積土成山，風雨興焉；積水成淵，蛟龍生焉；積善成德，而神明自得，聖心備焉」，〔註90〕普通的老百姓經過修養也可以成爲像大禹那樣的聖人。《大學》的作者繼承了孔孟荀諸哲重視道德修養的理論，明確指出：「自天子以至於庶人，壹是皆以修身爲本」。在《大學》的作者看來，「身修而後家齊，家齊而後國治，國治而後天下平」。在西方，古代希臘的蘇格拉底、柏拉圖、亞里士多德等也十分重視社會成員的道德修養。蘇格拉底認爲「未經省察的人生是沒有價值的人生」，主張人應以關心和照亮自己的眞正自我即靈魂爲要，力爭使自己的靈魂盡可能更好些，「使它更像神」。蘇格拉底倡導認識自己的無知，把知識當作美德和至善，他告誡雅典人不要老想著自己的人身或財產，而應當「首先並且主要地要注意到心靈的最大程度的改善」。〔註91〕亞里士多德認爲，「人類所不同於其他動物的特性就在於他對善惡和是否合乎正義以及其他類似觀念的辨認」，〔註92〕「人類由於志趣善良而有所成就，成爲最優良的動物，如果不講禮法，違背正義，他就墮落爲最惡劣的動物」。〔註93〕人類不同於動植物的地方在於人具有過有道德的生活的能力並且能夠主動選擇和追求有道德的理性生活。人類通過自己的道德修養不僅可以造就智德還可以培養行德，成爲「只求自己高尚」和「造福於社會」的完人。後來的伊壁鳩魯及斯多亞派更把道德修養視爲獲得靈魂的安寧和人生幸福的重要手段。斯多亞派宣稱，道德的修養即是目的，德行即是至善。

法國倫理學家伏爾泰有一句名言：「世界上任何一個民族都是熱愛美德的」。據此，我們還可以指出，熱愛美德的民族沒有不注重道德修養的。王船山和斯賓諾莎作爲中西十七世紀卓越而偉大的倫理思想家對道德修養問題也給予了特別的重視，他們不僅論及到了道德修養的重要性，而且詳細闡發了道德修養的方法，創建了頗具特色的道德修養理論。

〔註89〕《荀子・修身》。
〔註90〕《荀子・勸學》。
〔註91〕北京大學哲學系編：《古希臘羅馬哲學》，北京：商務印書館 1961 年版，第 149頁。
〔註92〕（古希臘）亞里士多德：《政治學》，吳壽彭譯，北京：商務印書館 1965 年版，第 8 頁。
〔註93〕（古希臘）亞里士多德：《政治學》，吳壽彭譯，北京：商務印書館 1965 年版，第 9 頁。

（一）修養的目的：內聖外王論與情感主人論

　　道德修養的目的立意於人爲什麼要進行修養，涉及到道德修養的宗旨和重要性，確立的是道德修養的理論基礎。王船山和斯賓諾莎均認爲道德修養對於人來說是十分重要的，意識到了道德修養具有完善人自身，使人獲得高度的道德自由的特殊功能。不同的是，斯賓諾莎把修養的目的僅僅局限在個人自我的完善上，認爲做自己情感的主人，以成爲一個自由的人即是道德修養的目的。王船山則力圖超出個人自我的完善，把完善自我與完善他人，發展自我與發展社會聯繫起來，提出內聖外王的合一才是道德修養的眞正目的。

　　王船山繼承和發展了《大學》推崇修身養性的觀點，認爲修身即是用道德原則和道德規範去規約自己的視聽言動，使身體官能的任何一種行爲或反映都能符合道德要求，從而培養起良好的道德行爲習慣和道德品質。「修者，品節之謂：以道爲準，而使身得所裁成；以仁爲依，而使道得所存主也」。〔註94〕「夫修身者，修其言使無過言焉，修其行使無過行焉，修其動使無過動焉，蓋責之躬者備矣」。〔註95〕修身修之於人的言行動各個方面，使人的言行動合乎道德要求而毫無偏頗失當之處。修身涵蓋和包括正心、誠意、格物、致知諸環節。修身的基礎是「正心」。王船山指出：「古之欲修其身者，則以爲及其發而制之，有不勝制者矣。吾立身之始，有爲身之主者心也。當物之未感，身之未應，而執其吾志，使一守其正而不隨情感以迷，則所以修身之理，立之有素矣」。〔註96〕心爲身之主，人的視聽言動無不受制於內在情感意念和心理意識的指導與影響，故「欲修其身者，則心亦欲修之。心不欲修其身者，非供情欲之用，則直無之矣」。〔註97〕正是因爲人有心，人們的視聽言動才有一定的方向性和傾向性。沒有不根源於心的視聽言動。「唯有其心，則所爲視、所爲聽、所欲言、所自動者，胥此以爲之主」。〔註98〕欲正其心必先誠意，誠意是正心的基礎。船山認爲，「古之欲正其心者，必先於動意有爲之幾，皆誠

〔註94〕 王夫之：《讀四書大全說》卷三，《船山全書》第 6 冊，嶽麓書社版，第 520 頁。

〔註95〕 王夫之：《四書訓義》卷一，《船山全書》第 7 冊，嶽麓書社版，第 47～48 頁。

〔註96〕 王夫之：《四書訓義》卷一，《船山全書》第 7 冊，嶽麓書社版，第 48 頁。

〔註97〕 王夫之：《讀四書大全說》卷一，《船山全書》第 6 冊，嶽麓書社版，第 401 頁。

〔註98〕 王夫之：《讀四書大全說》卷一，《船山全書》第 6 冊，嶽麓書社版，第 401 頁。

於善，而無一念之不善奪其本心焉。」〔註99〕誠意不僅與正心相關，而且與致知相聯。知識是意志的明燈。「古之欲誠其意者，必先於善惡可知之理力致其辨，而無一理之不明，引意以妄焉。夫致知，則意知所誠，心知所正，身知所修矣」。〔註100〕致知的基礎又在格物，所謂格物即是個人用感官觀審事物的形象原委以掌握其客觀法則，即是觀察事物以求得其原理。總之，包容或統攝正心、誠意、格物、致知的修身是一個遵守道德原則、形成道德品質、提高道德境界的過程，也是一個確立道德意識、陶冶道德情感、鍛鑄道德意志、培養道德信念、確立道德行為習慣的過程。

　　修身的目的或宗旨是什麼？船山認為，修身是為了使自己成為一個堂堂正正、頂天立地的完人，同時也是為了成就一番豐功偉業、造福於子孫後代，亦即內聖外王的統一。內聖是修身的直接目的，外王是修身的間接目的，或者說內聖是修身的現實目的，外王是修身的理想目的。理想孕育於現實之中並在人們的現實活動之下逐步地轉化為現實。人們通過改造和完善自己的努力最終必定能達到改造社會和推動社會進步。不能修身即不能齊家，治國，平天下。這就是「上至天子下至庶人，壹是皆以修身為本」的內在原因。船山指出：「夫大學者，所以教人修己治人而成大人之德業者也。……其以外觀於事物，內盡其修能，將何為也？蓋以明明德也」。〔註101〕「大學至於修身，而明德之功全矣。繼此而新民之道起焉，則自家而國而天下，皆德之所及，而自近及遠，則首受吾治教者家也」。〔註102〕修身方能夠齊家。只有言傳身教、身先士卒才能夠對於家族成員的行為給以良好的影響與指導，才能夠對於一切家務作出妥當的安排。如果能把一個家庭管理好，經營好，就有可能治理好一個國家。因為國是家的擴大，家是國的縮小，事親的道理可同樣應用到事君之上，事兄的道理可同樣應用到敬奉長官之上，慈幼的道理可同樣應用到安撫民眾之上。因此，在家能孝親、敬兄、慈幼者，在國亦能忠君、敬事官吏、撫愛群眾。在王船山看來，所謂新民不過是使人民都明明德，外王不過是使眾人都內聖。修身之所以能夠臻於內聖外王之境地，在於人人都有追求道德理想，成為一個名副其實的人的內在要求和願望，在於道德榜樣的力

〔註99〕王夫之：《四書訓義》卷一，《船山全書》第 7 冊，嶽麓書社版，第 48 頁。
〔註100〕王夫之：《四書訓義》卷一，《船山全書》第 7 冊，嶽麓書社版，第 48 頁。
〔註101〕王夫之：《四書訓義》卷一，《船山全書》第 7 冊，嶽麓書社版，第 43～44
　　　　頁。
〔註102〕王夫之：《四書訓義》卷一，《船山全書》第 7 冊，嶽麓書社版，第 72 頁。

量和人們效法道德榜樣的精神。因此，聖人能自明其明德並使天下人都明其
明德，則教行於天下，而天下平；國君能自明其明德，並使國人都明其明德，
則教行於全國，而國治；家長能自明其明德並使家人都明其明德，則教行於
全家，而家齊。所以明明德是齊家治國平天下的基礎，是修身養性的首要目
標。王船山反對爲修身而修身的行爲，認爲修身必須同明明德和新民之道聯
繫起來才有意義，必須立意於內以修己、外以治人即內聖外王才有價值。人
不應當僅僅爲自己活著，應當以身任天下，建一代規模，即像張載說的「爲
天地立心，爲生民立命，爲往聖繼絕學，爲萬世開太平」。

　　斯賓諾莎認爲，人應當遵循自然的本性即德性而行，但人的情感欲望既
有合乎自然本性的亦有違背自然本性的方面，道德修養就是一個以理性爲指
導，矯飾自己的情感以做自己情感的主人，從而獲取道德自由的過程。在斯
賓諾莎看來，情感不是人性中自有的，而是由身體與外物接觸、受外物刺激
而產生的。所謂情感就是使人體活力增加或減少、順暢或阻礙的感觸。這些
感觸由心靈所感受的狀況，表現爲三種主要的情感即快樂、痛苦和欲望。其
他一切情感或情緒都是從這三者派生出來的。愛和恨、偏好與厭惡等都可以
歸結爲這三種基本的情感。斯賓諾莎指出：「愛，是爲一個外在原因的觀念所
伴隨著的快樂，」「恨，是爲一個外在原因的觀念所伴隨著的痛苦」；「偏好是
爲偶然引起快樂的對象的觀念所伴隨著的快樂」，「厭惡是爲偶然引起痛苦的
對象的觀念所伴隨著的痛苦」。〔註103〕其他諸如希望與失望、信心與懊悔、憐
憫與妒忌、節制與貪婪也可以依此作出這樣的歸類。如果外物對身體的激動
使活力增加並使心靈感受較大的滿足，就是快樂的情感；如果外物對身體的
激動使活力減少並使心靈感受較小的滿足，就是痛苦的情感。「痛苦乃是表示
心靈的活動力量之被減少或被限制的情緒，所以只要心靈感受痛苦，則它的
思想的力量，這就是說，它的活動的力量便被減少或受到限制。所以就心靈
是主動的而言，沒有痛苦的情緒會與它相關聯，但惟有快樂和欲望的情緒，
才能與它相關聯」。〔註104〕斯賓諾莎把人在心靈的消極狀態下因受感情控制而
帶來的無盡痛苦看作是既非自然亦非必要的，認爲人要排除消極的情感帶給
自己的痛苦，從心靈的壓迫下解放出來，就需要進行道德上的修養。只有通

〔註103〕（荷蘭）斯賓諾莎：《倫理學》，賀麟譯，北京：商務印書館 1983 年版，第
　　　　153～154 頁。

〔註104〕（荷蘭）斯賓諾莎：《倫理學》，賀麟譯，北京：商務印書館 1983 年版，第
　　　　149 頁。

過道德上的修養，通過認識自然的活動才能夠使人控制和駕御自己的情感，做自己情感的主人。在斯賓諾莎看來，情感尤其是消極被動的情感對人的危害是很大的，它不僅會使人喪失明確、高尚的生活目標，而且還會危害人的身體健康或生命。人要肯定和保存自我，就必須學會怎樣調適和把握自己的情感，力爭使被動的消極的情感轉化為主動的積極的情感，使自己的生活自然順暢且極樂無窮。

如果說王船山關於修養目的的內聖部分與斯賓諾莎做自己情感的主人頗多類似，均含有肯定人自身、做一個自由人的因素，那麼，斯賓諾莎關於道德修養的目的在於控制駕御自己的情感則僅僅是改造自身方面的，並不具有王船山那樣的把改造自己與改造別人、完善自己與完善他人結合起來的社會性意義，斯賓諾莎關於修養的目的的論述是為自己的，具有利己主義的性質，王船山關於修養的目的的論述既是為自己又是為他人、社會的，具有人我兼顧，己群諸重的特徵。

（二）修養的方法：躬行實踐論與省察致知論

在道德修養的方法上，王船山與斯賓諾莎均談到了認識的方法、實踐的方法，主張知行合一，但比較而言，王船山側重實踐的方法，強調力行，斯賓諾莎側重認識的方法，強調致知，於是形成了躬行實踐論與省察致知論的差異。

在王船山看來，聖人以盡倫成物為道，故也即是以躬行實踐為道。道不遠人，道體現在人們的即身見物、言行日用之中。道雖邇，不行不止，事雖小，不為不成。君子修身，以盡倫成物為宗旨。只有在臣事君、子事父、妻事夫的道德實踐中，人們才可總結概括出為臣、為子、為妻的道德規範及其與之對應的為君為父為夫的道德規範；只有在道德實踐中，人們才能「內以定好惡之貞淫，外以感民物之應違」。王船山推崇躬行實踐，認為行而後知有道。「行於君民、親友、喜怒、哀樂之間，得而信，失而疑，道乃益明」；「其力行也，得不以為歆，失不以為恤，志壹動氣，惟無審慮卻顧，而后德可據」。〔註105〕躬行實踐是道德修養的最主要方法，一切道德認識、道德情感、道德意志、道德信念皆可由道德實踐而產生、培育和發展。就知行關係而言是行可兼知而知不可兼行。「蓋天下之事，固因豫立，而亦無先知完了方才去行之

〔註105〕王夫之：《尚書引義·說命中二》，《船山全書》第 2 冊，嶽麓書社版，第 313～314 頁。

理」，而是行起來再知，在行中知，「行而後知有道。」〔註 106〕「君子之道，行過一尺，方有一尺，行過一丈，方有一丈，不似異端向『言語道斷，心神路絕』處索廣大也」。〔註 107〕王船山指出：「蓋嘗論之。何以謂之德？行焉而得之謂也。何以謂之善？處焉而宜之謂也。何以謂之至善？皆得咸宜之謂也。不行胡得？不處胡宜？」〔註 108〕在王船山看來，道德認識依賴於道德實踐，「知固以行為功」，「行不以知為功」，「行可有知之效」，「知不可有行之效」，通過道德行為可以取得道德知識的功效，而停留於某種道德知識上卻不能體現道德行為的功效。要進行格物窮理，只有勉勉孜孜，在力行上下功夫，才能攝取精華，論述完備。王船山尖銳地批判了宋明理學「離行以為知」的錯誤，指出程朱及其後學不注重立身砥行和在社會上有所建樹，卻沉溺於訓詁論理，高談玄虛，專搞內省修養而無視客觀事物，實在是敗壞了正道，流風所及，禍害深遠。王船山認為，道德行為不但是道德認識的基礎和來源，而且是道德認識的目的和動力，是檢驗道德認識正確與否的唯一標準。「今夫利害之機、善不善之辨，貴於能知也；而非但知之為貴也，身試其中，而後得失判矣。今以利害言之，其惠迪則吉，從逆則凶，亦豈有難辨者哉？人當平安之日而論利害，誰不曰予能知之而不可惑哉？乃天下利之所趨，即害之所隱，為罟擭焉，為陷阱焉。當其未入罟擭陷阱之時，皆知其不可入焉，及乎利誘而欲動、事激而勢成，則莫有驅之者而若或驅之，莫有納之者而若或納之，以趨入罟擭陷阱之中，而不知引身以避之，皆即嚮者曰予知之人也。然則明於前而暗於後，行之不慎而遂成大迷」。〔註 109〕道德本質上是實踐的，必須親身經歷才能有所體會有所長進，只有通過道德實踐的檢驗才能判明其真偽好壞。「以在人之知行言之：聞見之知不如心之所喻，心之所喻不如身之所親」。〔註 110〕感性認識不如理性認識，理性認識不如身體力行。

基於上述認識，王船山盛讚躬行實踐，指出：「存乎天地之間者，豈不以其躬乎？是故非視何色，非聆何聲，非咀何味，非覺何有。淒然謂秋，喧然

〔註 106〕王夫之：《思問錄‧內篇》，《船山全書》第 12 冊，嶽麓書社版，第 402 頁。
〔註 107〕王夫之：《讀四書大全說》卷十，《船山全書》第 6 冊，嶽麓書社版，第 1141 頁。
〔註 108〕王夫之：《禮記章句》，《船山全書》第 4 冊，嶽麓書社版，第 1483 頁。
〔註 109〕王夫之：《四書訓義》卷二，《船山全書》第 7 冊，嶽麓書社版，第 117～118 頁。
〔註 110〕王夫之：《周易內傳》卷五，《船山全書》第 1 冊，嶽麓書社版，第 510 頁。

謂春，能遊得空，能踐得實，存乎天地之間者，唯其躬而已矣。是故君子吾親斯孝，吾君斯忠，吾長斯遜，吾友斯信，躬之不得背也。是故君子不爲不可安，不行不可止，不親不可交，不念不可得，不處不可長，行則行之，違則違之，躬之不得而拂也。是故君子天地以爲宮，古今以爲府，經緯以爲財，節宣以爲用，大而函焉，遠而遊焉，立於萬年而不遺，躬之充也。是故君子貧而不以富易，賤而不以貴奪也，死而不以生貿也，知其是不恤其非，履其實不騖其名，躬之塞也。是故君子非道之世榮而辱之，非聖之言美而惡之，符考天下，差之毫釐而知其非，進退古今之言而無所讓，斟酌百世之王而知其適然，躬之夯也。是故君子不歆其息，不懼其消，死生亦大矣而不見異焉，外物不累而無所節焉，夙興夜寐，旦旦尋繹而不窮，躬之恒也」〔註111〕這一大段話充分反映了船山對躬行實踐重要性的認識，突出了躬行實踐方法於道德修養的功能與意義。只有投身於社會道德生活的熔爐，才有可能鍛造出率天載義、革故鼎新的金剛；只有在變革現實世界及現實的道德關係中，才能把周圍的髒東西以及自己身上的污點沖洗乾淨，只有身體力行，拳拳服膺，才能真正維護道德的尊嚴。躬行實踐，是進行道德修養的根本方法，「以言乎德則其藏矣，以言乎道則其樞矣。以言乎天地之間則備矣。故惟其躬而已矣」。〔註112〕躬行實踐是人們一切道德知識和道德觀念的來源，也是人們道德心理和道德情感日臻豐富完善的必要途徑。離開了躬行實踐這一道德修養的根本方法，一切道德修養的目的都難於達到，培養人們優秀的道德品質和高尚的道德人格就將成爲一句空話。

　　與王船山置重躬行實踐的道德修養方法有別的是，斯賓諾莎則推崇省察致知的方法。斯賓諾莎認爲，人的心靈與整個自然相一致的知識是人生的圓滿境界和至善，而對自然或神的理智的愛則是人生的最大幸福。省察人生的真諦，認識自然的奧秘，是溝通人與自然的關係，成爲一個深謀遠慮的智者和自由人的最爲重要的方法。「只要心靈理解一切事物都是必然的，那麼它控制情感的力量便愈大，而感受情感的痛苦便愈少」。〔註113〕「那個能正確理解

〔註111〕　王夫之：《薑齋文集·補遺》，見《王船山詩文集》，北京：中華書局 1962 年版，第 122～123 頁。

〔註112〕　王夫之：《薑齋文集·補遺》，見《王船山詩文集》，北京：中華書局 1962 年版，第 123 頁。

〔註113〕　（荷蘭）斯賓諾莎：《倫理學》，賀麟譯，北京：商務印書館 1983 年版，第 243 頁。

事物莫不出於神性之必然。莫不依自然的永恒律令而發生之人，事實上將不會發現任何值得恨、笑或輕視的東西，也將必不會憐憫任何人，但只就人的德性之所能達到的力量，努力去做善事，也可以說，努力去求快樂。」〔註114〕在斯賓諾莎看來，只有對自然或神的理性認識特別是直觀認識才能真正達到人生的圓滿境界、幸福及道德修養的目的。這種認識方法的道德價值表現在四個方面：第一，它的效用在於教導我們，「我們的一切行為唯以神的意志為依歸。我們愈認識神，我們的行為愈完善，那麼我們分享神性也愈多。」它不僅指示我們的最高幸福只在於認識神，而且足以使我們心靈隨處恬靜安寧；第二，它教導我們如何應付命運中的事情。鎮靜地對待和忍受命運中的幸與不幸。「因為我們知道一切事物都依必然的法則出於神之永恒的命令。正如三角之和等於兩直角之必然出於三角形的本質；」第三、它對於我們的社會生活也大有裨益。「因為它教人勿怨憎人、勿輕蔑人、勿嘲笑人、勿忿怒人、勿嫉妒人。」並且它還教人「各個滿足自己，扶助他人，但是又非出於婦人之仁，偏私迷信，而是獨依理性的指導，按時勢和環境的需要；」第四，這種對神的理性和直觀認識對社會的公共生活也大有好處，「因為它足以教導我們依什麼方式來治理並指導公民，庶可使人民不為奴隸，而能自由自願地做最善之事。」〔註115〕總之，心靈的最高努力和心靈的最高德性，都在於依據這種對神的理性認識和直觀認識。這種認識一方面可以減少我們心靈中的被動情感，另一方面又能產生一種對於永恒不變而我們又能真實享有的東西的愛，使我們達到心靈的最高滿足。在斯賓諾莎看來，人是自然或神的一部分，人應當遵從自然的理法或神的命令。「如果我們對這點有清晰、判然的理解，我們的本性中由理智限定的那一部分，換句話說，即我們自身當中較良好的部分，必定會默受臨頭的事，並且努力堅守此種默受。」〔註116〕人只要不由本願地是大整體的一部分，就受著奴役，但是只要人借理解力把握了集體的唯一實在，人即是自由。自由只在於對必然的認識。人只要認識了必然，將個人融入自然之中，遇事從大處著眼，從自然整體的角度看問題，就一定能

〔註114〕（荷蘭）斯賓諾莎：《倫理學》，賀麟譯，北京：商務印書館 1983 年版，第208 頁。

〔註115〕（荷蘭）斯賓諾莎：《倫理學》，賀麟譯，北京：商務印書館 1983 年版，第93～94 頁。

〔註116〕轉引自羅素《西方哲學史》下卷，北京：商務印書館 1982 年版，第99 頁。

夠達到精神上的恬靜和人生的圓滿境界，擁有真正的幸福和自由。斯賓諾莎在《倫理學》一書的最後寫道，凡是依某種永恆的必然性能自知其自身、知其自然或萬事萬物的人就一定是一個真正的智者或自由人，他的靈魂不會受情欲的驅使或外因的激動，並且會享受著真正的滿足。斯賓諾莎認為，認識自然和自身固然是十分艱難的，但是一切高貴的事物，不正是因為艱難而才變得十分有價值的嗎？他希望人們聽從他的勸誡和教誨，去勇敢而又毅然地認識自然和人自身，去攀登道德認知的高峰！

如果我們說王船山的躬行實踐論同他關於人的本質及道德起源的理論密切相關，並且是對中國古代重視人倫日用和身體力行的傳統修養觀的繼承和發展，那麼我們也可以說斯賓諾莎的省察致知論亦同他關於人的本質及道德起源的學說密不可分，同時也是對西方古代熱愛智慧、強調知識即美德的傳統修養觀的總結與弘揚。另外，從道德價值指向和道德原則的深蘊上探究，大凡持功利論和利己主義倫理學說的往往都在道德修養中偏重個人的幸福與快樂，心靈的安寧與恬靜，因而在發展起心理利己主義的同時常常突出著省察致知的道德功用；而那些具有高度的社會責任感和時代使命感、持道義論和社會整體主義倫理學說的大多在道德修養中堅持把個人的發展與完善同社會的發展與完善聯繫起來，因而在探求如何推動社會進步的同時往往強化著躬行實踐的道德功用，這似乎是倫理學史上一種可以窺見到的現象。從理論上講，王船山的躬行實踐論比斯賓諾莎的省察致知論更加突出了道德實踐和道德行為的價值，符合道德修養的發展規律和認識原則。當然，王船山的躬行實踐是指身體力行封建倫理，以仁義禮智和忠孝廉恥來規範和約束自己的道德活動，它同馬克思主義所講的社會實踐是有本質區別的。劉少奇在《論共產黨員的修養》一文中指出：「我們不能這樣去修養。我們是革命的唯物主義者，我們的修養不能脫離人民群眾的革命實踐。」〔註117〕共產主義道德的修養方法是在實踐中進行鍛鍊，是理論聯繫實際的方法。但是，我們卻可以在剔除船山道德修養理論中封建倫理糟粕的基礎上批判地吸取、繼承躬行實踐的方法，使其為共產主義的道德修養服務。

從歷史上看，斯賓諾莎的省察致知論比王船山的躬行實踐論突出了道德認知和對自然的認識的價值，對激勵人們的求知欲、發展科學文化具有重大

〔註117〕劉少奇：《論共產黨員的修養》，《劉少奇選集》上卷，北京：人民出版社 1981年版，第 109 頁。

的意義，客觀上為資本主義的形成和工業文化的出現也起過推動作用。但是，由於斯賓諾莎完全忽略了道德行為和道德實踐的價值，因而並不能將人們引導到內外協調全面發展的道路上去，往後的歷史證明了這種唯理論的弊端，西歐各國非理性主義泛濫是對之最大的報復。因為理性並不是萬能的，認識代替不了實踐，道德知識也代替不了道德行為。從道德修養上說，離開了道德行為的道德知識是沒有價值的。當然，沒有道德知識的道德行為也很難說是一種真正的道德行為。

斯賓諾莎「自由在於必然的認識」無疑是有啟蒙意義的，但是正如馬克思主義所指出的那樣它只說對了一半，實質上自由不僅在於對必然的認識，更在於對必然的改造，離開了對必然的改造，自由就只是主觀的而不是行為的。馬克思主義的唯物主義是實踐的唯物主義，它尋求的不只是對世界的解釋或認識，更是對世界的改造。從這後一層意義上講，王船山的自由來源於躬行實踐確是值得我們重視和加以好好研究的。

四、比較的啟示

通過比較王船山與斯賓諾莎的道德思想，給我們最大的啟示是十七世紀是一個人的發現和道德啟蒙的偉大時期，中國和西方的倫理思想家們都力圖衝破權威主義和他律主義的道德觀，從人自身來尋求道德的根源、確立道德的價值目標和行為原則，他們在弘揚人的主體性的同時弘揚著人的道德主體性。王船山和斯賓諾莎的道德學說無疑具有通過人去研究道德、通過道德去研究人的人本主義性質，並且都明確地把道德視作人發展自身和完善自身的手段，提出了不是人為了道德而是道德為了人的道德主體性理論，奠定了新型道德觀的理論基礎。不同的是，在王船山那裏，道德的主體不僅是指人的個體而且指人的群體。就道德的起源來說，人的群體生活需要及其社會實踐所造成的社會分工，所形成的社會關係，似乎具有決定性的意義。就道德的價值目標和行為原則來說，維繫人的群類生活的社會公共利益和整體利益顯然要高於維繫個體生存發展的個人利益，反映人類社會生活本質要求的古今之通義比之一人之正義和一時之大義似乎更值得尊重。因此王船山在人我兼顧、己群諸重的價值目標中注入了利他主義和社會整體主義的傾向性因素。而在斯賓諾莎那裏，道德的主體僅僅是人的個體，他人、群體是主體所要利用的對象或客體，利己具有目的性意義，利他只具有手段性意義，利他如果

不是導向更好的利己，利他就沒有什麼價值。因此道德不是源於人的群類生活的需要和社會關係，而是源於人的自我保存的需要和趨樂避苦的自然人性。與其說道德是調節人我己群關係的社會工具，倒不如說道德是保護個人利益和爲個人利益辨護的使者。這一關於道德主體的不同認識，使得王船山的道德學說主要表現爲社會道德，弘揚了道德作爲行爲規範的調整規約功能，斯賓諾莎的道德學說主要表現爲個體道德，突現了道德服務於個人的功利效用機理。王船山和斯賓諾莎道德學說的這種差異，從某種意義上呈現了中西道德傳統的差異即社會整體主義和個人主義的差異。

通過比較王船山與斯賓諾莎的道德學說，給我們另一個啓示便是，中國和西方的傳統道德思想各有自己的優劣長短，盲目地篤信西方道德、無條件地崇拜西方道德或者一味地固守中國的傳統道德都不是科學的態度。社會主義道德建設必須堅決打破墨守故紙和排斥異己的病態心理，也必須清除心醉西風盡棄家常以從人的自卑心理，應當在對中西傳統道德比較研究的基礎上，辨析其優長與缺失，審度其棄取與抑揚，把西方傳統道德同中國傳統道德聯繫結合在中國現階段的道德生活實際和道德建設目標的基點之上，聯繫結合在堅持和發展馬克思主義道德學說的基點之上。實際上，東西方道德並非絕對不相容的，它們可以通過鑒別選擇而形成互補。正如中村元在《比較思想論》一書中指出的：「東方的倫理思想可以補充西方的倫理思想，而首先得到人們普遍承認的是：東方的倫理思想從許多方面強調了哲學的實踐性和實踐的功能……西方脫離了利害關係，去尋求理論的眞理，而有忽視實踐的傾向。」〔註118〕「西方人正在有意識地把自己的注意力引向東方的各種思想觀念及人生態度中去，這對於修正或補充西方倫理思想的各種偏向和不足是極爲重要的。但是，那並不是說，東方的各種思想就比西方的思想要優越，而是說有必要進行二者的綜合，由於綜合就能使東西方互相啓發。」〔註119〕在當代，東西方倫理思想的綜合，不僅是一種口號，而且成爲時代的要求。中國倫理正在走向世界，西方倫理也在走向中國。成中英在談到世界文化的發展趨勢時指出：「一個是從東往西，一個是從西往東，這是世界發展的一個很自然的趨勢。雖然它是多源頭的，但最後總要統合在一起。所以，在西方

〔註118〕 （日）中村元：《比較思想論》，杭州：浙江人民出版社1987年版，第142～
143頁。

〔註119〕 （日）中村元：《比較思想論》，杭州：浙江人民出版社1987年版，第146
頁。

社會裏面出現的許多後現代化的要求，這種後現代化的要求也許剛好就是東方文化可以提供的；在東方社會有現代化的要求，這剛好也許就是西方文化可以提供的。」〔註120〕他主張，我們應當「把中國的文化當作資源、當作資料加以發展，不但是可以作爲後現代化的一個準備，而且也作爲現代化的一個投資。」〔註121〕

啓示之三，與上述論點相適應，中國當代的倫理道德建設必須處理好傳統與現代的關係，將根植在民族倫理的豐厚土壤裏。只有民族的才是世界的。中國當代的倫理道德建設只有在批判地總結繼承民族傳統倫理的基礎上，堅持社會主義的原則和馬克思主義的基本精神，同現代化建設和社會生活實際密切結合起來，才能走出一條有中國特色的社會主義現代化倫理建設的新路子。實際上，中國的傳統倫理道德與現代化的倫理道德要求並非全然不相容或彼此對立，它也是一個包含著十分豐富的內容或學派、思潮的頗具創造性的綜合整體，其中一些反映人民群眾道德智慧、代表著社會發展和民族共同利益的道德學說與倫理思想經過反省、批判、總結、繼承是完全可以成爲現代化的倫理道德的組成部分的。作爲一個渴求中國現代化倫理道德建設早日結出豐碩果實的炎黃子孫，「我們必須同時肯定現代與傳統，我們尤其要在自己的文化傳統上肯定現代，並尋求解決現代生活問題的方案。同時，我們也要在現代的社會中，發掘傳統文化的寶藏，使現代的生活不致流於機械與空虛。在對現代與傳統的雙重肯定下，我們才能擔當起一項文化的使命，那就是，復興我們的中華文化，並對世界人類做一番驚天動地的貢獻。」〔註122〕像王船山那樣人我兼顧、己群諸重的倫理道德學說無疑屬於中華民族的倫理瑰寶之列，值得我們很好地加以發掘、開拓和利用。錢穆先生認爲，船山學之精神所長不僅在於顯眞明體，而尤在其理惑與辨用焉。「其推現至隱，闡微至顯，皆能切中流俗病痛，有豁蒙披昧之力。」〔註123〕王船山的道德學說不僅全面揚棄程、朱、陸、王，批判地總結了宋明理學，而且批判佛老，改造和發展孔孟，特別是按「依人建極」的原則，從人類社會生活的需要及其如何完善個人，推動社會和歷史進步的角度去探究道德的涵蘊與眞諦，將道義與功利、天理與人欲、道德認識與道德實踐辯證地統一起來，使中國傳統道

〔註120〕成中英：《文化、倫理與管理》，貴陽：貴州人民出版社 1991 年版，第 10 頁。
〔註121〕成中英：《文化、倫理與管理》，貴陽：貴州人民出版社 1991 年版，第 10 頁。
〔註122〕成中英：《文化、倫理與管理》，貴陽：貴州人民出版社 1991 年版，第 23 頁。
〔註123〕錢穆：《中國近三百年學術史》上冊，北京：中華書局 1934 年版，第 107 頁。

德的理論形態發展到頂峰。中國近代史上的譚嗣同、章太炎、楊昌濟等人在探尋新的道德以及所發動的道德變革中，幾乎都注意從船山道德學說去尋求理論武器，甚至是像毛澤東那樣的馬克思主義者也都不忘從船山道德學說中攝取精華以用來創建新的道德學說，這一切無不充分地說明船山道德學說作為傳統道德理論的一部分，經過一個批判改造的過程是完全可以為現代化的倫理道德建設服務的。

第四章　王船山與弗·培根品德論的比較

　　無論從發生學亦或是從類型學的角度看，道德品質論在倫理學中均佔有不可或缺的地位，以至於完全可以這樣說，不研究道德品質的倫理學不能算是眞正的倫理學。倫理學之所以是一門實踐的科學，就在於它和培養、陶冶人們道德品質的活動相關；之所以是一門人文科學，就在於它同人對人自身的認識及其人格塑造相關；之所以是一門規範科學，就在於它能憑藉人自律自爲的意志爲自己確立行爲的原則。在悠遠久長的人類倫理學發展史上，道德品質還有道德原則一直是構成規範倫理學的兩大支柱，自古以來備受人們的關注和重視。古希臘倫理學是以推崇和精研智慧、勇敢、節制、公正「四主德」挺立於人類倫理大廈的，中世紀基督教倫理學正是以宣稱和頌揚仁愛、信仰、希望「三主德」躋身於人類倫理殿堂的。中國傳統倫理學也恰恰是以弘揚「四維八德」（即禮義廉恥，忠孝仁愛信義和平）或「三達德」（知仁勇）而爲世人矚目的。美國當代著名倫理學家弗蘭克納在自己所著的《倫理學》中認爲，德性倫理學是規範倫理學的重要組成部分，研究德性倫理學是極有價値的，這不僅因爲德性倫理學具有很長的歷史，而且因爲任何宣稱新道德的人都十分重視對它的研究。在他看來，德性倫理學是一種不把義務判斷或原則作爲道德的基礎，而把德性判斷作爲基礎的倫理學，是一種關於道德價値的規範理論。德性倫理學可以區分爲「品性利己主義」、「品性功利主義」、「品性義務論」三種類型或「品性目的論」、「品性義務論」兩種類型。他主張把責任和原則的道德即原則倫理學與德性和品格的道德即德性倫理學有機地結合起來，使兩種道德和兩種倫理學互相補充互相完善，並提出：「對每一條原則來說，都有一種道德的善品質，它通常與原則同名，它是由根據原則

而行動的習慣或趨向所組成；而對於每種道德意義上的善品質來說，都有一條限定該品質體現於其中的行為的原則」。〔註 1〕因此，沒有品質的原則是軟弱的，沒有原則的品質是盲目的。德性倫理學與原則倫理學密不可分。

在十六十七世紀的人類倫理思想史上，意識到原則倫理學與德性倫理學的密切聯繫並深入研究德性倫理學取得重大成果的，恐怕莫過於弗蘭西斯·培根和王船山。弗蘭西斯·培根（1561～1626）強調倫理學的研究不僅要給人們提供人的意志情欲該遵行的規範、準則，而且還要提供人們如何才能控制自己的意志情欲，培養良好的道德品質及其行為習慣。培根把後一方面喻之為培植花果的耕耘術。而王船山同樣認為立人之道就像枝葉花果對於樹一樣，是人之所以為人的外在標誌，而成乎其人之道則如同樹自身所具有的生枝發葉、開花結果的機制，乃客觀之道在人身上的凝結，屬於人之所以為人的內在標誌。弗蘭西斯·培根認為道德規範準則同道德品行習慣是相互貫通、彼此滲透和互相影響的，而王船山則直截了當地指出：「德也者，所以行夫道也。道也者，所以載夫德也」。〔註 2〕同弗蘭西斯·培根對以畢達哥拉斯以來直至馬基雅弗利的西方倫理思想所進行的批判性總結相類似，王船山也對自孔孟老莊以來直至李贄的中國倫理思想給予了全面的清理與系統的總結。培根提出了「知識就是力量」的口號，王船山則發出了「智統四德，而莫不尊矣」的吶喊。而更多相同的是，他們都較為詳細地探討了智慧、仁愛、勇敢等道德品質的真諦、涵蘊及其作用，建立了一個較為完整的道德品質體系。

比較王船山與弗蘭西斯·培根的道德品質論思想，有助於我們瞭解和把握中西德性倫理學的殊相和共相，也有助於我們深入研究中西方民族道德精神的本質及其差異，追索「世界上任何一個民族都是熱愛美德的」的內在因由，同時也有助於我們總結概括社會主義和共產主義的道德品質體系，為建設有中國特色的社會主義精神文明服務。

一、智德論：完善人生與方便人生

智德，是屬於人類認識、鑒別和判斷事物及行為的那一類德行，它包括深思熟慮的理性認識及善識利害是非的智慧。在人類的道德生活中，智德借

〔註 1〕 （美）弗蘭克納：《倫理學》，關健譯，北京：三聯書店 1987 年版，第 136 頁。
〔註 2〕 王夫之：《讀四書大全說》卷五，《船山全書》第 6 冊，嶽麓書社版，第 683 頁。

助於道德認識和道德判斷的方式廣泛地作用並參預人們的道德行為和道德實踐，成為人們立身行世、律己待人不可缺少的德行和品質。王船山和弗‧培根高度重視知識和智慧在人們道德生活中的作用，認為智德是其他一切德性或品行的基礎，提出了推崇知識和智慧之德的理論。但是，由於他們在倫理原則和道德價值上的思維趨向不同，由於他們對人的本質及其人性的認識不同，使得他們對智德與人生的關係及其智德對人生作用的方式等問題上的認識也相去甚遠。簡單地說，在王船山那裏，智德的主要功能與價值是促進人類自身的發展和完善，在弗‧培根那裏，智德是使人幸福快樂的手段，智德的主要功能是方便人生。按照德性倫理學內部派別的劃分，王船山的智德觀屬於品性義務論，弗‧培根的智德觀屬於品性功利論。

首先，王船山和弗‧培根探討了智德的內容，認為智德包含著知識和智慧，體現著人們對外在世界和內在世界的認識水平以及把握判斷的能力，這種認識水平和把握判斷的能力對人們人生道路的選擇及道德行為實踐具有非常重要的意義。比較而言，王船山把智德的內容概括為「知天，知人和自知」三個方面，弗‧培根則把知識區分為「自然的知識」，「哲學的知識」和「神學的知識」三大門類。

在王船山看來，「君子之所貴於智者，自知也、知人也、知天也，至於知天而難矣。然而非知天則不足以知人，非知人則不足以自知」。〔註 3〕智，從知識和理性認識的角度來說，大體不外人對外部物質世界的認識，人對他人和社會的認識以及人對自我的認識，此即人與自然，人與人、人與自我三種基本關係的對象化認識。這三個方面關係的認識是互相聯繫，彼此貫通的。人是通過認識外部自然界來認識人類及其社會關係的，又是通過認識他人來認識自己的。如果不能從更廣闊的外部世界來認識人，人對人的認識就不能深刻；如果對他人缺乏認識，也就不能真正地認識自我。此即「非知天則不足以知人，非知人則不足以自知」。

知天。天是獨立於人之外的客觀自然界。天者資始萬物之理氣，以太和陰陽二氣化生萬物。「天之所以為天而化生萬物者，太和也，陰陽也，聚散之神也」。〔註 4〕「天之為天，非僅有空曠之體，萬物資始，雲行雨施，品物流

〔註 3〕王夫之：《讀通鑒論》卷十四，北京：中華書局 1975 年版，第 404 頁。
〔註 4〕王夫之：《張子正蒙注‧可狀篇》，《船山全書》第 12 冊，嶽麓書社版，第 369頁。

行，各正性命，保合太和，此則天也」。〔註5〕天是理氣的統一，是自然現象和自然規律的統一。知天，不僅要認識天作為自然現象的一面，懂得氣化流行，風雨雷電以及草木山澤之為天之作用形式，而且要認知蘊藏於這些表象形式之中的「二氣清通之理」，亦即把握自然界發生發展乃至演變消長的客觀規律性。王船山指出：天者，理而已矣，天有貞一之理，有相乘之幾。「知天之理者，善動以化物；知天之幾者，居靜以不傷物」，〔註6〕當然「知天之理」離不開對自然現象的具體研究和把握，人們只有在充分地認識自然現象的基礎上才能較好地認識和發現自然界的規律。船山強調「知見」、「資於見聞」，倡導廣泛地認識、瞭解自然界的事物與現象，博取自然之象數。他說：「在天而為象，在物而有數，在人心而為理。古之聖人，於象數而得理也，未聞於理而為之象數也」。〔註7〕只有注意研究自然界的具體事物及其紛繁複雜的表象形式，才有可能獲得對事物的理性認識，發現自然規律。世界上沒有脫離現象和具體事物的本質，更不可能先有本質而後有現象，不可能從主觀的「理」去推演事物的象數。王船山認為，天之風霆雨露，地之山陵原隰，物之飛潛動植，民之厚生利用等都是人們博取和認識的象數，對這些自然現象加以深入的研究與探討，形成天文曆算、生物地理等科學知識。他非常推崇方以智父子的質測之學，指出：「密翁與其公子為質測之學，誠學思兼致之實功。蓋格物者，即物以窮理，唯質測為得之。」〔註8〕對利瑪竇等人介紹的西方實測科技，也多有肯定，視其為「西夷之可取者」。王船山堅決反對佛教唯心主義者的「絕物以為知」，認為「物之不可絕也」，「絕物以為知」只能戕害自己。人是客觀世界的一部分，不能和外界事物斷絕聯繫。人們只有「外取諸物」並將其同「內取諸身」聯繫起來，才能更好地認識自己，使自然界為人類服務。同時王船山還認為，認識和研究自然現象及其具體的自然事物還不是目的，我們還應當透過事物的表象去把握事物的本質，透過自然界具體事物去發現自然界的規律，以揭示自然界的奧秘。因此知天不僅需要運用感官去感知，而且需要運用心思去推論審察。感官的感性認識如果不與心思的理性認識相結合，就可能為外物之現象所蔽，造成知此而不知彼，知表而不知裏的

〔註5〕 王夫之：《讀四書大全說》卷十，《船山全書》第 6 冊，嶽麓書社版，第 724 頁。

〔註6〕 王夫之：《讀通鑑論》卷二，北京：中華書局 1975 年版，第 43 頁。

〔註7〕 王夫之：《思問錄‧內篇》，《船山全書》第 12 冊，嶽麓書社版，第 403 頁。

〔註8〕 王夫之：《搔首問》，《船山全書》第 12 冊，嶽麓書社版，第 637 頁。

認識誤區。為了解去感性認識之蔽，就必須在感性認識的基礎上進行理性思維。「聲色之麗耳目，一見聞之而然，雖進求之而亦但然。為物所蔽而蔽盡於物。豈如心之愈思而愈得，物所已有者無不表裏之具悉，物所未有者可使之形著而明動哉」！〔註9〕理性思維可以超越感性經驗的局限，突破客觀事物表面現象的蔽障，發現和掌握客觀規律，實現認識的深化和飛躍。

王船山認為，知天是知人的必要前提和基礎，只有知天才能夠保天心以立人極，才能夠更好地相天、率天、造天，從而更好地發揮人之所以為人的精微茂美之處。「知天之道則可與安土，安土則盡人而不妄。知人之道則可與立命，立命而得天而作配。嗚呼！知人之道，其參天矣夫」！〔註10〕人秉天以治人，如果對天缺乏認識和瞭解，治人就無從談起。人以天之理為理，而天非以人之理為理者也。因此，人應當順乎理而善因乎天，而不強天以從人。按照自然規律辦事，才能使人們的行為達到預期的目的。自由在於對必然的認識和改造。王船山指出：「天聰明，自我民聰明；天明威，自我民明威，即民之聰明明威而見天之違順，則秉天以治人，人之可從可違者審矣。故曰非知天則不足以知人」。〔註11〕

知人。人就是人的世界，國家和社會。人不僅是自然的存在物，而且是社會的存在物，必然要過社會化的生活。人是自由自覺的類存在物。「人者天地之所以用萬物也」，「人者天地之所以治萬物也」。〔註12〕人不同於動物在於他能夠發揮自己的主觀能動性作對於天，在正確認識和善於利用客觀規律的基礎之上，能動地改造客觀世界，成為自然界的主人。不僅如此，人還能夠明於人倫，察於物理，為自己確立行為的準則，發展起教育文化，「敬天地之產而秩以其分，重飲食男女之辨而協以其安」，「於天理人情上絜個均平方正之矩，使一國率而由之」，能動地改造社會，成為社會的主人。

王船山認為，知人即是要認識人之所以為人的本質及其人性，瞭解人的需求及人的情感欲望，確定人生的意義與價值及人的生活方式，以正確地選擇人生之路，即是要認識人的群體生活情景，瞭解由人所組織起來的社會經濟、政治及文化狀況，研究支配人類社會發生發展的規律和動因，即是要認識人類群

〔註9〕　夫之：《讀四書大全說》卷十，《船山全書》第6冊，嶽麓書社版，第1088頁。
〔註10〕　王夫之：《詩廣傳‧大雅》，北京：中華書局1964年版，第119頁。
〔註11〕　王夫之：《讀通鑒論》卷十四，北京：中華書局1975年版，第404頁。
〔註12〕　王夫之：《周易外傳》卷六，《船山全書》第1冊，嶽麓書社版，第1034頁。

體中個人與個人、個人與所屬的集體、階級、國家，以及集體與集體等的關係，等等。知人的成果表現為人文科學和社會科學的知識。人與人相與而結成人際關係，確證著自己為人及其社會意義。離開了同他人的交誼往來，人就很難確證自己為人。人是通過認識人與人之間的關係來認識自己的。知人一方面要求考察其志向與言論，另一方面又要注視其行為與效果。船山指出：「人之所為，萬變不齊，而志則必一」。〔註13〕「學者亦視其立志之何如耳。志盈而不求益，則雖勸勉之而終不能起其已衰之氣；志銳而不自畫，則不待鼓舞而自有不能已之情」。〔註14〕在王船山看來，一個人的志向越遠大，對他的才力智慧發展就越大，若立志不遠大，則可以浮游而有得，必無沉潛之識；若志向目光短淺，則可以苟且自居，必無高明之量。人不同於動物就在於他能夠確立遠大的志向，仁以為己任，革故而鼎新。當然，觀察一個人的志向，不僅要看他的言論和自我表白，更要看他的行為和實踐，即不僅要「視其所以」、「觀其所由」，更要「察其所安。「知人之道，治人者所必明，而亦取益以立身者之所必審也。蓋人各有情，事各有理，而人以吾之為君子也，則飾君子之言行以求合，而匿其情理以相欺，吾不審而信從之，則且為志行學術之累。雖然，豈患人之難知哉！亦唯不能盡吾心以求知而已矣」。〔註15〕船山主張，觀察和瞭解一個人，首先是視其所以，從其顯然易見者而辨其大略，而不局限於一言一行，即應當考察他的一貫表現。在此基礎上應當觀其所由，要考察所由背後的動機趨向，是為形勢所迫而不得不然，亦或是「時所尚而不能或異」，還是「雖可以得名而不以其名，雖可以得利而不計其利」。在視其所以、觀其所由的基礎上，我們還應當察其所安。在王船山看來，樂於為君子的人，動機純粹，意志堅定，勉為其難而為君子的人，「則動之以外物而歆然」。正因為如此，我們要把視其所以、觀其所由、察其所安結合起來，「不於視而信其由，不於觀而信其安，無絢末以忘本，無絢外以忘內，以每進而加詳。視之而後觀之，觀之而後察之，不早計之於安而不辨其由，不但問其由而不先於其以，無矜特達之知，無取歆動之情，以嚴分其界限」。〔註16〕只有這樣，才能區別真正的君子和小人，達到揚善抑惡、存真去偽的目的。

〔註13〕王夫之：《俟解》，《船山全書》第 12 冊，嶽麓書社版，第 491 頁。
〔註14〕王夫之：《四書訓義》卷十三，《船山全書》第 7 冊，嶽麓書社版，第 585 頁。
〔註15〕王夫之：《四書訓義》卷六，《船山全書》第 7 冊，嶽麓書社版，第 295 頁。
〔註16〕王夫之：《四書訓義》卷六，《船山全書》第 7 冊，嶽麓書社版，第 296 頁。

　　自知。自我永遠是人們認識的一個重要對象。人不同於動物就在於他不僅能把自己同自然界區分開來，而且能夠有意識地對待自己，把自我同他人區別開來。「禽獸有天明而無己明」，亦即不能認識到自己的存在。而人不僅有天明而且有己明，能夠認識到自身的存在，產生自我意識。自我是一個獨立的，無法被替代的對象，人對自我的認識也有一種固執而切近的要求。認識自我既需要借助於對他人的認識來實現，「非知人不足以自知」，同時亦需要對自我的省察與反身而誠，自我認識不能完全經由他人認識來達到，認識他人只是為認識自我提供了前提和基礎。當然，對自我的省察與反身而誠也並不是純粹自我和主觀個人的認識活動，它包含著對他人和外物的認識。這是因為，「我者，大公之理所凝也」。〔註17〕王船山認為，我能備萬物，己與物相緣，「我備其用，故物定其體；我備其體，故物效其用。極之於至大，而我無所慊也；推之於至小，而我無所遺也。夫孰知之乎？萬物皆備於我，由是而我起而應乎萬物焉，則我所本備，隨物之至而取其固有者以處之。出而治萬物者，反而求之於吾身，以其實有之理待必然之用，非迎物而勞我之推測也，非役物而勤我之酬酢也。於斯時也，適如我之所備，以攝萬物於一己而無不足；善不期好，而情自與之相合，惡不期惡，而念自與之相違；廓然見萬物之惟我知明處當，而天道之誠冥合無間，心之順而情之適，樂莫樂乎此，抑莫大乎此矣！合天地民物而愜乎情矣」！〔註18〕天下萬物與我同源，並待我以應而成。如果我對天地萬物均無意識，那麼天地萬物對我就失去了意義；如果我對自己一點也不瞭解，又怎麼能更好地去認識自然，社會和他人呢？又怎麼能理解人生的要義、承擔起人生的責任、肩負起時代和歷史的使命，成為一個積極有為的主體呢？船山指出：「故自疑者必疑人，信人者必自信也。自不可信，人不可保」。〔註19〕人對自我的認識越充分，則人的行為就越能自主，獨立而有效；人對自我的認識越深刻，人就越能做自我的主人，從而也就越能做社會和自然的主人。

　　總之，知天、知人、自知是智德的三個重要方面，知天、知人、自知的成果構成自然科學知識、社會科學知識和人文科學知識。而這三方面的知識

〔註17〕王夫之：《思問錄・內篇》，《船山全書》第12冊，嶽麓書社版，第418頁。
〔註18〕王夫之：《四書訓義》卷三十七，《船山全書》第8冊，嶽麓書社版，第828～829頁。
〔註19〕王夫之：《讀通鑑論》卷三，北京：中華書局1975年版，第44頁。

對於人們的道德生活都是十分重要的，它們會大大提高人們審識禍福利害、辨析是非善惡、榮辱貞邪和進行道德選擇、道德評價的能力，更能引導人們樹立正確的道德觀念、培養優良的道德情感、鍛鑄堅強的道德意志、形成堅定的道德信念和良好的行為習慣。所以知識即是美德，智慧即是至善。

被法靈頓譽之為「把人類從被動的容納愚昧、貧窮和疾病中喚醒」，〔註20〕在西方歷史上第一個真正揭示知識的意義和智慧的價值的弗蘭西斯‧培根同王船山一樣，也把知識和智慧當作一種美德來看待，並提出「知識就是力量」，「真理可以印出善德」的名言。在弗‧培根看來，人類的知識包括自然的知識、哲學的知識和神學的知識。人類的目的是控制自然，為人類造福。而要控制自然就必須認識自然。他積極地倡導學習自然、瞭解自然，開展對自然現象的研究。為了認識和瞭解自然，培根認為，人類唯有服從自然，才能瞭解自然的真相，發現支配自然現象的內在原因及其規律性。「人是自然的僕役和解釋者，因此，他所能作的和所能解釋的，就是他在事實上或在思想上對於自然過程所見到的那麼多，也就只有那麼多，過此，他既不知是什麼，也不能作什麼」。〔註21〕只有服從自然，才能命令自然；只有回到自然中去，面向自然，才能探索和發現自然界的奧秘。根據自然自身的力量和條件，培根把自然劃分為自由的自然，失誤的自然和被束縛的自然。自由的自然即是不存在任何阻礙或影響、能夠自由活動的自然，如天體運動、植物生長、動物飛行爬游。失誤的自然是指「自然被逆轉性、不易控制性、背離性物質和巨大阻力之迫使而離開了自己的進程，如自然的畸形和變態」。〔註22〕被束縛的自然是指自然被人的技術和才能限制、鑄造、轉化以及製作成為新的東西，比如人造物。培根肯定自然是物質的，而物質是實在的、能動的、自因的，自然界除自身之外沒有任何其他的原因，即自然事物的原因就在自然本身之中，而無需超自然、超物質的原因來加以解釋，自然中真正存在的東西就是個別物體按照一定的規律進行純粹個體的活動，一切自然現象都有必然的因果聯繫，它的發生發展都受一定的規律所支配。培根強調只有懂得自然事物的因果聯繫，透過事物的現象把握事物的本質，人們才能達到控制自然和征服自然的目的。

〔註20〕法靈頓：《弗‧培根哲學》，美國芝加哥大學出版社1964年版，第29頁。

〔註21〕北京大學哲學系編：《十六～十八世紀西歐各國哲學》，北京：商務印書館1961年版，第8～9頁。

〔註22〕（英）培根：《智慧之球的描述》，《培根全集》司配丁本第5卷1861年倫敦版，第505～506頁。

　　為了更好地認識自然，培根主張把感性認識和理性認識結合起來，從經驗的感性的事實出發，運用科學的歸納法去尋求真理。培根認為，人的認識就是一個從感性進到理性，從個別、特殊上升到一般概念和公理的過程。狹隘的經驗派學者好似螞蟻，只會搜集材料，而不會進行消化和加工；純理性派學者又好似蜘蛛，只知從頭腦裏先驗地編織知識之網，而不接觸實際。真正的學者和科學家應當像蜜蜂那樣，既辛勤地搜集材料，又對這些材料進行消化和加工。鑒於中世紀經院哲學家們脫離實際，濫用理性，培根突出強調了感覺經驗在認識中的作用，提出不讓理性跳躍和飛翔，堅持認為認識開始於感覺經驗，感覺是一切知識的源泉。培根依據實驗科學的精神，提出了科學的歸納法是認識自然、把握自然規律的唯一正確的方法。科學歸納法的基本程序首先是廣泛搜集自然史和科學實驗的材料，其次是通過例證列表（即肯定表，否定表和比較表），對感性材料進行整理，再次是通過概括與排除，淘汰非本質的規定，試探著來解釋自然。培根認為，通過歸納法建立起來的自然公理是十分可靠的，依據歸納法所獲取的自然科學知識也是完全可以信賴的。

　　要建立新的知識體系、促進科學技術的發展，不僅需要自然科學的知識，而且也需要哲學的知識。在培根看來，哲學是人類思維認識和把握世界的智力成果，代表著人類認識自身和自然的智慧。哲學研究的是事物的存在或事物在自然中本然的狀態，是在「自然的光亮上建築起來的」，哲學所憑藉的是「從理性中，感官中，推論中，辯論中所發源的光亮」，〔註23〕哲學的目的是要提供人們認識自然和人類自身的精神武器，使人們更好地生活。哲學包括自然哲學和人類哲學兩大類。自然哲學又可以區分為理論部分和實踐部分兩大部分。自然哲學的理論部分是研究原因的，可稱之為「開鑿的先鋒」，自然哲學的實踐部分是產生結果的可稱之為「鍛造的金工」。人類哲學也可以分為人類個體和人類群體兩部分，人類個體包括對人的身體和心理的研究，人類群體包括道德哲學和處世哲學。培根認為，研究哲學應當貫徹經驗主義的原則，堅持唯物主義的反映論，要破除人心當中的「四種假相」，即「種族假相」、「洞穴假相」、「市場假相」、「劇場假相」。「種族假相」是指人們常把人類的本性混雜到事物本性中，因而歪曲了事物的真相；「洞穴假相」是指個人從自

〔註23〕　（英）培根：《論學術的進展》（崇學論）關其同譯，上海：商務印書館1936
　　　　　年版，第253頁。

己的性格、愛好、所受教育、所處環境出發來觀察事物，因而歪曲事物真相；「市場假相」是指人們在來往交際中語言概念的不確定、不嚴格而產生的思維混亂；「劇場假相」是指人們不加批判而盲目順從傳統的或當時流行的各種學說原理、體系及權威而形成的錯誤。認識這四種假相，揭示其形成的原因，就可以幫助人們糾正認識上的謬誤，認識犯錯誤的思想根源，從而不斷提高人們觀察自然和自身的理論水平，推動人類知識和學術的進步。

除了自然的知識和哲學的知識之外，培根還認為有一種神學的知識。神學的對象是神聖的天啟之物，是在「上帝的言辭同神迹上建立起來的」。〔註24〕神學依據的方法是神聖的啟示。神學是「人類一切思想的歸宿所」，〔註25〕它所需要的不是由物質事物所引起的感官的證明，而是一種比有形實體高尚得多的精神安體的證明。在培垠看來，上帝在人類面前擺下兩部書讓人閱讀，一部是《聖經》，是給人默示上帝的意志的；一部是自然事物，是給人類顯示上帝的力量的。上帝不僅借著觀念語言開解人的信仰，而且還通過自然事物使人們看到上帝創造的花樣新奇、經緯萬端，從而使人們對上帝的全能有適度的思量忖度。培根不僅篤信神靈的存在，而且對神靈的信仰是虔誠的。認為對神的信仰可以使人得到一種從人性中得不到的力量和信心。這種力量和信心無論對於一個人亦或是對於一個民族，一個國家都是至關重要的。培根指出：「人類在肉體上與野獸相類，如果人類在精神方面再不與神相類的話，那麼，人就是一種卑污下賤的動物了」。〔註26〕因此，培根堅決地反對無神論，認為無神論不僅淺薄無知，而且「在一切方面都可恨」。〔註27〕無神論實質上剝奪了人性所依仗以自拔於人類的弱點的助力，也就是毀滅了人類的尊貴，破壞了人類博大的精神，妨礙了人性的提高。〔註28〕在《偉大的復興》、《自然與實驗的歷史》等著作中，培根指出：「人如果對造物主有一點點的謙遜，如果對神的創造有一點尊敬和讚揚，如果人對人有一點慈悲心，以及要減輕人類的貧乏和痛苦的熱誠」，〔註29〕人就應當謙遜地並且虔誠地信仰和崇拜上

〔註24〕 （英）培根：《論學術的進展》（崇學論）關其同譯，第126頁。
〔註25〕 （英）培根：《論學術的進展》（崇學論）關其同譯，第253頁。
〔註26〕 《培根論文集》，1883年紐約版，第61頁。
〔註27〕 《培根論文集》，1883年紐約版，第59頁。
〔註28〕 《培根論文集》，1883年紐約版，第61頁。
〔註29〕 《偉大的復興·序》，《培根全集》第4卷，司侃丁本，1986年倫敦版第20頁。

帝，對它的內容多加深思並把自己洗滌乾淨。培根還認為，一個學問淵博、思想深刻的人是不得不信仰上帝的。

總之，弗蘭西斯‧培根認為知識不僅有自然的知識，哲學的知識，而且還有神學的知識。自然的知識，哲學的知識屬於世俗的理性的知識，而神學的知識則屬於神聖的信仰的知識。培根強調劃清信仰與理性的界限，提出「世俗的事情不要干涉了神聖的事情」，「把屬於信仰的東西交還給信仰」。〔註30〕並認為「人的知識就如同水似的，有的是從上邊降落的，有的是從下邊湧起，一種是由自然的光亮所陳示的；一種是由神聖的啟示所鼓舞的」。〔註31〕真理有兩重來源：即啟示真理和自然認識的真理。培根還認為，哲學能支持神學，是滋養信念最完善的養料，並且還可以為宗教做忠心的侍女。〔註32〕這是因為真正深刻的哲學研究會使人深入事物的底蘊，看到一串串二級原因之間的相聯相屬，從而領悟和相信在這些自然因果聯繫中肯定有最高的環節和最後的原因，對上帝的神妙工作就會有更深切的領悟。

比較而言，盡管王船山和弗‧培根較全面地研究了人類的知識領域，並且在自然知識的探求中不約而同地提出了把感性認識和理性認識相結合的方法，但是他們關於知識類型的差別是顯而易見的。這種差別主要體現為以下幾點：（1）王船山的知天、知人、自知囊括了對自然的認識，對人、社會的認識以及對人自身的認識，而弗‧培根把對自然、社會和人自身的認識視為世俗科學的知識，認為除了這些世俗科學的知識以外還有神學的知識。在王船山那裏，神學的知識是既不可能成為知識更不可想像的，他闢佛道二教，力主無神論，認為真理只有一個來源，即實踐出真知，這跟培根所宣稱的二重真理論是根本不同的。（2）王船山與弗‧培根都有偏重行為實踐、強調經驗的一面，但王船山並未像弗‧培根那樣提出科學的歸納法並以此來檢測、驗證知識，王船山的知天同弗‧培根的自然知識略有區別，它類似於弗‧培根哲學知識中的自然哲學。（3）王船山與弗‧培根在揭示人類認識的誤區或假相方面均做了有益的工作，但王船山不及弗‧培根那麼系統和深刻，同時，在知人的方法論探討上，王船山似又比弗‧培根高出一籌。（4）王船山的知天、知人與自知是互相聯繫、互相依賴的，弗‧培根哲學的知識和神學

〔註30〕（英）培根：《偉大的復興》，《培根全集》第 4 卷，第 20 頁。
〔註31〕（英）培根：《論學術的進展》（崇學論）關其同譯，第 121 頁。
〔註32〕參閱《新工具》，《培根全集》第 4 卷，第 89 頁。

的知識則是二元並存、互不干涉的，世俗的事物與神聖的事物不能混雜，要在神學的知識中尋求物質的天地，無異於在永恒的事物中尋求短暫的事物。對人類知識認識上的這些差異，使他們在知識的作用和功能的認識上也有所不同。

其次，王船山和弗‧培根探討了智德的功能與作用，認爲知識和智慧在人的道德生活中佔有著不可或缺的地位，對人的生存發展意義十分重大。比較而言，王船山認爲智德有助於完善人生，使人成爲有道德有理性的社會動物，弗‧培根則認爲智德能夠方便人生，給人以種種滿足和消遣。

王船山認爲，知識是人生的精神支柱，智慧是道德的指路明燈。智是知之明、陽之健，是一種與天配德的優秀品質。它具有「統四德而遍歷其位」，給人以信心和力量的特殊功能。沒有是非之心的人不能深識禍福利害，辨別善惡榮辱，更不可能具有其他優秀的道德品質，從而使人的一切行爲都缺乏有效的引導和調控，同禽獸相差無已。王船山指出：「是故夫智，仁資之以知愛之眞，禮資之以知敬之節，義資之以知制之宜，信資之以知誠之實，故行乎四德之中，而徹乎六位之終始。終非智則不知終，始非智則不知始。……是智統四德而遍歷其位，故曰『時成』。各因其時而藉以成，智亦尊矣」。〔註33〕離開了智的指導與規約，愛人之仁就無法達到愛之眞切、深沉，敬人之禮就難於達到敬之有節、適度，制心之義也難於達到正當、合宜，誠人之信亦難於達到誠之實在、清明。因此，智具有貫穿和統御仁義禮信四德的妙用，更能使仁義禮信完好地體現自身。「唯不智故不仁，唯不智故棄義，唯不智故蔑禮。何也？仁義禮皆順道也，履乎順，『自天祐之，吉無不利』：仁而天下歸之，義而天下服之，禮而天下敬之。不世之功，非常之業，無取必之勢、而坐獲之不爽，非智者孰能知此哉」？〔註34〕履乎順宜健，智是天之剛健有爲的知明之德，人得天之健故不倦，故能知天明理又能作成萬物，使自己的認識能力和判斷分析能力不斷提高。知者惟其健，健者知之實也。眞正的知識賦予人認識和改造世界的力量。一個人如果沒有知識充實自己，沒有智慧武裝自己，「行之無度，出之不知，則於倫物之缺陷既多，而納之於士君子之林，則耳目熒而手足不適，未得滿於人之心，即其有歉於人之理也」。〔註35〕

〔註33〕王夫之：《周易外傳》卷一，《船山全書》第 1 冊，嶽麓書社版，第 824 頁。
〔註34〕王夫之：《詩廣傳‧秦風》，北京：中華書局 1964 年版，第 57 頁。
〔註35〕王夫之：《四書訓義》卷十八，《船山全書》第 7 冊，第 801 頁。

王船山尖銳地批判了「不智之罪小、不勇之罪大」的錯誤觀點，指出「此等語句，才有偏激處，便早紊亂。夫所謂不勇者，自智者言之也。若既已不智矣，更何處得勇來？倘使其無知妄作，晨更夕改，胡亂撞處，其流害於天下，更不可言。故罪莫大於不智，而不勇者猶可矜。……不知則更無仁，不仁則勇非其勇。故必知及而後仁守，若徒勇者則不必有仁」。〔註36〕人的勇敢果決、剛斷堅毅無不同智慧、知識相關，沒有知識和智慧作指導的勇敢不是勇敢而是莽撞。其他皆然。

在王船山看來，人憑籍對天道自然、人道自由以及己道自爲的認識，知性知天而盡人道，不僅實現著對自然的掌握，從而爲官天府地以裁成萬物奠定基礎，而且實現著對社會的覺解和人生的省察，從而爲「正人倫以匡天下」，「立法紀以定天下」提供思想準備。船山指出：知天是事天的必要前提，並且知中有事。人知天的過程，亦是事天的環節和表現，知人與自知是推動社會進步與自我完善的重要方式。「人不齊矣，不可不詳於知也。知必明，而智之知人亦必嚴矣。……夫智者，知其爲直，則必舉之，舉之而後其爲眞足以知君子；知之爲枉，則必錯之，錯之而後其爲果足以知小人」。〔註37〕知人才能更好地與人交往，因人而宜，或順而成之，或逆而矯之，或誘之以易從，而生其慕道之心，或困之以難得，而起其奮發之切，才能夠好其所當好，惡其所當惡，揚善救失，利導其長，糾正其蔽。王船山認爲，智者不惑，「是者知其所以是，非者知其所以非，劃然可否之兩途，議論雖繁，而不出乎此，其可折衷群言，而事理之繁皆有條而不紊」，〔註38〕當然是不可能產生疑惑困頓的。智者深之以學問以求知，辨物居方，窮理盡性，大而天地宇宙，小而蟲蟻螻鼠，無微不可入，無遠不可屆。擁有知識和智慧的人，不僅能夠居不以苟安爲土，動不以非常爲怪，「陰陽順逆事物得失之數。盡知其必有之變而存之於心，則物化無恒，而皆豫知其情狀而裁之。存四時之溫涼生殺，則節宣之裁審矣；存百刻之風雨晦明，則作息之裁定矣。化雖異而不驚，裁因時而不逆」，〔註39〕而且能夠進退自如，動靜有方，「進而用天下，如用其身爲

〔註36〕王夫之：《讀四書大全說》卷八，《船山全書》第 6 冊，嶽麓書社版，第 976頁。

〔註37〕王夫之：《四書訓義》卷十六，《船山全書》第 7 冊，嶽麓書社版，第 720～721頁。

〔註38〕王夫之：《四書訓義》卷十三，《船山全書》第 7 冊，嶽麓書社版，第 595 頁。

〔註39〕王夫之：《張子正蒙注·天道篇》《船山全書》第 12 冊，嶽麓書社版，第 71

耳；退而理其身，如理天下焉矣；恢恢乎其有餘也，便便乎其不見難也。天下不見難，則智不窮於進；身有餘，則智不窮於退」。〔註40〕

知識和智慧是人發展自身完善自身的重要手段，也是基本的道德品質。正因為如此，它就應該服務於人類發展自身和完善自身的遠大目標，應該有利於人類仁愛品德的發揚。王船山認為，知識和智慧不是一種脫離其他美德而可以獨立自存的品德，它既貫穿在其他美德之中也需要同仁義禮信等品德結合起來。「是故夫智，不麗乎仁則察而刻，不麗乎禮則慧而輕，不麗乎義則巧而術，不麗乎信則變而譎，俱無所麗，則浮蕩而炫其孤明」。〔註41〕王船山主張，智德與仁德應當相因而一，相互為用。這是因為，「以陰陽之分言之，則仁者行之純，陰之順也；智者知之明，陽之健也。以陰陽之合言之，則仁者陰陽靜存之幾，智者陰陽動發之幾也；皆性之所有，而道之所全具者也」。〔註42〕智仁相資以成德業。仁而不智則愛而不別也，智而不仁，則知而不為也。離開了智的仁，則雖愛人而不能明辨禍福利害，其行為結果反足以傷人；相反，離開了仁的智，雖能深識禍福利害而不能實際行動，則可能造成詭譎巧辯，無益於社會人生。真正的智德總是要深明大義、通曉天理，以利仁義禮信諸德的擴展弘揚。「智者，其本心灼見乎理也，而察之誠之，極於明焉。於是而知吾心之不可暫離於天理，捨天理而無可為心也；知天理之實有大益於吾心，有吾心而必依乎天理也」。〔註43〕仁是弘揚天理，利濟蒼生，而智知天理之實有而至於明，所以智者利仁。

同王船山一樣，弗‧培根認為知識不僅是掌握自然奧秘的巨大手段，是支配自然和駕取自然的巨大力量，「達到人的力量的道路和達到人的知識的道路是緊挨著的，而且幾乎是一樣的，〔註44〕依靠自然的知識人們就能夠在極不相同的實體中抓住自然的統一性，發現從來沒有發現過的東西，發現不管是自然的變化，實驗上的努力以及偶然的原因本身都不能使它們實現的東西，發現人從來沒有想到過的東西，而且也是推動社會進步，實行社會改革的重大力量，是實現文治武功、治國安邦的重要手段。「學問使人心和雅仁厚，易於治理，

頁。
〔註40〕 王夫之：《詩廣傳‧大雅》，北京：中華書局1964年版，第134頁。
〔註41〕 王夫之：《周易外傳》卷一，《船山全書》第1冊，嶽麓書社版，第824頁。
〔註42〕 王夫之：《周易內傳》卷五，《船山全書》第1冊，嶽麓書社版，第527頁。
〔註43〕 王夫之：《四書訓義》卷八，《船山全書》第7冊，嶽麓書社版，第359頁。
〔註44〕 （英）培根：《新工具》，《培根全集》第4卷，第120～121頁。

而愚昧則只能使人粗野蠻橫，易於叛亂」。〔註45〕只要君主們富有學問和知識，就會形成至治之世，他們就會「免於元惡大錯，而不至敗國亡家，縱然顧問同僕役默不作聲，而所學所聞猶能時時耳語，加以警告」。〔註46〕

但是，與王船山把知識、智慧視爲完善人生的重要手段並使其服務於人類的遠大目標相比，弗‧培根在談及知識對人生的功效與價值時更強調其方便人生、實用人生的一面。在弗‧培根看來，正是哲學和神學的知識使人充分意識到自己的脆弱、自己的變幻無常從而在人心靈裏樹起了人生使命和人生尊嚴，它使人免除了心理的粗野凶蠻、輕佻傲慢，培養起儒雅寬厚、仁慈和善的心理情懷；正是哲學和神學的知識使人免除惡運的恐怖、減輕對死亡的畏懼，使人免除了粗疏的觀念、浮淺的見解，使人生活得幸福而安詳。

在《論學問》一文中，弗‧培根指出：「讀書爲學底用途是娛樂、裝飾和增長才識。在娛樂上學問底主要的用處是幽居養靜，在裝飾上學問底用處是辭令，在長才上學問底用處是對於事物的判斷和處理」。〔註47〕當人孤獨寂寞時，知識和學問可以爲人作伴，並進而對話交流，解除孤寂之苦，當人與人交談辯論時，知識和學問可以充當幫手，並通過引經據典，旁徵博引使人侃侃而談；當人處世行事時，知識和學問可以幫助人指點迷津，使行爲達到預期的目的。「史鑒使人明智，詩歌使人巧慧，數學使人精細，博物使人深沉，倫理之學使人莊重，邏輯與修辭使人善辯」。〔註48〕總之，知識能塑造人的性格，使人頭腦充實，精神富有，「精神上的缺陷沒有一種是不能由相當的學問來補救的，就如同肉體上各種的病患都有適當的運動來治療似的」。〔註49〕培根還認爲，知識是滋養信仰最完善的養料。只有豐富的知識，才能體會上帝神妙的創造，才會更好地讚美上帝的榮光。缺乏知識，僅憑感官的粗疏印象，只能看到事物的外表，無法理解上帝的全知全能，不可能體悟事物的因果隸屬關係，更不可能明瞭上帝的神妙工作。

弗‧培根堅決反對「科學僅僅同發現眞理和觀照眞理有關，它的功能在於

〔註45〕　（英）培根：《論學術的進展》（崇學論）關譯本，第 12 頁。
〔註46〕　（英）培根：《論學術的進展》（崇學論）關譯本，第 43 頁。
〔註47〕　（英）培根：《培根論說文集》，水天同譯，北京：商務印書館 1983 年版，第 179 頁。
〔註48〕　（英）培根：《培根論說文集》，水天同譯，北京：商務印書館 1983 年版，第 180 頁。
〔註49〕　（英）培根：《培根論說文集》，水天同譯，北京：商務印書館 1983 年版，第 180 頁。

建立一幅同經驗事實相吻合的世界圖景」的科學觀，認爲爲求知而求知、爲認識而認識的科學觀是非常有害的，科學知識只有爲人類謀福利、方便人的日常生活時才有意義和價值。僅僅爲了敬慕永恒的眞理，而不屑於過問對人是否有用的問題，這完全是把科學目的錯置了，而且也是長期以來科學發展緩慢的重要原因。弗‧培根強調科學知識是人類謀求自身發展及其幸福的重要手段，人類需要而且完全可能通過掌握知識，爲人類自身創造更大的權力，爲自身創造更大的幸福。弗‧培根主張以人類的現實需要及日用程度來檢測以往的知識，主張以能否給現實生活中的人帶來方便利益和幸福作爲判定科學知識是否有價值的標準。他說：「在我們開始工作的時候，對我們對於人類現有的發明的過度推崇和讚美，坦白地、直截了當地剔除掉，並且，適當地教人有所警惕，不要誇張這些發明，這就不僅是一件有用的事，而且是絕對必需的」。〔註 50〕就知識的價值與功能而言，弗‧培根認爲，以往的知識，更多的都只是富於空談，但不能夠生產，只富於爭辯，而不能帶來實際的效益。

至於弗‧培根本人，雖然他發現適於他的莫過於研究眞理和獻身學術，但在比較做官與從事學術研究於人生的利益效用時，他豪不猶豫地選擇了前者，並不遺餘力地在仕途上往上爬，追求名譽和利祿。他說：「我希望如果我在政府中能夠上升到尊貴的地位時，我就會有一個較大的權力，能以動員更多的勞力和才智來幫助我的工作；因爲這些緣故，我就一方面努力學習政府工作，一方面又在廉恥和誠實所許可的範圍之內，盡量自薦於那些在政治上有力量的朋友們」。〔註 51〕投身於政治，能夠上升到尊貴的地位，獲得較大的權力，因而更有利於自己的工作與生活，相比之下，獻身於科學知識、研究學問眞理卻並非能夠如此。

誠然，王船山的完善人生的智德觀，也並沒有把知識、智慧完全上升到人生的目的，主張爲知識而知識的「理想主義科學觀」，（貝爾納語），本質上也是屬於「現實主義科學觀」。王船山認爲，求知和獻身學術的目的不在馳騁詞藻，搜索駢麗以誇奇炫博，亦不在尋行數墨、訓詁經典以抱殘守闕。讀書求知的目的的在重實用，辨大義，察微言，審時勢。「夫讀書將以何爲哉？辨其大義，以立修己治人之體也；察其微言，以善精義入神之用也。乃善讀者，有得於心

〔註 50〕　（英）培根：《偉大的復興‧序》，《培根全集》司配丁本第 4 卷，第 13 頁。
〔註 51〕　（英）培根：《自然解釋的序言》，《培根全集》司配丁本第 10 卷，第 85 頁。

而正之以書者，鮮矣」。〔註 52〕人們必須為實用而讀書，不應為讀書而讀書，必須以達到某種目的和志向而讀書，不應以讀書本身為目的和志向。「無高明之量以持其大體，無斟酌之權以審於獨知，則讀書萬卷，止以導迷，顧不如不學無術者之尚全其樸也。故子曰『吾十有五而志於學』。志定而學乃益，未聞無志而以學為志者也」。〔註 53〕若以學習為志願，為讀書而讀書，則讀書愈多而心神愈迷，不僅無益，而且有害。但是，王船山的智德觀在論及知識、智慧的功能效用時所側重的是在人類整體的發展與完善及其道義上的進步，而不是個體的謀利計功及其方便實用方面。他反對把知識、智慧當作個人的私有財產並以此去邀功求名，追逐富貴安逸，認為人們如果為個人的陞遷發達、功名富貴而求知、讀書，必然會志趣卑下而學業淺陋。只有為匡時救世，革故鼎新，使民振起而自新，移風易俗，建一代規模而讀書求知，才能好學樂學使學業精進。如果說弗‧培根從知識的實用主義推導出智德的功利主義，從而使其智德觀帶有明顯的品性功利主義和品性利己主義色彩，那麼王船山從知識的功利主義所推出的則不是智德觀上的功利主義，而是使智德從屬於人之發展完善的品性道義論和品性利群主義。這一差異有助於我們深入瞭解中國傳統文化功利主義的取向與中國傳統道德反功利主義傾向的同時並存的內在機理，也有助於我們對中西方功利主義性質和類型的全面把握。王船山與弗‧培根智德觀的這一差異同時也體現在他們對仁德與勇德的認識上。

二、仁德論：博愛無私與利己愛人

　　仁德或曰愛德，在中西方歷史上都是一種備受推崇和欽慕的德性和品格。中國先秦時的孔丘宣揚仁愛，倡導「己欲立而立人，己欲達而達人」，「己所不欲，勿施於人」，墨翟鼓吹兼愛，強調愛人猶己，提出「有力者疾以助人，有財者勉以分人，有道者勸以教人」，孟軻主張「老吾老以及人之老，幼吾幼以及人之幼」，宋代張載在《西銘》中宣揚「民胞物與」，提出「天地之塞吾其體，天地之帥吾其性。民，吾同胞；物，吾與也。西方古希臘時期的德謨克利特也說：「我們既然是人，對人的不幸就不應該嘲笑而應該悲歎」，〔註 54〕

〔註 52〕王夫之：《讀通鑑論》卷十七，北京：中華書局 1975 年版，第 512 頁。
〔註 53〕王夫之：《讀通鑑論》卷十七，北京：中華書局 1975 年版，第 512～513 頁。
〔註 54〕北京大學哲學系編：《古希臘羅馬哲學》，北京：三聯書店 1957 年版，第 111 頁。

亞里士多德認為，愛人，同情人和關心人是人類一種偉大的品性，「一個有德性的人往往為他的朋友和國家的利益而採取行動，必要時，乃至犧牲自己的生命」。〔註55〕斯多亞派則公開宣揚，四海之內皆兄弟，認為每個人都是大同世界的一員，對他人負有仁愛的天職，「每個人都有貢獻他的生命於別人的幸福的責任」。〔註56〕中世紀的基督教鼓吹泛愛主義，提出不僅要愛上帝、愛鄰人而且還要愛仇人，只有愛世界上的每一個人，才能與上帝合一。

王船山與弗·培根也研究了仁愛之德，並把仁愛作為一種最主要的道德品質，認為仁愛是人類精神品德中最偉大最高尚的精神品德，是確證人之所以為人的基本德性。在王船山看來，人者仁也，人應當是具有仁愛品德的動物。人不同於動物就在於人能把他人視作自己的同類，以愛去協調他人的關係，人在愛他人的過程中不僅提高昇華了他人的社會本質，而且也樹立起了自己的人格尊嚴。「夫仁者，此心之與人相通者也。均是人也，無不在所當愛也。人無窮，而仁者之愛人亦無已矣」。〔註57〕愛人是人之為人的本質要求，表現了人對自己同類的人道精神，此即所謂「仁者，人之所以為人之理也」。人生而為人，如果不能對自己的同類生發愛憐之心，那就不配為人！

仁者愛人是通過行忠恕之道而實現的。忠恕相通而有別，分別從積極和消極兩個方面展開了愛人的要求。積極的方面是忠即「己欲立而立人，己欲達而達人」，是己立己達、立人達人之同此一理，非己所私者也，人在發展完善自身的同時必須要想到顧及他人發展完善自身的要求，並且能夠盡自己最大的能力去幫助和成全他人，愛人者人必從而愛之，信人者人必從而信之。消極的方面是恕，即「己所不欲，勿施於人」，「我不欲人之加諸我也，吾亦欲無加諸人」，即便不能幫助別人和成全別人，最起碼應做到不損害他人的利益，自己不願得到的千萬不能強加給別人。忠恕兩方面合起來，即是要將心比心，推己及人。施行忠恕之道的前提是人同此心，心同此理或人我同欲。正是因為人有共同的心理趨向、情感欲望及其好惡，所以才能從「施於己而不欲」，推知人亦不欲，從愛人之心出發，認定自己不願得到的亦不能施諸他人；同樣，因為人同此心，我之所欲亦人之所欲，故應「己欲立而立人，己欲達而達人」。可見，通過行忠恕，達到人與人之間的相互尊重和相互寬容，

〔註55〕轉引自（美）梯利：《西方哲學史》上冊，北京：商務印書館 1975 年版，第106 頁。
〔註56〕轉引自勒基：《西洋道德史》（二）見「萬有文庫」第二集七百種，第 347 頁。
〔註57〕王夫之：《四書訓義》卷十六，《船山全書》第 7 冊，嶽麓書社版，第 720 頁。

從而實現了愛人的要求。

王船山認爲，仁愛之德不僅源於人的內在本性，也受天道乾德的啓迪蒙養。在天謂之元，在人謂之仁。人體會乾元的涵義自克己私，擴充惻隱，便有仁德。體仁者，天之始物，以清剛至和之氣，無私而不容已，人以此爲生理而不昧於心，君子克去己私，擴充其惻隱，以體此生理於不容已，故爲萬民之所任命，而足以爲之君長。〔註58〕仁德既然是人體會天道乾元的涵義而形成的，而天道乾元，「興四端萬善而不傷於物」，「萬物資始，乃統天」，大公無私，光明磊落，那麼人也應當效法天道乾元，「以至剛不柔之道，自克己私，盡體天理，發憤忘食，樂以忘憂，不知老之將至，而造聖德之純也」。〔註59〕在王船山看來，仁者愛人亦應當象天那樣大公無私，仁民愛物，看天下人都是同胞兄弟，對所有的人都一視同仁。「繇吾同胞之必友愛，交與之必信睦，則於民必仁、於物必愛之理，亦生心而不容已矣」。〔註60〕他繼承和發展了張載「民，吾同胞；物，吾與也」的思想，主張仁民愛物，捨小我而成大我，成就一種與天地萬物爲一體的博大人格。船山指出：「仁者，吾心存去之幾，而天下感通之理也。存吾心以應天下，而類天下以求吾心，則天理不違，而己私淨盡矣。」〔註61〕只有「撤其私意以通萬物之志，屏其私欲以順品類之情」，才能「與萬物昭對」，與天通理。因此，仁愛之心應以大公無私爲體。仁愛必須無私，「仁者之無私，存天理而廓然見其大公」，只有無私才能使天理無往而不著，才能使物類各得其所安。

同時，王船山還認爲仁愛是最基本也是最主要的道德品質，它涵蓋和通溶著恭、寬、信、敏、惠以及智、勇諸德，在人的道德品質體系中佔據著核心的地位。「仁者心與行合，行與天下合，而天下與心合者也。……有五者焉，存於心者誠有之，而行於天下者無非是也，內外人己之間，以一心貫通而相喻，爲仁矣」。〔註62〕人有不容自馳於心，以之行於飭躬之儀度爲恭；有無所隔礙之心，以之行於容物之器量爲寬；有一眞無妄之心，以之行於告戒期許

〔註58〕王夫之：《周易内傳》卷一，《船山全書》第1冊，嶽麓書社版，第59頁。
〔註59〕王夫之：《周易内傳》卷一，《船山全書》第1冊，嶽麓書社版，第55頁。
〔註60〕王夫之：《張子正蒙注·乾稱上》，《船山全書》第12冊，嶽麓書社版，第354頁。
〔註61〕王夫之：《四書訓義》卷十六，《船山全書》第7冊，嶽麓書社版，第684頁。
〔註62〕王夫之：《四書訓義》卷二十一，《船山全書》第7冊，嶽麓書社版，第907頁。

之間爲信；有自強不息之心，以之行乎救幾治事之繁爲敏；有慈閔不吝之心，以之行於物求我與之際爲惠。恭、寬、信、敏、惠是仁德的具體表現，反映和表徵著仁愛之德的本質與精神。不僅如此，禮樂也離不開仁。他在解釋孔子「人而不仁如禮何？人而不仁如樂何？」時指出：「禮樂皆仁之所生，而以昭著其中心之仁者也。仁以行禮，則禮以應其厚薄等差之情，而幣玉衣裳皆效節於動止之際；仁以作樂，則樂以宣其物我交綏之意，而管絃干羽皆效順於訢暢之衷。乃人而不仁矣，施報惟其私，而厚薄必無其序，徒竊禮而用之，禮豈爲此顛倒而無眞意者用哉！其能如禮何！人而不仁矣，喜好惟其欲，而物我不顧其安，徒竊樂而用之，樂豈爲此乖戾而無眞情者用哉！其能如樂何」！〔註63〕行禮作樂必須要有仁的意識並在仁的指導統率下才能達到目的，否則就會流於形式而沒有實際意義和價值。「性不容已、理不容屈」的仁者有一種以天下爲己任而忘卻生死的勇毅，可見仁又包含了勇，此外「擇不處仁，焉得知」，知也因之受仁的制約。

　　正是因爲仁是人的本質規定性和最基本最主要的道德品質，所以人必須培養起仁愛的德性與品格，以履仁由義作爲自己的天職和使命，「當仁不讓於師」。王船山發展了孔丘「爲仁由己」的思想，認爲是否能培養起仁愛的品德完全取決於自己而不取決於他人，只要個人眞心實意地追求和培養這種品德，它就會在人身上體現出來。培養和實踐仁愛之德，不存在能力夠不夠的問題，只存在願意不願意的問題。一個人一旦培養起了仁愛的品德，就能超出眼前的富貴貧賤和利害得失，也就能擺脫人世生活的種種憂慮和煩惱，達到心靈的寧靜和恬愉，就能不計較利害得失而達到安仁的境界。並且在必要時爲了保全和實行仁德而犧牲自己的生命，殺身成仁。船山指出：「仁者，人之生理也。生之理，人之所以生也。而生或爲仁之害，死或爲仁之所以成，要主於在心之存亡，而非以形也。……若夫仁人者，志於仁，而仁即其志，存之而不忘者，必守之而不貳。故人欲求生，則於資生之具、得生之術，苟可爲而爲之，不恤其心之安，而仁害矣。志士則有所深愧，仁人則固所澹忘，無營營而勞其忘念也。至於道在必死，則天性之恩不忍背，自然之分不可逃，有必死而無可生，乃以全吾生之理，而仁成矣」。〔註64〕保持生命的意義，提高生命的價值遠比生命時間的延

〔註63〕王夫之：《四書訓義》卷七，《船山全書》第7冊，嶽麓書社版，第320頁。
〔註64〕王夫之：《四書訓義》卷十九，《船山全書》第7冊，嶽麓書社版，第836～837頁。

長更爲重要。志士仁人無求生以害仁，有殺身以成仁。「理當死而求生，則於其心有不安矣，是害其心之德也。當死而死，則心安而德全矣。」

　　弗‧培根也同王船山一樣，十分強調仁愛品德的重要性，並把善界說爲愛人和利人。在弗‧培根看來，人民的幸福就是最高的法律，全體的福利即是人們行爲的指南。人應該竭盡全力維護公共利益和他人利益，對他人具有仁愛之心。個人生命的價值就在於「爲公共利益和他人利益而努力工作」。他說：「利人的品德我認爲就是善。在性格中具有這種天然傾向的人，就是仁者。這是人類的一切精神和道德品格中最偉大的一種」。〔註65〕一個人如果不是墮落的話，就應該愛護和幫助他人，促進公共利益的發展。愛人是人性中所固有的傾向，是人性的本質，這種本性就像自然物體的吸引力一樣，是內在的也是自然的。培根盛讚古羅馬時期不顧生命危險運糧前往羅馬的龐培，認爲「力守對公家的職責，比維持生命和存在，更其珍貴得多」。〔註66〕他對《聖經》中明顯讚美有益公眾，主張博愛眾人的觀點也持肯定態度，他反對那種「只圖返觀內照而不給世人吐放光明」〔註67〕的只圖自利的生活，他也倡導「民胞物與」，〔註68〕認爲「一個人的心靈如果真正被仁愛所燃燒起來，那末那種仁愛確乎比一切道德學說可以使人突然進到更大的完善地步；因爲一切道德學說比起仁愛來，只不過是一個詭辯家」。〔註69〕弗‧培根比較了仁德與其他品德的差異，指出「其他一切美德雖然都提高人的天性，可是卻易陷於過度地步」。只有仁愛才沒有過度的可能，並且永遠不會成爲過份的東西。若是人借著習慣以養成德性，那麼當他實行節制時他並不會養成剛毅等德性，相反如果一個人培養起了仁愛的品德，「他將同時把自己陶冶得契合於一切德性」，亦即「不論要求他什麼德性，他總是欣然樂意、降心戢志、來遵行的。」〔註70〕這同王船山「仁者必有勇，而勇者不必有仁」，「擇不處仁，焉得知」

〔註65〕《培根論人生》，上海人民出版社 1983 年版，第 5 頁。
〔註66〕周輔成編：《西方倫理學名著選輯》上卷，北京：商務印書館 1964 年版，第 551 頁。
〔註67〕周輔成編：《西方倫理學名著選輯》上卷，北京：商務印書館 1964 年版，第 553 頁。
〔註68〕周輔成編：《西方倫理學名著選輯》上卷，北京：商務印書館 1964 年版，第 552 頁。
〔註69〕周輔成編：《西方倫理學名著選輯》上卷，北京：商務印書館 1964 年版，第 573 頁。
〔註70〕周輔成編：《西方倫理學名著選輯》上卷，北京：商務印書館 1964 年版，第 572 頁。

的觀點是十分相近的，體現了弗·培根視仁德爲人類一切道德品質之首之上之最的識知態度。

但是，這種相似和相近僅僅是表面的，就其對仁德的特質和屬性的認識而言，弗·培根和王船山的差異卻是十分鮮明的。即王船山認爲仁德是大公無私的品德，持博愛無私的觀點，而弗·培根則認爲仁德並不排斥私利和私欲，持利己而愛人的觀點。在王船山看來，「蓋仁者，無私欲也，欲亂之則不能守……仁者，無私意也，私意惑其所見則不能守……仁者，固執其所擇者也，執之不固則怠乘之而不能守……去私欲，屏私意，固執其知之所及而不怠，此三者足以言仁矣」。〔註 71〕在弗·培根看來，「我們在做好事時，不要先毀了自己。神告訴我們：要像別人愛你那樣愛別人」。〔註 72〕仁愛應當建立在自愛的基礎之上並以自愛爲前提。他告誡人們不要做「太仁慈的窩囊廢」和「濫施仁愛的傻子」，爲此，「我們就要注意，不要受有些人的假面具和私欲的欺弄，而變得太輕信和軟心腸」。〔註 73〕培根認爲，輕信和軟心腸其實常常是束縛老實人的枷鎖。仁愛之德當以自愛輔之。如果說仁愛是川流，那麼自愛則是源泉，要保持川流不息，就必須首先保持源泉不竭，否則就會使源泉枯乾而不能給川流供水。所以人們在行仁愛時，不要太講情面和過分心軟，以免受騙上當，「絕不應該把一顆珍珠贈給伊索那隻公雞——因爲它本來只配得到一顆麥粒的」。現實生活中有些作惡之人專靠欺騙他人、落井下石，給別人製造災禍來謀生，「他們簡直還不如《聖經》裏那條以舔瘡爲生的惡狗，而更像那種吸吮死屍汁液的蒼蠅。這種憎厭人類者與雅典的泰門是正相反——雖然他們的園子裏並沒有一棵能供他人使用的樹，卻也要引誘別人去上弔」。〔註 74〕因此對這一部分人不能行仁愛，相反還應有所警戒和提防。弗·培根主張理智地區分利己與利人，即在爲自己謀利益時不要損害他人，在爲他人謀利益時不要損害自己。他把基督教道德的黃金定律「愛人如己」變成「像別人愛你那樣愛別人」。

誠然，王船山的博愛無私同基督教道德所宣揚的「愛你的仇人」，「有人打你的右臉，你應該趕緊把左臉伸過去」的使人變成軟弱的羔羊的仁愛之道有著

〔註 71〕王夫之：《讀四書大全說》卷六，《船山全書》第 6 冊，嶽麓書社版，第 834 頁。

〔註 72〕《培根論人生》，第 7 頁。

〔註 73〕《培根論人生》，第 6 頁。

〔註 74〕《培根論人生》，第 7 頁。

本質的不同，王船山認為仁者不僅能好人，而且能惡人，不僅能好其所好，而且能惡其所惡，於所當好者好之，於所當惡者惡之」，但是王船山並未走向把自愛視作仁愛的源泉，主張「像別人愛你那樣愛別人」的有條件的仁愛的道路。王船山倡導，實行仁愛要擺脫私意私欲的干擾，應當是主動地積極地去愛別人，而不純依別人如何愛你而定。他說：「存一理於心，而無一念之私待人而曲相就，故於其所當好之人，雖不易親也，而必與之相得，無有能奪之者；於其所當惡之人，雖若不必捨也，而必不受其欺，無有能誘之者。是以在上而取捨之權一，毅然行之，而賢姦無並立之勢；在下而從違之見定，斷然自守，而邪正有必辨之明：斯體立而大用行焉，仁者之所以能與天下同仁而仁天下也」。〔註75〕仁者首先是愛的主體，而不是愛的對象和客體。他愛別人是出於對高尚人性和道德的追求以及發展和完善自身的願望，而不是出於對個人利益的偏愛或對他人愛自己的回報。因此王船山的仁愛是無條件的推己及人，而弗‧培根的仁愛則是有條件的即以別人的態度和行為作為自己施愛的交換條件，前者導向的是利他主義，後者所導向的不過是一種明智的利己主義。

在弗‧培根看來，自愛和仁愛既相矛盾又相統一，沒有自愛，仁愛就無以體現和施行，自愛是向自我中心發展的力量，仁愛是向外趨向於整體善的力量，在仁愛的施行中不僅受自愛的啟動而且也是向自愛的回歸，因為「全體福利」畢竟是包含各個個人利益並為個人利益的實現創造條件的。培根既反對離開自愛來談仁愛，也反對離開仁愛來談自愛。他把離開仁愛的自愛稱之為自私，認為一個人如果不具備仁愛的品格，總是把一切事物按照一己私利的需要加以扭曲，他就會成為同禽獸相差無幾的東西。他在《論自私》一文中指出：那種只知自愛卻不知愛人的人最終總是沒有好結局的。「雖然他們時時在謀算怎樣為了自己而犧牲別人，而命運之神卻常常使他們自己，最終也成為自己的犧牲品」。〔註76〕培根認為，那些只知自愛而不知愛人的自私的傢夥一旦得到君主的選拔任用，他們就將為一己私利而犧牲與公益有關的一切，成為最無恥的貪官污吏。他們所謀及的不過是一身一家的幸福，所損害的卻是整個國家和社會。從培根反對只知自愛而不知愛人的自私這一點上來講，他同王船山是有某種相似之處的，培根提出的「自私者的那種小聰明，應該說是一種卑劣的聰明，這是那種打洞鑽空了房屋，而在房屋將倒塌前及

〔註75〕王夫之：《四書訓義》卷八，《船山全書》第 7 冊，嶽麓書社版，第 361 頁。
〔註76〕《培根論人生》，第 65 頁。

時遷居的老鼠式的聰明」，同王船山對自私自利的譴責亦有某種相通的地方。差別在於，王船山反對自私是不留情面的，他並沒有像弗‧培根那樣主張把仁愛同自愛結合起來，認爲仁愛源於自愛又復歸回自愛。在王船山那裏，愛別人即是愛自己的表現，只有愛別人的人才是眞正的自愛，不應當以自愛來確定仁愛和以別人對自己的愛來談仁愛。因此，如果說王船山的仁愛具有品性道義論的性質，那麼弗‧培根的仁愛則具有品性功利論的性質；在王船山那裏，仁愛是無條件地推己及人，而在弗‧培根那裏，仁愛是有條件地視人待我而定。在王船山那裏，仁愛是起點亦是追求的目的，行仁愛不附帶任何條件；而在弗培根那裏，仁愛是外在的行爲方式、過程和手段，行仁愛要視具體對象而定。王船山主張「安仁」，視仁爲人心和人之生理，主張超越「利仁」的層次，惟仁是從；弗‧培根主張的並非「安仁」而僅僅是「利仁」，安仁之於弗‧培根是不可想像的。

　　需要指出，王船山的仁愛從其主旨和精神實質上講，是博愛無私型的，但它遠不是近代資產階級所宣揚的人道主義，因爲王船山也像孔孟一樣把愛親規定爲仁的本始，認爲愛人是愛親的擴大與延伸，把血緣的親子之愛當作仁的最深沉的心理基礎，它並沒有超出氏族宗法關係範圍和以自給自足的自然經濟、小生產式的農業家庭爲基礎的社會結構。王船山的博愛主義或民胞物與主張，其本意絕非要否定封建的宗法等級制而提倡人際平等，雖然它在一定程度上對孔孟儒家的思想有所突破；但依然保留有儒家愛有等差的色彩。這是王船山仁愛思想的局限，對之我們應給予實事求是的分析和批判。

三、勇德論：道義之勇與血氣之勇

　　勇，即英勇、勇敢、勇猛，也是全人類公認的一種道德品質。勇是意志的美德，人生需要勇德。王船山和弗‧培根均對勇敢這一品德作了探討。但比較而言，王船山推崇道義之勇，弗‧培根推崇血氣之勇。

（一）王船山勇德論概述

　　在王船山看來，智者心之能也，仁者性之能也，勇者氣之能也。三者的關係是「氣爲性輿，性爲御也，心爲氣帥，氣爲役也。性者天，心者天人之交，而氣僅爲身以內之氣，則純乎人之用」。〔註77〕依乎氣並爲氣之大用的勇德同

〔註77〕王夫之：《續春秋左氏傳博議》卷上，《船山全書》第 5 冊，嶽麓書社版，第

義有著不可須臾分離的關係。這是因爲，氣配義，志配道，義日生者也，氣亦日生者也，養氣與集義的過程頗相類似，並且「集義以養之，則義日充，而氣因以無衰王之間隙，然後成其浩然者以無往而不浩然也」。〔註78〕作爲羞惡之心的義，「最與氣相爲體用」。「氣柔者，大抵羞惡之心失也」，「義惟在吾心之內，氣亦在吾身之內，故義與氣互相爲配。氣配義，義即生氣」。〔註79〕正是基於此種認識，王船山指出：「義以生勇，勇以成義，無勇者不可與立義，猶無義者不可與語勇也」。〔註80〕勇與義都本源於氣並同氣相關，由此而相互依賴相互聯繫，一方面勇敢的品性與氣概只有在義統御氣並成氣之大用的情況下才能發生，此即「義以生勇」，或云「見義不爲，無勇也」。另一方面，形成了的勇敢品性與氣概又有可能進一步完善和發展「義」，此即「勇以成義」，或云「無勇之夫，義不能固。」正是因爲勇與義的這種相輔相成的關係，勇德才成爲人生中一種與智仁並稱的「三達德」，才受到人們的推崇與關注。義以生勇，勇以成義，故勇之所在，不傾於權威豪強，不懾於勢重人眾，敢於爲義、見義勇爲，體現了一種爲眞理和理想而勇於獻身的大無畏氣概和精神。人生是需要勇敢的品德的，惟有勇敢，才能使人們處「逆亂垂亡憂危沓至之日」，亦能夠「爲其所可爲，爲其所得爲」，〔註81〕才能夠使人們愈挫愈奮、愈戰愈強，富貴不淫、貧賤不移，威武不屈。勇敢的人是無所畏懼的。勇敢的人之所以是無所畏懼的，原因在於他能配義與道，是建立在對道義的深切體認和執著追求的基礎之上的。王船山指出：「不以利害餒其氣，而配之以道義以養勇也；持之既堅，充之益壯，以至於情無所撓，而成乎勇矣。既成乎勇者，則進以不避乎艱難，退以不驚乎生死，浩然必伸之素志，直方足恃，而何歉乎！彼其可以獨立不變，而患難之至直付之坦然，夫何怯焉」。〔註82〕

　　王船山區分了勇敢與莽撞、冒失，認爲勇敢和那種什麼都不怕、一切都無所謂的莽撞、冒失有著本質的區別，前者是對道義的執著追求，目標明確，方向專一，後者則是無目的無方向的亂衝亂撞。他說：「敢於爲義之爲勇，

　　　　571頁。
〔註78〕王夫之：《讀四書大全說》卷八，《船山全書》第 6 冊，嶽麓書社版，第 929
　　　　～930頁。
〔註79〕王夫之：《讀四書大全說》卷八，《船山全書》第 6 冊，嶽麓書社版，第 930
　　　　～931頁。
〔註80〕王夫之：《讀通鑑論》卷十七，北京：中華書局 1975 年版，第 513 頁。
〔註81〕王夫之：《讀通鑑論》卷十四，北京：中華書局 1975 年版，第 396 頁。
〔註82〕王夫之：《四書訓義》卷十三，《船山全書》第 7 冊，嶽麓書社版，第 595 頁。

敢於不畏人之爲妄，知其可以倖免於害，因以示不畏爲詐。詐者亦常爲人之所不敢爲，言人之所不敢言矣，而非其固勝之也……逮乎事介於成，吉凶得失有一定之勢，而不慮其復敗，則雖萬乘之尊，三軍之眾，威若不測，而機發戮運，勢無中止，乃以謝去其容頭過身之計，資浮鼓之氣，掉臂張唇，若將轢王侯而嬰白刃。怯者乃驚而服之曰：此膽之過人者也。愚者乃推而獎之曰：此識之兼人者也。抑爲原本其所由而稱之曰：惟其識之定，是以膽之堅也。嗚乎！儀、秦、軫、衍之流屢用此術以欺世，揣摩已熟而恣睢於一旦，君子甚惡其亂天下，而屑以此爲膽識勸哉！……夫勇者不懼，非謂其侈於言色也。知者不惑，非謂其察於禍福也。君子之所養，非宵人之所可竊，久矣」。〔註83〕勇敢與狂妄傲慢、狡詐愚魯、欺世盜名等行爲不同，它是一種敢於爲義的精神。狂妄之徒不畏於人，表現的是野蠻愚頑，狡詐之徒因知其可以幸免於害而示不畏，爲的是騙取「膽識過人」的聲譽。這些人的行爲離勇敢風馬牛不相及，同時也是最可鄙的。王船山把那些一切都無所畏懼、莽撞冒失的人視爲害群之馬，認爲「無所畏，無所揀，而後惡流行於天下，延及後世，而心喪以無餘」。〔註84〕勇者不懼並不是一切都無所畏懼，實質上勇者念道之不間，行義不息，唯恐失道棄義，表現了對道義強烈的眷戀、執著追求的心理。

同時，王船山還辨析了勇與力，批判了雙峰先生以從容爲勇的觀點，指出：「其曰『談笑而舉百鈞』，則有力之人，而非有勇之人也。要離之順風而頹，羊祜之射不穿札，豈不勇哉？若烏獲者，則又止可云力，而不可云勇。勇、力之判久矣。有力者可以配仁守，而不可以配勇。力任重，而勇禦侮。故朱子以遏欲屬勇，存理屬仁。存仁之功，則有從容、竭蹶之別。禦侮之勇，則不問其從容與否」。〔註85〕雖然勇敢與力量有某種聯繫，但畢竟互有區別。力任重而勇禦侮，是說力量的功能表現在承擔重任，勇敢的功能表現在抵禦外侮、捍衛自己的道義人格。因此有力量可以更好地行仁，但不可以配勇。勇關心的是自己的欲望是否有背於天理，而不問什麼神態從容，鎮定自若。在王船山看來，人要做到見義勇爲，就必須克制和調適自己的欲望。「養勇以

〔註83〕王夫之：《續春秋左氏傳博議》卷上，《船山全書》第 5 冊，嶽麓書社版，第 546～547 頁。

〔註84〕王夫之：《讀通鑒論》卷二十，北京：中華書局 1975 年版，第 611 頁。

〔註85〕王夫之：《讀四書大全說》卷三，《船山全書》第 6 冊，嶽麓書社版，第 535 頁。

處不測之險阻，無他，爵祿不繫其心。」〔註86〕追求高官厚祿不計較功利名望就難以惟義是從。心底無私天地寬，唯無私者方能無畏。以勇行道者，功在遏欲。君子之所以能勇決果敢，就在於他能夠「遏欲」，淡泊以明志，寧靜以致遠。「欲重者，則先勝人欲而後能存理，如以干戈致太平而後文教可修。若聖者，所性之德已足，欲人欲未嘗深染，雖有少須克勝處，亦不以之爲先務；止存養得知、仁底天德完全充滿，而欲自屏除」。〔註87〕只有克服自己對金錢權勢、物質財富的過分欲求，才能夠談得上存天理和生發起見義勇爲的精神。如果把自我欲望比喻爲一匹桀驁不馴的烈馬，那麼勇敢則是試圖馴服這匹烈馬的英勇的騎手。因此，勇敢的人是敢於正視自己，嚴於解剖自己並能征服自己的人。

勇德既然表現爲正視自己、解剖自己和征服自己，那麼知恥就是近乎勇敢的行爲。恥者，從耳從心，意謂耳聞過而心羞愧。恥是羞惡之心和是非之心的功能作用而產生的結果，是對於自己所犯過失錯誤的一種自我責備的道德情感。恥之於人大矣，不恥不若人，人不可以無恥，無恥之恥無恥矣。君子行己有恥，他不會替自己不道德的行爲掩飾辯護，更不會將自己所造成的惡果移咎歸罪他人，君子會勇於正視自己的過失，面對自己的錯誤，承擔起自己的責任，因自己所犯的過失而生發起深深的悔恨、羞愧、內疚和不安，從而自覺地修正自己的錯誤，揚善抑惡，趨善避惡，「君子之過，如日月之食，更新而趨時爾」。王船山認爲，知恥是人之所獨有的，是人道的重要內容。「君子之至死不變，亦其勇之發端於知恥」，「知恥而後知有己；知有己而後知物之輕；知物之輕，而後知人之不可與居，而事之不可以不斷。故利有所不專，位有所不受，功有所不分，禍有所不避。不知恥而避禍，是夜行見水而謂之石，不濡其足不止也。以疲老荏弱之情，內不能知子弟之桀驁，外不知姦賊之雄猜，自倚族望之隆，優遊而圖免，而可謂有生人之氣乎？東漢之有袁氏與有楊氏也，皆德望之巨室，世爲公輔，而隗與彪終以貪位而捐其恥心。叔孫豹曰：『世祿也，非不朽也』。信夫！不朽有三，唯有恥者能之，隗與彪，其朽久矣」。〔註88〕知恥不僅是知己、知物、知人的前提條件，而且還是進至

〔註86〕 王夫之：《讀通鑒論》卷十五，北京：中華書局1975年版，第437頁。
〔註87〕 王夫之：《讀四書大全說》卷二，《船山全書》第6冊，嶽麓書社版，第492頁。
〔註88〕 王夫之：《讀通鑒論》卷八，北京：中華書局1975年版，第227頁。

不朽的重要環節。知恥方能有德，方能達致不朽，方能立人道、建功業。人非聖賢，孰能無過，過而能改，人皆仰之。故君子不貴興道之士，而貴知恥有恥之士。真正的知恥是因自己沒有履行道義、恪守仁智而感到汗顏、慚愧，是因自己未能很好地發揮人之為人之處而坐臥不寧、無地自容。故君子，富而不以其道恥之，貧而不以其道亦恥之，達而不以其道恥之，窮而不以其道亦恥之。知恥實質是對失道闕義的悔恨、惋惜與哀憐，是對道義價值的深刻認識，它飽含著對背信棄義行為的蔑視，對愚昧無知、野蠻殘忍舉動和態度的憤恨，以及對至善至美的認可肯定，崇拜追求，對理想人格的嚮往傾慕與效法。因此知恥是一種愛其所當愛、恨其所當恨的善善惡惡情感。「恥辱本身已經是一種革命」，「恥辱就是一種內向的憤怒，如果整個國家真正感到了恥辱，那它就會像一隻蜷伏下來的獅子，準備向前撲去」。〔註89〕人類最怕的是沒有羞恥之心。王船山認為，那些善不知好，惡不知恥的人是無恥之徒，而無恥之徒即是衣冠禽獸。他說：「人之所以為人以求別於禽獸，心之所以為心而自安於夢寐者，無他，唯此恥心而已。可生可死，而此氣不可挫；可貧可賤，而此名不可居；恥之於人，誠大矣哉」！〔註90〕又說：「人可以無恥乎哉？無恥而尚可謂之人乎哉？〔註91〕因此，知恥不僅是勇者的表現與確證，而且也是人之所以為人的表現與確證。

　　勇者必能知恥，相反那些貪生怕死、膽小怕事的怯懦之徒卻總是寡廉鮮恥。「怯懦者，固藏身於紳笏，而不在疆場之事矣。其憂國之心切，而憤將士之不效死也，為懷已夙，一旦握符奮起，矜小勝而驚喜逾量，不度彼己而目無勁敵，聽慷慨之言而輕用其人，冒昧以進，一潰而志氣以頹，外侮方興，內叛將作，士民失望而離心，姦雄乘入而鬭捷，乃以自悼其失圖，而歎持重者之不可及，則志氣愈沮而無能為矣」。〔註92〕怯懦之徒，既不能在戰場上敢於面對險惡的環境與兇惡的敵人，而且也不能在平時正視自己的過失與錯誤，總是文過飾非，遮掩瞞騙，企圖替自己不道德的行為辯護，他們「富而驕，貧而諂，旦而秦，暮而楚，緇衣而出，素衣而入，蠅飛蚋驚，如飄風之

〔註89〕《馬克思恩格斯全集》第 1 卷，北京：人民出版社 1956 年版，第 407 頁。

〔註90〕王夫之：《四書訓義》卷三十七，《船山全書》第 8 冊，嶽麓書社版，第 832 頁。

〔註91〕王夫之：《四書訓義》卷三十七，《船山全書》第 8 冊，嶽麓書社版，第 831 頁。

〔註92〕王夫之：《讀通鑑論》卷二十七，北京：中華書局 1975 年版，第 837～838 頁。

不終日，暴雨之不終晨」，〔註93〕爲了自己的得失利害和身家性命與時俱沒，隨波逐流，苟且偷生，甚至不惜出賣自己的靈魂和人格。

總之，王船山的勇德論在將其同智仁的比較中視勇爲氣之能，而在氣之能的論證中又將其同義聯繫起來，提出「義以生勇」、「勇以成義」的命題，認勇德爲對道義的執著追求，並就此展開了勇德與莽撞狡詐、怯懦軟弱的辨異分析，較爲深刻地論證了勇者不懼的內在原因，同時大大發展了《中庸》「知恥近乎勇」的思想，闡發了勇德的豐富涵蘊與本質特徵，將中國歷史上的勇德論推到一個嶄新的階段。

（二）弗·培根勇德論概述

弗·培根認爲勇敢、無所畏懼是人生最重要的品格與德性之一，勇敢所表現出來的是人的血氣向上運動和向前推進的冒死犯難的行爲，因此勇總是同氣相聯並受制於氣。當一個人的血氣運行不暢時是產生不了勇敢的德性的。勇敢屬於私人之善中膨脹或繁殖自己欲望的那一類德性。它使人類呈現出追求新生活的勃勃朝氣和生氣。人生正是因爲有了勇敢，才不斷激勵著人們去實現自己的欲望和需求，擴張和充實著人的自我。勇敢是一種天性，它可以被壓制，但很少會完全熄滅。「壓力之於天性，使它在壓力減退之前更烈於前」，〔註94〕「天性能長期潛伏著，而到有了機會或誘惑的時候復活起來。就好像伊索寓言中的貓變的女子一樣，她坐在餐桌的一頭，坐得端端正正地，可是有一隻小鼠在她面前跑過的時候，她就不如此了」。〔註95〕人生憑籍著勇敢發展壯大著人生的內容場景，實現著日新月異的變化，使人們享受到種種快樂和幸福。在弗·培根看來，不去衝破生活的障礙，排除實現欲望和要求的各種紛擾，僅僅爲了心靈的恬淡寧靜而遠離、躲避人生的一切誘惑和世俗生活，這是畏難苟安，是不值得稱道的。勇敢是血氣的向上運動和天性的膨脹繁殖，它具有勇於追求人生快樂和幸福、使自己的自我擴展的功能。弗·培根說：「在人生中，沒有人的精神會那樣萎靡不振，不認爲完成雄心壯志爲高出於聲色狗馬的；而當我們一考慮到人生榮枯無定，旋得旋失的時候，於是這種積極的善就越顯得占到優先地位」。〔註96〕又說：「至於眞正有德之人

〔註93〕王夫之：《俟解》，《船山全書》第 12 冊，嶽麓書社版，第 486 頁。
〔註94〕《培根選集》麥克盧爾 1928 年本，第 207 頁。
〔註95〕《培根論說文集》水天同譯本，第 124 頁。
〔註96〕周輔成編：《西方倫理學名著選輯》上卷，北京：商務印書館 1964 年版，第

的決心，則他們的抱負正如那位康薩涅渥所說，一個兵士的尊榮在於成為堅韌網子，不在於柔軟纖細，一遇任何事物，就任它穿入其中，而把自己撕破」。〔註97〕人生是需要勇敢的品德。如果問在人生中最重要的品德是什麼，那麼回答則是勇氣，第二是勇氣，第三還是勇氣。〔註98〕

弗・培根區分了真正的勇敢與盲目的勇敢，強調真正的勇敢是同知識、智慧結合起來的勇敢，智謀愈深邃，勇氣愈銳烈，智謀愈高遠，勇氣愈無敵。人們只有先精明然後才能強幹，要做「千手神」，必須同時做「千眼神」，知識就是力量，力量產生勇氣。「除了知識同學問而外，塵世上再沒有別的權力，可以在人的心靈同靈魂內，在他們的認識內，想像內，信仰內建立起王位來」。〔註99〕弗・培根讚揚智勇雙全的人，認為，同知識、智慧相聯繫的勇敢不僅是一個人偉大絕倫的標誌，而且也是一個民族偉大絕倫的標誌。一個國家的真正偉大之處不在財富、疆土、技巧，也不在堅城和武庫，而在於人民的勇敢精神。任何國家若要偉大，其主要之點就在於要有一個善戰的民族。一個國家的疆土之大小是可以測量的，其財賦收入之多少是可以計算的，只有勇氣所產生的力量是無法估量的。弗・培根認為，「堅城、武庫、名馬、戰車、巨象、大炮等等不過是披著獅子皮的綿羊，除非人民底體質和精神是堅強好戰的。不特如此，若是民無勇氣，則兵士數目之多是無關緊要的」。在歷史上，「關於數目不敵勇氣」的例子是很多的。金錢雖然是戰爭的筋骨，但在戰爭過程中並不起決定的作用。如果人民是卑污淫靡的，其兩臂底筋肉無力，則金錢也不能算是戰爭的筋肉了。〔註100〕「所以任何君王或國家，除非自己底國民組成的軍隊是優良驍勇的話，最好不要對自己的力量估價過高」。〔註101〕

盲目的勇敢是指脫離知識指導、智慧武裝的衝撞與蠻幹，它往往表現為不能洞察隱伏著的困難和危險，不知其後果的拼命冒險或恃強凌弱的舉動，弗・培根將其稱為不靠真理的江湖之技。他指出：「盲目的勇氣是不能信賴的，

555 頁。
〔註97〕周輔成編：《西方倫理學名著選輯》上卷，北京：商務印書館 1964 年版，第554～555 頁。
〔註98〕參閱《培根論說文集》，第 41 頁。
〔註99〕（英）培根：《論學術的進展》（崇學論）關譯本，第 58 頁。
〔註100〕參閱《培根論說文集》，第 106～107 頁。
〔註101〕《培根論說文集》，第 107 頁。

它總是在不知其後果可怕者那裏最強，而後就要消失了」。〔註102〕盡管這種盲目的勇氣是愚昧無知的產兒，但是由於「人性之中總以愚者底部分比智者底部分為多」，所以它總能迷惑並控制那些見識浮淺或膽量不足的人，更有甚者這種狂妄的盲勇有時還能嚇住許多意志不夠堅強的智者。正因為如此，有人還把這種狂妄的盲勇施諸於政治舞臺，「他們竟敢不靠眞理而靠某種好運氣來蠱惑人心」。〔註103〕弗‧培根認為，這些狂妄盲勇之徒正像那個穆罕默德呼叫大山的故事。穆罕默德為了得到民眾的崇信，曾宣佈他能把一座山召喚到面前。結果人們都來了。穆罕默德一次又一次地叫那座山到他面前來，然而那座山屹立不動。在這時候，穆罕默德卻一點也不沮喪，反而還說：「要是山不肯到穆罕默德這兒來，那麼就讓穆罕默德到山那裏去吧」！與此相類似，那些勇敢的江湖術士們，當他們在政治上預先答應的很重大的事情很可恥地失敗了的時候，大概也會採用穆罕默德的辦法，把失敗輕輕放過，並且轉而置它再不一顧。在弗‧培根看來，盲目的勇敢很少能避免荒唐，同時常常也是可笑的。

　　勇敢有眞正的勇敢和盲目的勇敢，但一般而論，二者亦有某種聯繫，即它們都根源於人的血氣。根源於人的血氣的勇敢即使是盲目的，不利於思考，「但卻有利於實幹」。因為在思考時必須預見到危險，而在實幹中卻必須不顧及危險。只是對於那些有勇無謀的人不能讓他們作領袖只能讓他們作幫手罷了。

　　同時，弗‧培根也談到了勇敢與制欲的關係，認為眞正的勇士「不是那些絕欲的人，而是那些制欲的人，因為制欲的人，可以在人禽關頭克制自己的心理，而且能使心理如同通常的馬術那樣在極短促的時間裏停下並回頭」。〔註104〕眞正的勇敢既包括身體忍受變故和困苦的能力，也包括心理抵擋極端誘惑和紛擾的能力，既包括負著殘疾、忍著艱難屈辱去完成一件偉大事業式的堅忍，也包括控制過分燃燒的欲望和情感，做自己情感和欲望主人式的剛毅。眞正的勇敢猶如名貴香料，在烈火焚燒中散發出濃鬱的芳香。弗‧培根指出：「超越自然的奇迹，總是在對厄運的征服中出現的」，眞正的勇士是像神那樣無所畏懼的凡人。當赫里克斯去解救普羅米修斯的時候，他是坐在一

〔註102〕《培根論人生》，第 35 頁。
〔註103〕《培根論人生》，第 35 頁。
〔註104〕《培根選集》麥克盧爾 1928 年本，第 204 頁。

個瓦盆裏飄洋過海的；每一個基督徒也正是架著血肉之軀的輕舟，橫渡波濤翻滾的生活之海去傳播聖經和福音書的。弗·培根認為，正如惡劣的品質可以在幸運中暴露一樣，最美好的品質也正是在厄運中被顯示的。

（三）王船山與弗·培根勇德觀的比較

王船山和弗·培根的勇德觀均全面繼承和發展了各自民族論勇德的傳統，體現出炎黃子孫和英吉利民族的氣質和精神。二者的相同之處表現在：（1）王船山和弗·培根均把勇敢這種品格或德性同流蕩充滿於人身中的氣聯繫起來，認勇敢為氣之能或氣之德，從而揭示了勇敢生成發展的心理生理基礎；（2）王船山和弗·培根均在自己對勇德的論述中認為真正的勇敢既不是怯懦軟弱、貪生怕死，亦不是莽撞冒失、盲目蠻幹，王船山對巧妄之徒的抨擊和弗·培根對江湖術士的揭露可謂異曲同工、相得益彰；（3）王船山和弗·培根均強調了勇德在節制和調控人之情感欲望中的地位，談到了勇德包括知恥、堅韌等因素，並視知恥、堅韌為勇敢的表現與確證；（4）王船山和弗·培根均意識到人生和社會需要勇敢的品德和精神，突出了勇德在人生道德品質體系中的功能和作用。

但是，王船山的勇德論和弗·培根的勇德論又是有區別的，而且本質上屬於兩種不同類型的勇德論，即前者所論之勇屬於道義之勇，後者所論之勇屬於血氣之勇。概括說來，二者的差別主要有以下幾點：（1）王船山的勇德論強調義以生勇、勇以成義，把能否見義而為當作判斷勇與非勇的標準，體現著品性道義論的特色；弗·培根的勇德論強調擴展自己的血氣心知以滿足自己的欲望需求，認為「存在而沒有幸福是可詛咒的」〔註105〕，並把能否追求幸福作為判斷勇與非勇的尺度，放射出品性功利論的光澤。在弗·培根看來，應該主動去追求人生的快樂和幸福，膨脹和繁殖自己欲望的行為即是勇敢的象徵。為了害怕以後的空虛感而不去追求人生的幸福，為了害怕日後的失掉而不敢去獲得，是怯懦軟弱的表現。欲望、幸福可以誘發人生的勇敢行為和精神，而勇敢的行為和精神則又大大提高了人自身的血氣運轉，使其煥發出青春活力。而在王船山看來，勇於為義之謂勇，如果雞鳴而起孳孳為利則是小人的舉動和行為。謀利計功雖也不乏犯難冒險之人，但其品性卻無異於禽獸，為見義勇為之士所不恥。船山指出：「知焉而私意間之，未必其真知；

〔註105〕《培根選集》麥克盧爾 1928 年本，第 209 頁。

仁焉而私欲參之，未必其真仁；勇焉而客氣乘之，未必其真勇」。〔註106〕勇德作為三達德之一不是對人血氣自然屬性和本能欲望的簡單適應，在某種意義上恰恰含有超越血氣自然屬性和本能欲望的因素，含有將人同動物區別開來，使人成為真正的人的因素。（2）王船山的勇德論從總體上是屬於協調人我己群關係的中和或中庸之德的，勇德體現在勇於或善於按照倫理原則行事的道德實踐中，並不含有與人競爭、競利乃至與他國、其他民族作戰的對抗性或善戰性因素；弗‧培根的勇德論則是同人我關係的利益競爭、國家關係的疆土財富作戰聯繫在一起的，勇德既體現在個人大膽追求人生幸福及其現實利益的行為中，又體現在國家軍隊捍衛自身利益和發展自身利益的活動中。勇德含有在人我己群衝突對抗中謀求自己發展和幸福的意義，這種積極的善「與社會的善沒有一致之處，雖然在某些情形之下，它與社會的善有巧合之處……可是它的目的只在於求謀私人自己的權力、光榮，只在於增大和維持自己的尊榮」。〔註107〕（3）王船山的勇德論推崇知恥，強調對自我的征服改造多於對自我的肯定、弘揚，盡管在他那裏知恥是發展和完善自我的重要環節，弗‧培根雖然也談到「制欲」和「堅忍」的重要性，認為「制欲」和「堅忍」是勇德的表現，但是在弗‧培根那裏，制欲和堅忍是為更好地實現個人利益，謀求身心健康、追求幸福快樂的生活服務的。制欲之於弗‧培根，只有在欲望超過身心健康的前提下才存在和有意義，即制欲是對縱欲無度的調節；知恥之於王船山，是時時必須注意和喚起警覺的自我陶冶活動，知恥既包含有對縱欲無度的調節控制即「遏欲」的因素，也包含有平時和日常的「如臨深淵、如履薄冰」式的憂患意識和自我教育，自我錘鍊。

總之，王船山的勇德論與弗‧培根的勇德論既有某種相似之處和共同性，又有本質的區別和差異性，它們的相似之處和共同性確證著人類倫理文明的共由性及其人類需要勇敢品德的共通性，它們的相異之處和特殊性表現著東西方民族對勇德理解的不同風格和不同個性，展現著東西方民族倫理的獨特涵蘊及其多元走向。我們既不能因其相似之處和共同性的存在而忘記和否認它們的相異之處和特殊性，也不能因其相異之處和特殊性的存在而抹煞和否認它們的相似之處和共同性，我們應該在同中求異、異中求同的思維方式指導下科學地全面地把握二者的內容及其本質特徵。

〔註106〕王夫之：《四書訓義》卷三，《船山全書》第7冊，嶽麓書社版，第175頁。
〔註107〕周輔成編：《西方倫理學名著選輯》上卷，北京：商務印書館1964年版，第556頁。

四、王船山與弗・培根品德論的小結與評價

　　王船山與弗・培根的品德論除了上述三達德以外，各自還涉獵和包含著其他許多方面的德目，比如王船山十分推崇儉德和謙德，提出「儉，德之共也」和「謙，德之柄也」的命題，認為勤勞儉樸和謙虛謹慎是兩種不可忽視的道德品質，發揚勤勞儉樸和謙虛謹慎的精神，培養這些優秀的道德品質，有利於人們更好地培養和鍛鑄智仁勇的品德，也有利於人們自身的發展與完善，從而成為一個堂堂正正、頂天立地的大丈夫。弗・培根探討了敏捷、友誼、坦蕩等品德，認為真正的敏捷是一種最為可貴的德性，真正的友誼不但能使人走出暴風驟雨的感情世界而進入和風細雨的春天，而且能使人擺脫黑暗混亂的胡思亂想而走入光明與理性的思考；就坦蕩來說，它實在是一種健康的心理素質和道德品質，經常保持心胸坦蕩的品質，就能遇事不怒，使人精神愉快，朝氣蓬勃。此外，王船山和弗・培根還探討了道德品質與道德行為、道德品質與道德實踐的關係，強調道德品質的培養和形成，離不開人們的道德行為實踐。王船山指出：道德品質的形成過程同時就是一個主動地積極地參與道德實踐的過程，「好學近乎知，力行近乎仁，知恥近乎勇」，「因所好以不息於學，而知日生；資其力以不已於行，而仁日固；就所知以必去其恥，而勇日彊；以之行於達道之中，而修身之理盡在此矣」。〔註108〕弗・培根認為，人的善良品德主要是在生活和學習中逐漸薰陶而成的，善意雖好，但如果不是在實際行動中表現出來就只能是一場好夢，因此對天性中的善惡素質必須進行祛惡揚善的鬥爭，及時灌溉「芳草」，剷除「惡莠」。道德行為不僅可以鑄造、培養人們的道德品質，而且也可以改變人們的道德品質，因此欲需培養崇高的道德品質，就當先養成良好的行為習慣。

　　王船山與弗・培根的品德論蘊涵豐厚、深刻獨到，且又全面系統，不失為中西德性倫理學領域中兩個最具代表性的理論體系。它們不僅對各自的德性倫理學傳統作了全面的清理、批判與總結，反映著中西方民族對道德品質認識和把握的智慧及其水平，而且又根據時代的發展需要，根據自己對未來社會理想的道德品質的預見性認識，論證闡釋了人類優秀道德品質的體系結構及其本質特徵，描述了德行的具體形成過程，從而為指導人們修德養善、激勵人們在道德征途上不斷攀登、不斷完善提供了理論指南。

〔註108〕王夫之：《四書訓義》卷三，《船山全書》第 7 冊，嶽麓書社版，第 176 頁。

　　王船山的品德論和弗‧培根的品德論作爲中西方德性倫理學兩個最具代表性的理論體系，本質上屬於兩種不同的德性倫理學類型，即前者表現爲品性道義論，後者表現爲品性功利論，這兩種不同類型的德性倫理學既各有所長，亦各有所短。品性道義論強調了道德品質的培養應當著眼於人生的遠大目標和道德完善，突出了道德品質的純潔性和理想性；品性功利論把道德品質的培養牢牢繫在人生的現實目標和個人幸福快樂上，強調道德品質服務於人生福樂利益的性質，昭示出道德品質的世俗性和現實性。兩種品德論各有自己的優劣長短，但從總體上考察又都不是科學的品德論。離開人生的現實功利及其幸福，一味強調道德品質的純潔性，勢必會架空道德，使之成爲可望而不可及的東西；而如果拋開人生的遠大目標和道德完善，僅僅著限於人生的現實目標和幸福快樂等功利因素來談道德品質的培育和鍛鍊，那也會使道德品質變成人謀利計功行爲的注腳或庇護傘，使之失卻理性和道義的力量，變成無助於人的贋品，或阻礙人發展完善的累贅。因此科學的品德論應當是品性功利論與品性道義論的優化與整合，它既不是單一的品性功利論，也不是純粹的品性道義論，然而又可以說它既是品性道義論又是品性功利論。只有這樣的品德論才會既不脫離人生的現實又不一味地迎合人生的現實，既不違背人的自然本性又不僅僅局限於人的自然本性，才會既肯定人的現實性又弘揚人的現實性，才會將人提高到超出動物水平以上，過一種眞正屬於人的生活。

　　日本著名倫理學家柳田謙十郎指出：「道德只要是道德，就必須在某種意義上、某種方法上對人類的自然本性進行反省和批判，並且必須站在克服利己主義的，具有高度價值的自覺的立場上。不言而喻，在單純自然必然的立場上和單純事實必然的立場上，都不會形成任何義務的自覺。在沒有義務自覺和價值自覺的地方，也不會有我們稱之爲道德行爲的東西。」〔註109〕道德之所以是道德，就在於它不是人類自然本性和趨樂避苦本能的簡單認同，它包含有對人類的自然本性和趨樂避苦本能進行反省和批判的因素，包含有超現實和超功利的因素。道德以事實爲前提，但道德之爲道德又必須超越這種事實而上升到價值。人性中有許多眞實性的事實存在，各種本能的欲望都是眞實性的事實，誠然，道德不能離開這種眞實性的事實存在，否則道德就會

〔註109〕（日）柳田謙十郎：《利己心與道德》，載《現代世界倫理學》，貴陽：貴州人民出版社1981年版，第17頁。

淪為說教。但是，道德上的善又必須超越單純的真，如果道德僅僅是重複真的存在，那道德就會失去存在的意義和價值。道德是人超越自己的現實性，從「是什麼」而走向理性境界「應當是什麼」的一種理性和意志的努力。人性中所有的欲望衝動都是真實性的事實存在，但並非都是有價值的和善的，唯有那些「人欲之大共」和「人欲之至正」才有可能成為價值或善。道德上的「應當」源於「是」的現實性，但又以其理想性高於現實性，只有這樣，道德上理想人性的造就才是有可能的和有意義的。因此「即使說人通過自然來追求快樂這件事情包含著某些真理，卻不能因此而直接從中推導出這就是至善，這就是義務這一結論……如果不否定和克服追求自己的快樂和幸福的欲望，就幾乎不可能打開通往最大多數人的最大幸福的道路」。〔註110〕

可見，品性功利論具有不可避免的理論缺陷，它不能成為科學的道德品質論。與此同時，品性道義論也並不是無懈可擊的，盡管它強調了道德品質的純潔性和崇高性，有助於人們發展和弘揚道義精神，但是由於它把道德品質的形成和培養過程看作是一個絕對的「遏欲去私」的過程，從而有可能否認人們對正當的個人利益的追求及其世俗生活，造成脫離現實，為道德而道德的偏頗。因此科學的道德品質論是超越品性道義論與品性功利論的對立的，在承認功利的正當性的基礎上推崇和弘揚道義，從正當走向應當，把道德的現實目標與理想目標有機地結合起來。

〔註110〕 （日）柳田謙十郎：《利己心與道德》，載《現代世界倫理學》，貴陽：貴州人民出版社 1981 年版，第 23 頁。

第五章　王船山與帕斯卡爾人生論的比較研究

　　任何一種倫理思想體系都有它獨特的人生哲學部分。從某種意義上說，不研究和探尋人生哲學理論的倫理思想體系是蒼白乾癟而又殘缺不全的。馮友蘭先生說得好，真正的倫理學即是人生哲學，在人們對人生諸多問題進行哲學思考過程中，不僅展現了認識人生和把握人生的水平與能力，而且昭示了實踐人生的道德智慧，提升了律己待人的倫理精神與境界。

　　在中西方近代人生哲學的寶典上，王船山與帕斯卡爾的人生哲學可謂涵蘊豐厚、別開生面。他們不僅嘲笑著中古時代的人生哲學，對中古時代諸種人生論作過深刻而尖銳的批判，而且對人的處境、命運、生死及不朽等問題給予了特別的關注並進行了潛心的研究，創立了一個博大宏闊、幽深邃密的人生哲學體系，以其罕見的理論力量震懾著現當代人的心靈，多少年來一直被人們廣爲傳頌、稱道。比較帕斯卡爾與王船山的人生哲學思想，有助於我們總結繼承中西方人生哲學理論遺產，瞭解認識中西方人生哲學的特質及深層涵蘊，有助於我們建設當代新型的馬克思主義人生哲學體系，以推進當代人認識自己生活的奧秘，爲更好地發展自身、完善自身服務。

　　帕斯卡爾（Blaise Paskar，1623～1662）是十七世紀最卓越的數理科學家和人生哲學思想家，在繼承蒙田等人性學家的學術傳統、致力於人性及人生問題的探幽闡微、索解人生真諦方面有著不可磨滅的功績。他，還有蒙田、拉・羅什福科並稱爲法國人生哲學三大家，他的《思想錄》，蒙田的《人生隨筆》，還有拉・羅什福科的《道德箴言錄》被視爲西方尤其是法國人生哲學的

最優秀著作，在西方思想界享有盛譽，影響十分深遠。帕斯卡爾的《思想錄》文思流暢，清明如水，溶思辯、哲理、深刻於詼諧、幽默的談笑對白之中。該書一方面繼承和發揚了理性主義傳統，以理性來批判一切，另一方面又在一切真理必然以矛盾的形式來呈現這一主導思想之下指出理性本身的內在矛盾及其界限，以他所特有的那種揭示矛盾的方法實現著對理性的批判。帕斯卡爾不承認任何權威，對社會和人世的諸種現象敢於大膽揭露、譏評自如，他的名言是「能嘲笑哲學，才真是哲學思維」，並處處將其貫徹在人生問題的探討求解中。

帕斯卡爾與王船山生活在大體相同的社會歷史階段，十七世紀的法國與十七世紀的中國均處在封建社會趨於解體並已產生了資本主義生產關係萌芽的時代，政治上均處在「山雨欲來風滿樓」的並孕育著大變革因素的新舊衝突的歷史時期，意識形態上均有對封建主義進行批判的早期啟蒙思潮。王船山和帕斯卡爾本人均積極投身於當時思想戰線的鬥爭，終其餘生全心全意地追求宇宙與人生的真理，即使身患各種疾病仍孜孜不倦地精研哲學，探尋人生的奧秘，表現了一個人生哲學家執著的人生信念和人生理想。

一、命運論：造命主義與隨命主義

王船山與帕斯卡爾在自己的人生論中倡導認識人生和認識自我，認為對人生和自我的這種認識即使不能有助於發現真理，至少也有助於規範自己的生活，他們幾乎不約而同地提出了人是有理性、能夠對自己的存在予以思考的動物的命題，並把理性、智慧與思考視作人的偉大和光榮之處。

在王船山看來，按照理性來思考規範和實踐人生，是人區別於動物的一個最本質的特點。人正是因為具有理性、意識和思維，才能夠明於人倫，察於物理，而動物是根本不存在什麼理性，意識和思維的。人依靠自己的理性意識，辨別是非真假，區分善惡正邪，從而存真去偽，揚善抑惡，達到「盡知其必有之變而存之於心，則物化無恒，而皆預知其情狀而裁之」。王船山認為，「動物有天明而無己明」，因此動物不知道自身的存在為何物，更不可能意識到自己生存的意義和價值，而人則不僅能意識到自己的存在，而且還能知道自己存在的目的和意義，動物只能憑其本能和生理組織感受外部世界，有感覺而無法進行判斷、推理，而人不僅能進行判斷、推理，更能進行聯想，形成直覺思維，產生靈感、頓悟，使自己對外部世界和內部世界的認識不斷

地由淺入深、由低到高、由表及裏、由此及彼地發展、完善。船山指出：「夫人之所以異於禽獸者，以其知覺之有漸，寂然不動，待感而通也。若禽之初出殼，獸之初墜於胎，其啄齕之能，趨避之智，喁啾求母，呴嚖相呼，及其長而無以過。使有人焉，生而能言，則亦智侔雛鷇，而為不祥之尤矣。是何也？禽獸有天明而無己明，去天近，而其明較現。人則有天道而抑有人道，去天道遠，而人道始持權也」。〔註1〕「禽獸終其身以用天而自無功，人則有人之道矣。禽獸終其身以用其初命，人則有日新之命矣」。〔註2〕人不同於動物，其活動完全受本能和生理組織所決定，談不上有什麼變化發展，用不著學習和傳授。人生下來以後，不僅身體有一個發育成長的過程，而且心理上、認識上也有一個不斷發展、完善的過程。這種心理、認識上的不斷發展、完善表現在人們能夠把從見聞之知中得來的雜亂材料純粹化，進行加工，能夠進行創造性的構思，能動地設立認識對象，由思想去喚起，觸發人們的心思，引起一系列的推貫作用，形成理論體系。物所已有者無不表裏之具悉，物所未有者可使之形著而明動。人依靠自己的心官之思，突破著見聞之知的局限，實現著對認識對象作整體而又具體的把握並把各種認識活動聯繫起來，同時根據自己所掌握的事物所以然的發展規律，進行預測，制定出未來行為的計劃和方案，為自己的生產生活提供服務。在王船山看來，正是由於人的認識、思想的作用，使得人不僅能夠較好地認識和把握對象世界，而且能夠深刻地反省和洞見內在世界，使人自己的生活具有目的性和自由自覺的特性，從而使人生流光溢彩，生動、豐富、充實而有意義。

與王船山相類似，帕斯卡爾也認為，人正是由於思想、意識才使得他高出或優越於物。思想構成人的生存，沒有思想我們便不可能設想人的生存；思想形成人的偉大，人的全部尊嚴就在於人有思想。「縱使宇宙毀滅了他，人卻仍然要比致他於死命的東西更高貴得多；因為他知道自己要死亡，以及宇宙對他所具有的優勢，而宇宙對此卻是一無所知」。〔註3〕對宇宙和自己的認識使人和動物區別開來，思想、認識是唯一使人成其為人並且使人有別於禽獸的東西。帕斯卡爾指出：「我很能想像一個人沒有手、沒有腳、沒有頭。然

〔註1〕 王夫之：《讀四書大全說》卷七，《船山全書》第 6 冊，嶽麓書社版，第 850 頁。

〔註2〕 王夫之：《詩廣傳》卷四，北京：中華書局 1964 年版，第 133 頁。

〔註3〕 （法）帕斯卡爾：《思想錄》，何兆武譯，北京：商務印書館 1986 年版，第 158 頁。

而我不能想像人沒有思想：那就成了一塊頑石或者一頭畜牲了」。〔註4〕又說：「能思想的葦草——我應該追求自己的尊嚴，絕不是求之於空間，而是求之於自己思想的規定。我佔有多少土地都不會有用；由於空間，宇宙便囊括了我併吞沒了我，有如一個質點；由於思想，我卻囊括了宇宙。」〔註5〕思想不僅能使人認識宇宙和自己，並且能把囊括了自身存在的宇宙空間囊括在自己思想的空間中，即能使人從對象物中走出來成為主體。只有人才能意識到自己的存在和宇宙的存在，並且能夠追問「為什麼存在」和「怎樣存在」，也只有人才能用思想來規範和充實自己的生活。因此，如果沒有思想，我們便不能設想人的存在。

與王船山有別的是，帕斯卡爾並未始終一貫地肯定思想意識對於人生存的正面作用，在他那裏，任何對人有益的事物同時也是對人有害的事物幾乎是一種定在或慣列，因此他在肯定人的思想造成人的偉大的同時又指出人的思想形成人的卑賤和渺小。他是這樣說的：「思想由於它的本性，就是一種可驚歎的、無與倫比的東西。它一定得具有出奇的缺點才能為人所蔑視；然而它又確實具有，所以再沒有比這更加荒唐可笑的事了。思想由於它的本性是何等偉大啊！思想又由於它的缺點是何等地卑賤啊」！〔註6〕思想既使人自信，雄心勃勃，也使人自卑，心灰意懶；思想可能帶給人以快樂與欣慰，也可能帶給人以痛苦和絕望。隨著人們認識得越多，人們就越會感到孤立無援和無能為力。不能思想的人是麻木的，能夠思想的人是痛苦的。而且人們的思想本身常常是自我否定，前後矛盾的。思想形成了人的榮光和偉大，思想也加速了人的腐化和墮落。真是不可思議的邏輯，但卻符合人生的實際！

在王船山那裏，人是有理性、會思考的動物這一命題之所以是以正面肯定的形式表現出來的就在於他把理性的形成、思考的擁有看作是人們不斷地改造主觀世界和客觀世界的產物，是將其奠定在人的實踐活動的基礎之上的，同時還在於他把人視作身心合一、知行合一的社會動物。而在帕斯卡爾那裏，人是有思想的動物這一論斷之所以會以既肯定又否定的形式表現出來

〔註4〕 （法）帕斯卡爾：《思想錄》，何兆武譯，北京：商務印書館1986年版，第156頁。

〔註5〕 （法）帕斯卡爾：《思想錄》，何兆武譯，北京：商務印書館1986年版，第158頁。

〔註6〕 （法）帕斯卡爾：《思想錄》，何兆武譯，北京：商務印書館1986年版，第164頁。

是同他把思想與人的存在境況的二重性分析聯繫起來的致思傾向密切相關的。帕斯卡爾認爲，靈魂與肉體的對峙，理智與本能的衝突，人與無限的宇宙時空的齟齬，構成了人的存在的二重性，它既造成了人的榮光與偉大，又造成了人的渺小與不幸。人對於無窮而言是虛無，對於虛無而言是全體。人的靈魂和理智追求高潔、深刻和永恒，而人的肉體和本能卻趨向卑俗、膚淺和短暫。人的思想不僅受靈魂和理智的啓動，而且也受肉體和本能的干擾、誘惑與影響。因此，作爲人生存境況反映的思想，一方面受理智和靈魂的引導而弘揚著人的價值，使人超出於動物之上，另一方面又受本能與肉體的誘惑、制約而使自己無異於物，特別是思想無力改變人的肉體組織和本能的特性，它使人知覺到自己的渺小卻又無計可施。因此，從根本上說，思想受制於人的存在境況卻一點也不能改變人的存在境況，它是命運賜予給人的叫人難堪的某種神機，人的命運是先天預定的，它非但不因思想的啓用而變得可以被人掌握，相反正是由於思想使人意識到自己的命運是純粹客觀而又必然的，因而使人生發隨命而行、隨緣而動的順天從命的意念和行爲。帕斯卡爾主張隨命主義，與王船山從人的理性思維能力、思想意識入手分析人的本質與特性而建立的造命主義人生觀大異其趣。

在王船山看來，命運既不是什麼空虛的神秘的不可捉摸的東西，也不是絕對自由的自我主觀設定，更不是無法理解無可改變的抽象物。命運就是存在於人之生存、發展過程中的客觀必然性及其藉以表現出來的偶然性。人之初命是客觀必然的，即人不能選擇自己的出生及社會環境，受命是必然中的偶然，即人在既生之後接受自然界的給予饋贈和社會人生的教化培育因人而異，但在人的漫長一生和命運之鏈中，初命所佔的比重是很小的，受命所佔的比重亦不是很多，大量的則是人自己的俟命、立命與造命，即人能夠通過對必然的認識與改造而獲得自由，使自己成爲自己命運的主人。王船山認爲，人不同於動物就在於他不是一味消極地接受自然界的給與，他能夠憑籍自己的理性意識和思維能力有目的有選擇地接受自然界的給予，並在接受自然界給予饋贈的同時取其精用其宏，取其純用其粹，而不是取其駁用其雜。自然界的其他諸種生物均不能有選擇地接受自然界的給予，即它們「泰然而用之而無所擇」，而人則能辨識善惡是非，禍福利害，於萬事萬物則必有所抉擇選取，以變化其初命，形成「日新之命」。動物一輩子都在用其初命，人則通過自己有目的有意識的選擇等實踐活動不斷改變著自己的初命，使自己的命運

越來越具有自我選擇自我創造的意韻,「命之日新,不諶其初。俄頃之化不停也,祗受之牖不盈也」。〔註7〕

王船山尖銳地批判了那種唯心主義的宿命論,指出:「舉凡瑣屑固然之事而皆言命,將一盂殘羹冷炙也看得鬧天動地,真慚惶殺人!且以未死之生、未富貴之貧賤統付之命,則必盡廢人為,而以人之可致者為莫之致,不亦舛乎!故士之貧賤,天無所奪;人之不死,國之不亡,天無所予;乃當人致力,而不可以歸之天」。〔註8〕王船山認為,天是沒有意志更沒有好惡情感的自在之物,它絕對不可能有一種使一部分人富貴,使另一部分人貧窮的無形力量在冥冥中統率指揮著人類。人的命運從總體上講,是社會生活和人自身造就的。人既然可以作對於天而有功,達到官天府地以裁成萬物,創造一個人化的自然界,那麼人也一定能夠「既已為己,則能人而不能天」,做自己命運的主人,創造一個全新的自我。「君相可以造命,鄴侯(李泌)之言大矣!進君相而與天爭權,異乎古之言俟命者矣。乃唯造命者,而後可以俟命,能受命者,而後可以造命,推致其極,又豈徒君相為然哉!……修身以俟命,慎動以永命,一介之士,莫不有造焉」。〔註9〕造命即是說人們能夠主宰和駕馭自己的命運,能夠創造出為自己所嚮往的充滿生機和活力的新的生命,從而能夠進入一種高度的自由自覺的人生境界。王船山不僅肯定「君相可以造命」,而且肯定最一般的普通老百姓也可以造命,人人都可以成為也能夠成為自己命運的主人。「從來就沒有什麼救世主」,人的命運是人自己造就的,人的幸福要靠人自身去創造去尋覓去追求。惟有造命才能真正談得上遵循和把握必然規律,等待時機以有所作為;也只有承認和尊重客觀必然性,不斷接受天之所賦才能真正談得上創造自己嶄新的人生命運。因此,造命是在充分地認識和把握客觀必然,認真地分析和對待人生的偶然現象基礎之上的一種創造自己新生命的活動,它不是也不可能是憑空創造或任意胡為的莽撞,它同唯心主義的意志自由論和自我選擇論是不可同日而語的。與造命說相聯繫,王船山還提出了立命的觀點。他說:「天之所不可知,人與知之,妄也。天之所可知,人與知之,非妄也。天之所授,人知宜之,天之可事者也。天之所授,人不知所宜,天之無可事者也。事天於其可事,順而吉,

---

〔註7〕 王夫之:《詩廣傳》卷四,北京:中華書局1964年版,第133頁。
〔註8〕 王夫之:《讀四書大全說》卷十,《船山全書》第6冊,嶽麓書社版,第1114頁。
〔註9〕 王夫之:《讀通鑑論》卷二十四,北京:中華書局1975年版,第742～743頁。

應天也。事天於其無可事，凶而不咎，立命也」。〔註10〕立命即是以自己為人處世的基本原則以及理想抱負去為自己的人生開闢一條通路，即使在不利的生存環境下也應當做到發揮自己的主體性作用，使不利因素向有利因素轉化。人之所以需要立命，是為了更好地造命，人要求做自己命運的主人，並不是在向天討還自己做人的權利，而是在珍惜自己本應具有亦應發揚的做人的權利。王船山已經清楚地意識到了世界不會滿足人，人的滿足必須經過自己的努力和行動才能得以實現的道理，人的偉大與光榮，尊嚴與價值恐怕就在於人以自己向外部世界的探求、實踐來滿足自己的物質和精神需求。盡管在這個過程中人也會遭遇到許多困難、不幸與打擊，但人完全可以憑籍自己的理性思維及其創造性的實踐活動克服其間的困難，排除其中的不幸，迎戰撲面而來的挫折與打擊，讓自己的生命在改天換地、革故鼎新的偉大實踐中放射出無比絢麗的光彩！

同王船山造命主義的人生觀有別，帕斯卡爾則主張隨命主義的人生觀。這種人生觀的形成與確立，源於他在面對著無限的空間和永恒的時間，深覺到人的渺小與不可思議，以及人的存在的偶然性和荒誕性。在帕斯卡爾看來，人的思想是荒謬的，人的存在更是荒謬的，人對自己可以認識但是不能夠理解。「彷彿是上帝願意使有關我們生存的難題為我們本身所不能理解似的，所以他才把這個癥結隱蔽得那麼高，或者說是隱蔽得那麼深，以至於我們完全不可能達到它」。〔註11〕人的命運是先天確定的卻又是純粹偶然的，人永遠也無法解答何來何去的問題。當人們思索自己存在的意義時，當人們問及自己為什麼是在此處而不是在彼處，為什麼是在此時而不是彼時，以及他是怎樣在這裏時，人們永遠也得不到回答。得不到回答的東西是不能解釋、因而也是充滿荒謬性和怪誕性的東西。如此看來，人的生存是荒謬和怪誕的，一切努力都無從改變這種荒謬性和怪誕性，這大概就是人的命運。帕斯卡爾指出：「我們是駕駛在遼闊無垠的區域裏，永遠不定地漂流著，從一頭被推到另一頭。我們想抓住某一點把自己固定下來，可是它就蕩漾著離開了我們；如果我們追尋它，它就會躲開我們的掌握，滑開我們而逃入一場永恒的逃遁。沒有任何東西可以為我們停留。這種狀態對我們既是自然的，但又是最違反我們的心意的；我們燃燒著想要尋求一塊堅固的基地與一個持久的最後據點的

〔註10〕王夫之：《詩廣傳》卷一，北京：中華書局 1964 年版，第 7 頁。
〔註11〕（法）帕斯卡爾：《思想錄》，何兆武譯，北京：商務印書館 1986 年版，第 197 頁。

願望，以期在這上面建立起一座能上升到無窮的高塔；但是我們整個的基礎破裂了，大地裂爲深淵」。〔註12〕人類也曾試圖尋求人生的意義，追問人生的真諦，並且試圖改變自己的命運，爭取做自己命運的主人，但是人類的種種嘗試和努力最後都是沒有結果的收尾，是枉費心機，徒勞無功的付出。而且這些嘗試和努力非但沒有緩解人生的荒謬與怪誕，相反倒加重著人生荒謬與怪誕的籌碼。「我們希望真理，而在自己身上找到的卻只是不確定。我們追求幸福，而我們找到的卻只是可悲與死亡。我們不可能不希望真理和幸福，而我們卻既不可能得到確定也不可能得到幸福」。〔註13〕既然如此，我們又何必要去孜孜以求呢？倒不如安時處順，隨遇而安亦即聽憑命運的擺佈好了。

在帕斯卡爾看來，人生的所有不幸都來源於唯一的一件事，那就是不懂得安安靜靜地呆在家裏，不懂得消遣和娛樂。要是人們學會了消遣和安分守己，那就會排除許多不幸和可悲。但是，消遣這種人生的方式也是很有限的。一方面，「沒有消遣就絕不會有歡樂，有了消遣就絕不會有悲哀」，〔註14〕因此唯一能安慰我們之可悲的東西就是消遣。另一方面，「它也是我們可悲之中的最大的可悲。因爲正是它才極大地妨礙了我們想到自己，並使我們不知不覺地消滅自己」。〔註15〕如此看來，不去消遣我們會感到痛苦與不幸，去認識自己又會把我們拋向一個痛不欲生的深淵，認識自我的困難還會使我們倍受焦灼、煎熬與折磨：「我不知道是誰把我安置到世界上來的，也不知道世界是什麼，我自己又是什麼？我對一切事物都處於一種可怕的愚昧之中。」「我不知道我的身體是什麼，我的感官是什麼，我的靈魂是什麼，以及甚至我自己的那一部分是什麼──那一部分在思想著我所說的話，它對一切、也對它自身進行思考，而它對自身之不瞭解一點也不亞於對其他事物。我看到整個宇宙的可怖的空間包圍了我，我發現自己被附著在那個廣漠無垠的領域的一角，而我又不知道我何以被安置在這個地點而不是在另一點，也不知道何以使我得以生存的這一小點時間要把我固定在這一點上，而不是在先我而往的

〔註12〕 （法）帕斯卡爾：《思想錄》，何兆武譯，北京：商務印書館 1986 年版，第 33 頁。

〔註13〕 （法）帕斯卡爾：《思想錄》，何兆武譯，北京：商務印書館 1986 年版，第 200 頁。

〔註14〕 （法）帕斯卡爾：《思想錄》，何兆武譯，北京：商務印書館 1986 年版，第 70 頁。

〔註15〕 （法）帕斯卡爾：《思想錄》，何兆武譯，北京：商務印書館 1986 年版，第 82 頁。

全部永恒與繼我而來的全部永恒中的另一點上。我看見的只是各個方面的無窮，它把我包圍得像個原子，又像個僅僅曇花一現就一去不返的影子」〔註16〕消遣能排除自我認識的困難與不安，能使人獲得一種安寧與歡樂，但是它卻妨礙了人們想到自己和對自己的認識，使人們在自我麻痹中不知不覺地消滅自己。這是多麼無法調和的矛盾，也是多麼令人心寒的困境！帕斯卡爾曾大聲地問天地宇宙，問上蒼天使，也問自己的理性、靈魂，何以人的命運如此的荒唐而不可思議，人怎樣才能真正擁有消遣而又不至於自我消滅……。

王船山也曾談到過宇宙的永恒與人生有限的關係問題。他說：「過去，吾識也；未來，吾慮也；現在，吾思也。天地古今以此而成，天下矗矗以此而生。其際不可紊，其備不可遺。嗚呼，難矣！故曰：為之難。曰：先難。泯三際者，難之須臾而易以終身，小人之僥倖也。」〔註17〕前有千古，後有萬世，前際不留，今何所起，後際不為，今將何為？時空的這種無限性和永恒性並不絕對排斥有限的和暫時的物象與人生，恰恰相反，它是無數有限和暫時的物象與人生的延伸、擴展。因此人沒有必要像莊周那樣被廣袤的空間和永恒的時間所震懾以至走向人生的悲觀和虛無。王船山認為，人生在此處就有此處的人生道義與歷史責任，人生在此時亦有此時的時代使命與人生重託，因此人應當盡其性以立人道之常，保天心以立人極，存人道以配天地，與天地相斟酌。「前古有一成之迹，後今有必開之先。一室者千里之啓途，兆人者一人之應感。今與昨相續，彼與此相函。克念之則有，罔念之則亡……天健行而度不忒，地厚載而方有常。多學多識而一貫，終身可行於一言。知其亡，勿忘其能。瞬有養，息有存。其用在繼，其體在恒，其幾在過去未來現在之三際」〔註18〕面對著無限發展的且永恒存在的宇宙，人不應當為自己的有限和生命的短暫而歎息，而是應當厚德載物，自強不息，力爭能在短暫和有限的人生中立德立功立教立名以無愧於永恒和無限。正是因為人生短暫而有限，所以人必須加倍珍惜，應當充分發掘自己的各種潛能，率天載義，體天恤道，在革故鼎新、移風易俗的社會實踐中充實和豐富自己的人生。王船山的這些思想和主張同帕斯卡爾的人生論有著根本的區別。如果說帕斯卡

〔註16〕　（法）帕斯卡爾：《思想錄》，何兆武譯，北京：商務印書館1986年版，第93頁。

〔註17〕　王夫之：《思問錄・內篇》，《船山全書》第12冊，嶽麓書社版，第404頁。

〔註18〕　王夫之：《尚書引義・多方一》，《船山全書》第2冊，嶽麓書社版，第391～392頁。

爾對人的命運的揭示和分析帶有無可奈何的悲觀主義情愫，那麼王船山對人的命運的論證和闡釋則含有自信自強的樂觀主義意蘊。帕斯卡爾的命定論源於他對人生偶然性的過分誇大和不瞭解必然自由的辯證關係，王船山的造命論則同他對必然與自由以及必然性和偶然性關係的辯證性理解密切相關。

二、生死論：貞生死與患生死

　　同對人的命運問題密切相關的是對人的生死現象的認識。生死觀是人生觀的核心問題。人生以生命的存在作為基礎，沒有生命便不再有人生。但是生命不可能永駐，死神總不可避免地來結束人生。唯其因為有死亡，人們才感到生命的短促，因此如何看待生命與死亡就成了困擾著人生並激勵著人生的頭等大問題。王船山與帕斯卡爾作為十七世紀兩位對人生問題有特殊省察和洞見的人生哲學家，對生死問題尤其傾注了大量的研究精力，投入了較多的探索熱忱。但是，由於對人的存在境況，人的命運以及人生本質等問題的不同認識，使得他們在生死問題上也頗多歧異，即王船山主張「貞生死以盡人道」，帕斯卡爾持患生死的人生態度。

　　在王船山看來，生死既是一種自然現象又是一種社會現象。作為一種自然現象，生死即是生命機體的生存與死亡。「自萬物之受其隱見以聚散者，則謂之生死」。〔註 19〕自然界的陰陽二氣聚集起來就可形成生命，形成生命的陰陽二氣從人的形體消散開去就是死亡。天地人物消長死生自然之數，皆太和必有之幾。「天不聽物之自然，是故絪縕而化生」，所以「生死相貿，新故相疊，渾然一氣」。「萬物生大造之中，生其生，死其死，化其化者，皆非天地之有心，一其機之不容已者耳」。〔註 20〕生死更迭作為一個必然的自然過程，正是人類生生不息的前提和條件。由於人自身生命體的新故相推，日生不滯，才使得人類相續為蕃衍，由父得子，由小向大，由一致萬。船山把人的生命體的發展分為「胚胎」、「流蕩」、「灌注」、「衰減」和「散滅」五個基本階段，認為「胚胎」、「流蕩」、「灌注」是生命體的向上發展，而「衰減」、「散滅」則是生命體的逐漸衰亡。「胚胎者，陰陽充積，聚定其基也；流蕩者，靜躁往來，陰在而陽感也；灌注者，有形有情，本所自生，同類牖納，陰陽之施予而不倦者也。其既

〔註 19〕 王夫之：《周易外傳》卷五，《船山全書》第 1 冊，嶽麓書社版，第 21 頁。
〔註 20〕 王夫之：《莊子解・至樂》，《老子衍 莊子通 莊子解》，北京：中華書局 2009
　　　　　年版，第 227 頁。

則衰減矣，基量有窮，予之而不能多受也。又其既則散滅矣，衰減之窮，與而不茹，則推故而別致其新也」。〔註21〕在王船山看來，死生是一件事物的互相矛盾又相互依存的兩個方面。舊的個體的衰滅，不是整個生命過程的終結，而是開始了新的個體的發生發展。推故而別致其新的生化運動，不是因緣和合的幻象，也不是有與無的輪迴，而是物質形態的改變。他說：「散而歸於太虛，復其絪縕之本體，非消滅也。聚而為庶物之生，自絪縕之常性，非幻成也。」〔註22〕王船山反對把人生看作非自非然、如夢如幻、「生緣無自相，雖有而常無」的宗教唯心主義和虛無主義觀點，反對把死亡看作物質的消滅，從而患生患死的庸人之見，指出：「且天地之生也，則以人為貴。艸木任生而不恤其死，禽獸患死而不知哀死，人知哀死而不必患死。哀以延天地之生，患以廢天地之化。故哀與患，人禽之大別也。而庸夫恒致其患，則禽心長而人理短。愚者不知死之必生，故患死；巧者知生之必死，則且患生。所患者必思離之。離而閃爍規避其中者，老之以反為用也；離而超忽遊佚其外者，釋之以離鉤為金鱗也。其為患也均，而致死其情以求生也亦均」。〔註23〕人禽之大辨在於禽獸患死而不知哀死，人知哀死而不必患死。老莊及道教患死，提出「好死不如賴活著」和「不老不死為貴」，主張通過修煉以求長生不老；佛教患生，宣稱「人生如苦海」，主張只有脫離世俗世界，「不以情累其生，不以生累其神」，除煩惱、斷生死，最後才能「生絕化盡，神脫然無累」，達到涅槃的境界。佛老患生患死其實質是顛倒和割裂生與死的關係，是「廢天地之化」、「裂天彝而毀人紀」的表現。船山指出：「釋氏謂心生種種法生，心滅種種法滅，置之不見不聞，而即謂之無。天地本無起滅，而以私意起滅之，愚矣哉」！〔註24〕「故其至也：厭棄此身，以揀淨垢；有之既妄，趣死為樂；生之既妄，滅倫為淨。何怪其裂天彝而毀人紀哉」。〔註25〕老莊之輩，昧於變化的規律，不懂得隨時之義，用投機心理去作臆測，苟且於人世間，追求「全生」、「保身」和「盡年」，「到底推他意思，不過要瀟酒活泛，到處討便宜」。〔註26〕總之，生死作為一種自然現象，有其自身的規律和特點，「生有生之理，死有死之理」，一方面生與死互

〔註21〕王夫之：《周易外傳》卷二，《船山全書》第 1 冊，嶽麓書社版，第 888 頁。
〔註22〕王夫之：《張子正蒙注》卷一，《船山全書》第 12 冊，嶽麓書社版，第 19 頁。
〔註23〕王夫之：《周易外傳》卷二，《船山全書》第 1 冊，嶽麓書社版，第 889 頁。
〔註24〕王夫之：《張子正蒙注》卷四，《船山全書》第 12 冊，嶽麓書社版，第 153 頁。
〔註25〕王夫之：《周易外傳》卷二，《船山全書》第 1 冊，嶽麓書社版，第 886 頁。
〔註26〕王夫之：《讀四書大全說》卷六，《船山全書》第 6 冊，嶽麓書社版，第 769 頁。

相否定，互相排斥，另一方面生與死又互相聯繫互相轉化，以至可以說沒有生就沒有死，沒有死就沒有生。而且死亡潛隱於人的生存過程之中並作用於人的生存，人的生命體每一瞬間都存在著生與死的因素，「既是其自身又非其自身」。船山指出：「爪髮之日生而舊者消也，人所知也。肌肉之日生而舊者消也，人所未知也。人見形之不變而不知其質之已遷，則疑……今茲之肌肉為初生之肌肉，惡足以語日新之化哉」！〔註27〕

作為一種社會現象，生死即是社會群類中任何一個分子的生存與死亡，它涉及到人類社會存在和發展的狀態，有一個用社會標準去分析、看待生死的問題。如果說從自然的角度去考察生死現象，是將生死作為一種事實來看待的；那麼從社會的角度研究生死，則是將生死上升到價值領域來認識的。王船山認為，人的生命是人從事一切社會實踐活動的物質載體，生命於人只有一次，因此生命是最為寶貴的，人們有權利也應當珍惜自己的生命。「百年之中，閱物之萬，應事之賾，因事物而得理，推理而必合於生，因生而得仁，因仁而得義，因仁義而得禮樂刑政，極至於死而哀之以存生理於延袤者，亦盛矣哉」！〔註28〕王船山主張「貞生死以盡人道」，認為只有正確地對待生死問題，掌握生與死的辯證法，樹立進步的生死觀，才能自覺地實現人的主體性作用，弘揚人之所以為人的道理，發揮人的主觀能動性。「貞生死」與「患生死」的根本區別在於「貞生死」是為了盡人道或為更好地實現人的主體性作用服務的，而「患生死」則必「裂天彝而毀人紀」，「盡廢人道之實」。只有「貞生死」才能夠引出生得有意義、死得有價值的科學結論。王船山認為，生命是短暫而有限的，因而如何渡過短暫、有限的一生，使其放射出奪目的光彩，確是一個關涉人生的大問題。船山指出：「天地既命我為人，寸心未死，亦必於飢不可得而食、寒不可得而衣者留吾意焉。……天地授我以明聰，父母生我以肢體，何者為可以竭精疲神而不可惰？思之思之，尚知所以用吾勤乎！」〔註29〕人生在世，就要體會「天地既命我為人」的道理，弘揚生命的價值與意義，做到無愧於天地，無愧於父母，無愧於自己。「生以盡人道而無歉，死以返太虛而無累」。〔註30〕為此就需要樹立「健」、「動」的人生觀，「健

〔註27〕 王夫之：《思問錄·外篇》，《船山全書》第 12 冊，嶽麓書社版，第 454 頁。

〔註28〕 王夫之：《周易外傳》卷二，《船山全書》第 1 冊，嶽麓書社版，第 889 頁。

〔註29〕 王夫之：《俟解》，《船山全書》第 12 冊，嶽麓書社版，第 488～495 頁。

〔註30〕 王夫之：《張子正蒙注》卷二，《船山全書》第 12 冊，嶽麓書社版，第 20 頁。

以存生之理」、「動以順生之幾」。〔註31〕「健」即剛健有為，自強不息。人體天恤道，當以傚天之健行不息，不捨晝夜。「純乾之卦，內健而外復健，純而不已，象天之行。君子以此至剛不柔之道，自克己私，盡體天理，發憤忘食，樂以忘憂，不知老之將至，而造聖德之純也」。〔註32〕動，即主動進取、敢於行動。生命的本質在於運動，運動一停止，生命也就終結。天地之氣，恒生於動，而不生於靜，不動則不生，由屈而伸，動之機為生之始。在王船山看來，運動為生命造化之權輿，如果人們欲求瞭解天地化育和生命的奧秘，必須通過運動來體悟或者說在運動中體悟生命。生命的本質在於運動，所以人們就無需去聽那些「主靜」、「禁動」之類的邪說，只當求之於動，勇於實踐、大膽開拓吧！健、動是對生命本質的開掘和生命價值的開發，人活著就應當生命不息，戰鬥不止，為人民為祖國建功立業，鞠躬盡瘁，死而後已。船山指出：「蓋士之所任者重，而其道遠也。任之重而不弘焉，則不足以盡所任之量，而載其所任之實，以為疚愧於天人；故不可以不弘，而非侈外物以失其居約之體。任之重而所行之道又遠，而不毅焉，則雖或足以勝所任於始而不能以其所任歷無窮之道，而善其成以克全其終始；故不可以不毅，而非過任氣以傷其澹定之天。夫士之所任者何任哉？則仁以為己任也。吾心之體，即天地生生無盡之理；吾心之用，即萬物各得之情。以此思所任者，天理有一之不存，則廢天地之心，人情有一之不得，則墮萬物之命；而可不謂重乎」？〔註33〕船山主張，人生在世當以身任天下，仁以為己任，擴其情而與萬物同情，推其理而與天地同理，歷物無盡而不為物屈，處變無方而不為變移，「一日未死，而有一日必應之物理；一日未死，而有一日必酬之變化。以此思其為道也，理一念之不存，則私欲遂起而乘之；化一念之或息，則怠荒遂因而間之；而可不謂遠乎」？〔註34〕樹立「健」、「動」的人生觀，仁以為己任，就能夠使人生得有意義，同時亦能使人死得有價值。在王船山看來，生以載義生可貴，義以立生生可捨。他繼承和發展了孔孟「殺身成仁」、「捨生取義」的思想，認為道義的價值高於生命的價值。當著生命與道義發生矛盾，不可得兼之時，如果全其生則必害其義，如果守其義則需捐其生，在這種情況下，

〔註31〕　王夫之：《周易外傳》卷二，《船山全書》第 1 冊，嶽麓書社版，第 890 頁。
〔註32〕　王夫之：《周易內傳》卷一，《船山全書》第 1 冊，嶽麓書社版，第 55 頁。
〔註33〕　王夫之：《四書訓義》卷十二，《船山全書》第 7 冊，嶽麓書社版，第 537 頁。
〔註34〕　王夫之：《四書訓義》卷十二，《船山全書》第 7 冊，嶽麓書社版，第 538 頁。

真正對生之意義與死之價值有透徹瞭解的人必定會奮不顧身，捨生而取義。船山說：「嗚呼！死生亦大矣，而一旦捨之而無疑，是可以知人心固有之良矣。生亦我所欲，即當勢窮事迫之際，而不忍自戕者豈遂忘乎？乃以義之所在，其可以自居於無愧之地，則雖要領不全，而心爲之安，氣爲之暢，有甚於生之榮，故使之隱忍屈身以苟得生而不爲也。死亦我所惡，況當刀劍鼎鑊之間，而見爲難堪者，能恬然乎？乃以義之所否，其難以自容於挫辱之下，則使志氣自餒，面目自慚，有甚於死之辱，故使之逡巡退縮以避其患，而必不避也。死生大矣，而更有甚於死生者，固如是乎！」〔註35〕人總是要死的，只有爲保全道義名節而死才是死得其所。「履信思順者，雖險而不傾；取義蹈仁者，雖死而不辱」。〔註36〕王船山極爲鄙棄那些不顧民族存亡國家安危、只知個人求食求匹偶求安居的庸夫俗子，更蔑視那些貪生怕死、苟且偷生、喪失人生理想和氣節的無恒小人，他稱他們爲喪失人性的衣冠禽獸和行尸走肉。他主張，爲了國家的繁榮昌盛、民族的獨立富強，人們應當勇於犧牲，不惜獻出自己的生命，赴湯蹈火，視死如歸。

同王船山「貞生死」有別，帕斯卡爾則以一個人生悲觀主義者的筆觸淋漓盡致地揭示了生命對人的折磨、煎熬以及偶然、怪誕和死亡給予人的毀滅性的打擊的種種慘象，表達了哀生患死的人生情緒和人生態度。在帕斯卡爾看來，生命與死亡是一種不可思議的現象和不可理解的矛盾。人對於自己，就是自然界中最奇妙的現象。「因爲他不能思議什麼是肉體，更不能思議什麼是精神，而最爲不能思議的則莫過於一個肉體居然能和一個精神結合在一起」。〔註37〕人的存在的境況決定了人生的空虛與無聊。生命有什麼意義呢？他的誕生是罪惡，成長是苦惱。人實在是太渺小太可憐太可悲了！事物在其自身之中或在上帝之中的永恒性，足以使我們短促的生命驚訝不已，而當我們以自身來和無限作比較，更令我們痛苦不堪。我們人類「是如此之可悲，以致於當我們仔細地想到它時，竟沒有任何東西可以安慰我們」。〔註38〕帕斯

〔註35〕 王夫之：《四書訓義》卷三十五，《船山全書》第 8 冊，嶽麓書社版，第 722 頁。

〔註36〕 王夫之：《尚書引義》卷四，《船山全書》第 2 冊，嶽麓書社版，第 436 頁。

〔註37〕 （法）帕斯卡爾：《思想錄》，何兆武譯，北京：商務印書館 1986 年版，第 66 頁。

〔註38〕 （法）帕斯卡爾：《思想錄》，何兆武譯，北京：商務印書館 1986 年版，第 66 頁。

卡爾認為，人生是那麼偶然和荒誕，人類又是那麼腐化和墮落，人心是怎樣地空洞而又充滿了污穢，又是多麼地不公正和不講理啊！茫茫塵世，眞誠何在，道義何在，天理何在？舉目四望，人人自危，拼命地爭權奪利、爾虞我詐、互相攻訐。帕斯卡爾心灰然卻是公開、大膽地說：「人生就只不過是一場永恒的虛幻罷了；我們只不過在相互矇騙相互阿諛。沒有人會當著我們的面說我們，像是他背著我們的面說我們的那樣。人與人之間的聯繫只不過建立在這種互相欺騙的基礎之上而已」。〔註39〕人不外是僞裝、謊言和虛假的集合體而已。每一個人都被自己的欲望和情感所推動著，把欲望的滿足當成自己人生的唯一目標和最高價值。他只愛能夠滿足他的各種需要的人。人們自身的個人利益眞是一種奇妙的工具，足以使人們：眼花繚亂不知所措，沒有一個人會違背自己的個人利益而行動。「就是世界上最公正的人，也不可以擔任他自己案件的審判官」。〔註40〕個人利益是人們思想和行為的全部根源；也是人們一切行為的原動力。而且這種個人利益和欲望的滿足永遠沒有止境，一種欲望滿足了，馬上又會生出一個新的更高層次的欲望。「我們自身生存之空虛的一大標誌，就是我們不滿足於只有這一個而沒有另一個，並往往要以這一個去換取另一個」。〔註41〕人被各種各樣的欲望和利益之火燃燒著、啃噬著，使得人們常常生活在希望之中，從而忽略了自己眞正現實的存在。帕斯卡爾指出，我們永遠也沒有在生活著，我們只是在希望中生活。我們不斷地努力在裝扮並保持我們這種想像之中的生存。既然我們永遠都在準備著能夠幸福，所以我們永遠都不幸福也就是不可避免的了。生命是如此地短促而又充滿著各種各樣的痛苦與無聊。「全部的生命就都在願望之中度過」。〔註42〕我們從來都沒有掌握住現在，我們期待著未來，好像是來得太慢了，好像要加快它那進程似的；不然，我們便回想著過去，好攔阻它別走得太快：我們是那麼輕率，以至於我們只有在並不屬於我們的那些時間裏面徘徊，而根本就沒有想到那唯一屬於我們所有的時間；我們又是那麼虛妄，以致於我們夢

〔註39〕（法）帕斯卡爾：《思想錄》，何兆武譯，北京：商務印書館1986年版，第54
　　　　～55頁。
〔註40〕（法）帕斯卡爾：《思想錄》，何兆武譯，北京：商務印書館1986年版，第45
　　　　頁。
〔註41〕（法）帕斯卡爾：《思想錄》，何兆武譯，北京：商務印書館1986年版，第75
　　　　頁。
〔註42〕（法）帕斯卡爾：《思想錄》，何兆武譯，北京：商務印書館1986年版，第83
　　　　頁。

想著那種已經化爲烏有的時間，而不假思索地錯過了那唯一存在的時間。恐懼、願望和希翼把我們驅向未來並剝奪了我們對於現有的一切事物的觀感與思考，從而使現實的人生留下了滿滿的一大空白。帕斯卡爾得出的結論是：我們全部的歡樂都不過是虛幻，我們整個的生存都不過是苦難。

生命的沒有意義是同生命的短暫、易逝和痛苦、虛幻密切相關的，死亡剝奪了人所僅有的一點想像中的幸福，大大地加重了人生的悲劇性。帕斯卡爾說：「我所明瞭的全都，就是我很快地就會死亡，然而我所爲最無知的又正是這種我無法逃避的死亡本身」。死亡無時不刻不在威脅著我們，「它會確切無誤地在短短的若干年內就把我們置諸於不是永遠消災就是永遠不幸的那種可怕的必然之中」。〔註43〕死亡只不過到來一次，但人的生活中總伴有死亡的陰影，人們對死亡的恐懼、害怕、折磨和摧殘著人的一生。理解死亡要比死亡本身更令人痛不欲生。死亡的必然性與生存的偶然性奇妙地交織在一起，左右和支配著人的生活。帕斯卡爾不無悲觀地指出：「靈魂之投入身體乃是要做一次短期旅行。它知道那不過是永恒旅程之中的一段路，並且它一生之中只能有很短的時間可以準備。自然的種種必需卻消磨了它的大部分時間，只剩下來了很少的時間可以供它支配。然而剩下來的這一小點時間又是那麼強烈地使它不安而又那麼出奇地使它困惱，以至於它一心想要消滅這點時間。不得不與自己生活在一起並想著自己，這對它成了一種不堪忍受的痛苦。因此它全部的關懷就是要遺忘自己，並且從事於有礙它想到這些東西的事情，好讓這段如此短促的而又如此可貴的時間毫無痕迹地消逝」。〔註44〕帕斯卡爾深覺生存是沒有意義的，生命本身就是荒謬、怪誕、偶然而又不可思議，人生爲滿足自己欲望和個人利益的種種舉動使短暫有限的生命過程充滿著無窮無盡的苦惱、折磨與煎熬，然而死亡又像一個張開血盆大口的魔鬼吞噬著地上的一切生靈，人們在生存的每一瞬間都經受著死神的威脅，過著不是生活、形同死亡的生活。啊！生命是多麼無聊，而死亡又是多麼可怕！

從某種意義上說，帕斯卡爾的這種哀生患死的生死觀恰恰是王船山批判過的佛老生死觀的西方式表現，它反映了十七世紀法國社會人性險惡、冷漠、自私的歷史眞際。帕斯卡爾對生命本質及其痛苦無聊的揭示，對死亡滲入人

〔註43〕 （法）帕斯卡爾：《思想錄》，何兆武譯，北京：商務印書館1986年版，第92頁。

〔註44〕 （法）帕斯卡爾：《思想錄》，何兆武譯，北京：商務印書館1986年版，第82頁。

之生活使人生屢遭死亡威脅的論述，深深地打動了現代西方的哲學家們，尤其是存在主義哲家家，以至可以說，帕斯卡爾是雅斯貝爾斯、海德格爾、薩特等存在主義哲學家的始祖。帕斯卡爾與王船山不同的地方在於他是從揭示人生的荒謬與怪誕來展開對生死問題的論述的，是從否定的狀態來省察人生的意義與價值的，同王船山從肯定的狀態弘揚人生的意義與價值是兩種截然不同的思維類型和理論體系。比較而言，王船山的生死觀從自然現象的探討上升到社會現象的探討，從事實的描述過渡到價值的尋求，並且大大地深化了後一方面的探討；帕斯卡爾的生死觀側重於生死現象的事實描述和人們對生死現象的情緒感受的心理揭示，大多停留在實然視閾。王船山的生死觀由於具有強烈的社會責任感和歷史使命感，主張把個人的生死與社會的興衰存亡、民族的進退榮辱緊密地聯繫起來，把有限的生命投入到無限的社會進步、民族復興事業中去，「生以盡人道而無歉，死以返太虛而無累」，表現了一種社會本位主義和利群主義的倫理精神，閃爍其間的是對人生的肯定和自強不息、奮發有為的樂觀主義光澤。帕斯卡爾的生死觀僅僅在個人一己的生命中去論及生命的痛苦、無聊與死亡的無情、殘酷，昭示出的是一種固著於一己生命而又傷時歎世，畏懼於死亡降臨卻又不知所措的個人主義和利己主義情感與精神，呈現其中的是肯定生命與否定生命合為一體，哀生與懼死合二為一的矛盾性怪圈以及意求超越生死而又苦於無可奈何的悲觀主義情調。如果說帕斯卡爾的生死觀以滿腔的憂憤、不平揭示了生死於人的種種困惑，從而有助於人們更深入地洞見生命的本質與死亡的眞諦，那麼同時也可以說帕斯卡爾的生死觀著意於人生的荒謬與偶然，死亡的不可戰勝與必然，帶給人的不可能是正確地對待生命與死亡，從而導向肯定人生、激越人生的樂觀主義，它只能使人患得患失，使人陷入一種求生不得，求死不能的泥坑中而不能自拔。相反，王船山的生死觀既沒有迴避生命與死亡帶給人的種種困惑，也沒有以許諾生之永恒、死亡無期來寬慰遭受苦難的人類，而是深入探討生命的眞諦和死亡的價值，使人們面對生與死的思考既喚發出熱愛生活，珍惜生命，砥礪人生的壯志與熱忱，又能為弘大的道義和崇高的事業勇於犧牲、捨生取義，亦即使人們生得有意義，死得有價值。可見，王船山的生死觀比之帕斯卡爾的生死觀要更有助於肯定人生和推動人類社會進步，而帕斯卡爾的生死觀對人的現實生活所起的消極作用遠遠超過它可能產生的積極作用，它至多只能作為考察西方社會人們的心態和行為的一種參考資料而不可能完成指導

人生、發展人生和完善人生的任務。

三、不朽論：德功不朽與靈魂不朽

　　不朽問題實質是生死問題的進一步展開。在中外歷史上，凡是關注生死問題的都會關注不朽問題。對死亡意義的深層探究，對死後世界的冥思幻想以及超越死亡的觀念不僅是西方文化而且也是東方文化的一個不可缺少的組成部分。王船山和帕斯卡爾在對生死問題給予高度關注和深入研究的同時對不朽問題也給予了悉心的探求，他們都意識到人類需要不朽和不朽對於人生的某種激勵或寬慰作用。但是，由於對生死問題認識的角度及所抱的態度不同，由於對人的存在境況及其命運的描述和論證有別，使得他們二人在不朽問題上所表現出來的思維取向及理論旨趣南轅北轍，有著本質上的區別。王船山的不朽論以貞生死為依託，洋溢著尋覓人的行為與精神同無限發展的人類社會的價值意義的人生喜悅，帕斯卡爾的不朽論立於患生死的理論基點，探尋的是人類個體靈魂與上帝永生共存的關係。亦即王船山持德功不朽論，帕斯卡爾則持靈魂不朽論。

　　王船山認為，從肉身不死和靈魂永存的角度來談論不朽是十分荒謬而又不可思議的，他用元氣本體的生化學說和陰陽變合的辯證法思想來分析人的身心靈肉的關係，揭示了「形存則神存，形謝則神滅」的科學道理，撕下了罩在肉身長存和靈魂不滅之上的種種面紗，指出人的身體和心理、肉體和靈魂的存在是既定的，形氣衰竭，魂魄消散，既沒有能夠脫離肉體的靈魂，也沒有沒有靈魂的肉體，肉體的長生不老，羽化成仙以及靈魂不滅、生死輪迴是宗教唯心主義欺騙人民的反動伎倆。既然肉體不能夠長存，靈魂不能夠不滅，那麼又從何處去談不朽呢？王船山認為，沒有存在論意義上的不朽並不等於沒有價值論意義上的不朽。從人的社會生活和倫理品格上講，人類是需要不朽並產生了不朽的。這種不朽側重於人之行為、品質與整個人類社會、子孫後代的意義，反映的不是人的肉體或靈魂同自然存在的關係，而是人的德行、功績與言論同人類社會發展的關係，因此它具有超越靈肉存在的實然視閾而上升到了群己關係的應然視閾，是斷然不能用唯物與唯心、無神與有神的標尺來檢測的。基於此種認識，王船山從價值論的角度提出了「立德、立教、立功、立名」的四不朽學說，並對之作了全面深刻的論證。王船山指出：「蓋人之生也，所勤勤於有事者，立德也，立教也，立功也，立名也……

其以贊天之化，垂於萬古」。〔註45〕立德、立教、立功、立名四者構成一個完整的體系，從人生的價值和對人類社會生活的意義烘托出不朽的內蘊，昭示出不朽的品位與層次。

（1）立德。德是人們在倫理實踐中對道的體驗徹悟而形成的道德意識和道德品格。立德即是要體天恤道，以天道之乾元而自強不息，自克己私，盡人物之性而與天配德。「生而存者，德存於我；自我盡之，化而往者，德歸天地。德歸於天地，而清者既於我而擴充，則有所裨益，而無所吝留。他日之生，他人之生，或聚或散，常以扶清而抑濁，則公諸來世與群生，聖人因以贊天地之德，而不曰死此而生彼，春播而秋獲之，銖銖期報於往來之間也」。〔註46〕立德之為不朽是說博愛萬物與人類，協調個體與群體的德會同人類生活共始終，人類需要道德如同人類之需要生活。大公無私的品德，以天下為己任的志向，是任何一個歷史時期的人類都需要的。每一代人亦或個人所樹立起來的道德風範、道德品格都不會隨著他們本身或肉體的消失而消失，這種道德風範和道德品格會深深地嵌入後代或來者的心靈，或者存留於人類社會生活之中，成為後人或來者處己自為、修身養性的思想淵源。德行的不朽同那種生死輪迴、因果報應的不朽是大為不同的。王船山指出：「因其來而善其往，安其往所以善其來。物之來與己之來，則何擇焉！是則屈於此而伸於彼，屈於一人而伸於萬世，長延清紀，以利用無窮。尺蠖之屈而龍蛇之存，其機大矣。故生踐形色而沒存政教，則德遍民物而道崇天地，豈捨身以求入神之效也乎？惟然，故不區畫於必來，而待效於報身也；抑不愁苦於必往，而苟邀於不來也……若夫迷於往來之恒理，惑其憧憧，而固守己私，以覬他生之善，謂死此生彼之不昧者，始未嘗不勸進於無惡。而怙私崇利，離乎光大以即卑暗，導天下以迷，而不難叛其君親」。〔註47〕德性的不朽與靈魂的不朽的根本區別在於，前者毫無固守己私之心，以體天恤道，率天載義為務，後者怙私崇利，祈求成一永存之個體，將今世未曾實現和滿足的私欲寄託於來世。因此，德性之為不朽本質上是一種博愛主義或人類群體主義的人生哲學，靈魂或肉體之為不朽本質上則是一種利己主義和享樂主義的人生哲學。

〔註45〕 王夫之：《莊子解‧達生》，《老子衍 莊子通 莊子解》，北京：中華書局 2009
　　　　 年版，第 228 頁。
〔註46〕 王夫之：《周易外傳》卷六，《船山全書》第 1 冊，嶽麓書社版，第 1046 頁。
〔註47〕 王夫之：《周易外傳》卷六，《船山全書》第 1 冊，嶽麓書社版，第 1047〜1048
　　　　 頁。

（2）立教。立教是立德的內在要求，亦是使立德完善的條件。王船山指出：「天道至教，無時不發現於日用之間，故曰明明在上，赫赫在下。陰騭變化，利用厚生正德，無非教也」。〔註48〕教育是一個影響和改變人類生活和行為的過程，也是一個修明和培養人的道德品性的過程。「有未能知者，品節之而使知焉；有未能行者，品節之而使行焉；有知行之或過或不及者，而品節之使得夫仁義禮智之中焉……由此言之，則教以修道，人莫不當盡其道，而道著為教，則道有不可廢，即教有所必盡焉。教固本於天，具於性，而為道之所宜盡其修者也」。〔註49〕教育的根本宗旨即是崇道明德，培養一代又一代品學兼優、繼往開來的人才。因此教育是事關國家盛衰、民族興亡的千秋大業。人類正是通過教育、發展教育和接受教育才與動物有了本質的區別。「王者之治天下，不外政教之二端，語其本末，則教本也，政末也。語其先後，則政立而後教可施焉」。〔註50〕「政著於一時，而傳於後世者顯而易見；教垂於後世，而其在當時則隱而難知」。〔註51〕教育的效果雖然隱秘，但影響卻深沉久遠。在王船山看來，善政得民財，善教得民心，得財則財有乏，而民不保；得心則心無窮而必不可離。教育將如經天麗日，永遠伴隨著人類並不斷促進和發展著人類，使人類日趨文明而不斷完善。那麼，怎樣立教呢？王船山指出：「惟人能以虛靈不昧之知以察乎理，故得以發之為禮樂刑政，而盡夫健順五常之實焉。既知之而後能體之，此教之所自成也。而賢人之修道，能擇乎善之精，知智之所當知，知仁之所當行，知勇之所當彊。因是而審其宜者，存中發外，皆真實而無妄，則由聖教啟其實，修道在教矣」。〔註52〕立教，一方而是認知智仁勇的道理以修道存誠，以知識弘揚本性，改造稟賦，另一方面又在繼善達德，正心誠意的過程中獲取更深的知識，擴充知識。同時，王船山還認為，「立教有本，躬行為起化之原；謹教有義，正道為漸摩之益」。〔註53〕教以身體力行、躬行踐履為要旨，身教重於言教。「故教者修焉，而使學者學焉，然非徒以文具也。夫欲使人能悉知之，能決信之，能率行之，必昭昭然知其當然，知其所以然，由來不昧，而條理不迷。賢者於

〔註48〕王夫之：《禮記章句‧大學》，《船山全書》第 4 冊，嶽麓書社版，第 1475 頁。

〔註49〕王夫之：《四書訓義》卷二，《船山全書》第 7 冊，嶽麓書社版，第 105 頁。

〔註50〕王夫之：《禮記章句‧王制》，《船山全書》第 4 冊，嶽麓書社版，第 334 頁。

〔註51〕王夫之：《四書訓義》卷三十，《船山全書》第 8 冊，嶽麓書社版，第 367 頁。

〔註52〕王夫之：《四書訓義》卷四，《船山全書》第 7 冊，嶽麓書社版，第 188 頁。

〔註53〕王夫之：《四書訓義》卷三十二，《船山全書》第 8 冊，嶽麓書社版，第 527 頁。

此，必先窮理格物以致其知，本末精粗，曉然具著於心目，然後垂之爲教，隨人之深淺而使之率喻於道。所以遵其教，聽其言，皆去所疑，而可以見之於行」。〔註54〕教者須具慧識睿智，然後才能傳道授業，使教如春風化雨，潤物無聲，一代代地繼承下去並發揚光大。

　　（3）立功。立功是立德立教的效用使然，亦是進至立德立教的環節。自古人們就德功並言，教功並稱。立德即是要功於天下，利於民物，利教即是要功於心智，利於子孫。王船山認爲，功是乾坤互動、知能合一的結晶。「天積日以爲歲功，歲功相積而德行其中」。立功即是要充分發掘天所賦予人的各種材質潛能，「爲天地立心，爲生民立命，爲往聖繼絕學，爲萬世開太平」，即是「順天以承祐」，「承天以祐民」，「延天以祐人」，與天爭權與天爭勝，創造一個人化的自然界，使得「天之所死猶將生之，天之所愚猶將哲之，天之所無猶將有之，天之所亂猶將治之」，使自然界爲人類造福，即是趨時更新、革故鼎新、移風易俗，建一代規模，創一代奇勳，不斷地推動社會進步、人類文明，爲人的全面的自由的和諧的發展創造條件。立功始於立志，中於立行，終於立節，是志向、行爲與氣節的合一。立志必以光明俊偉爲基礎，然後才能恢宏而高遠；立行必以腳踏實地爲準繩，然後才能篤實而必致；立節必以不屈不撓爲旨歸，然後才能剛烈而堅貞。古往今來，凡是那些爲祖國爲人民爲社會建立不朽功勳的人無不是「力拔山兮氣蓋世」，「子魂魄兮爲鬼雄」式的具有高遠志向和崇高人格的人。如西晉末年的劉琨和祖狄面臨外族入侵爲拯救河山、立誓爲祖國和人民建功立業，每日聞雞起舞，以激勵壯志；又如「壯志飢餐胡虜肉，笑談渴飲匈奴血，待從頭收拾舊山河，朝天闕」的岳飛等都是集立志立行立節於一身從而建立了豐功偉業的功臣志士。

　　在王船山看來，眞正的功業總是同興公去私，以天下爲家，爲民請命密切相關的。只有「居天下之廣居，立天下之正位，行天下之達道」，才能夠激發起建功立業的壯志與熱忱，率天載義，富貴不淫，貧賤不移，威武不屈。像大禹那樣忘身勤天下，爲民興利除害，才能功垂萬古，業昭萬世，永垂不朽。「禹之治九州，東則鳥夷，西則因桓，南暨於交，北盡碣石……治水有功，因天下之動而勞之，以是身教暨四海，此聖人善因人以成天也」。〔註55〕從某種意義上

〔註54〕王夫之：《四書訓義》卷三十八，《船山全書》第 8 冊，嶽麓書社版，第 925 頁。
〔註55〕王夫之：《讀通鑒論》卷三，北京：中華書局 1975 年版，第 60 頁。

說，立功即是立天下之大公，即是興天下之利，除天下之害。立功即是立天下之大公，顯現了王船山立功說的基本內蘊。

（4）立名。立名是立德的表徵，立教的功效，立功的要求。立名之名同名利之名頗多差異，名利之名常源於人們的虛榮之心，往往呈因名廢實之狀，表現為不擇手段去獵取一己之私名，故多為有識之士所唾棄；而立名之名則源於人們的崇德樂教之心，它是同循名責實，以名正實，名副其實聯繫在一起的，而且還含有在名實俱毀、天下是非不分、榮辱混淆的情勢下正名建名的意義，含有撥亂反治、正本清源，為天下人民立行動準繩的意義。王船山指出：「天下喪其實，以實救之，君子修其實而據以為德。天下喪其實，且喪其名，以名顯之，君子必正其名而立以為道。名者，人道之大者也。治逆亂之天下，君以賊道王，臣以狄道貴，民以禽道生；以既喪其實，尤喪其名。王者去死而奠之生，珍人而殊之禽，實既孚於天下，而名居尤重之勢，必自我正之，而後天下耳目治而心志一」。〔註56〕立名是根據事物的本質規律性將不同的事物從形態和現象上區分開來，是將實同名有機地結合起來的創造性活動，亦是「天下有道，道其所道，天下無道，立其所道」式的救天下之弊、立善去惡的行為實踐。王船山指出：「名以成實，名不可辱，實以主名，名不可沽」。〔註57〕同實相符的名是不可玷污羞辱的，用實作為根本和統制的名是不能任意待價而沽的。名同節相關，因而同「德」、「教」、「功」不可分。在人們「因名以立義」，「正名以立直」，「循名以責實」的過程中，確立的不僅是名更是「德」、「教」、「功」。君子立名實質是尊德崇教、建功立業的確證，是捍衛自己的人格與尊嚴，擴展自己的智慧與膽識，開掘自己的潛能與稟賦的表徵。從某種意義上說，立名就是立自己做人的理想與目標，就是熱愛、維護自己的社會形象和人格尊嚴，堅守自己的德操，泊然於生死存亡而不失其度，歷乎無窮之險阻而皆不喪其所依，就是弘揚人之所以為人的獨特本質，「存人道以配天地」，「保天心以立人極」。

總之，王船山的四不朽學說，立德是基礎亦是核心，立教是立德的內在要求亦是完善立德的條件，立功是立德的結晶亦是進至立德的環節，立名是立德的表徵亦需受立德的規約，四者因德而互貫兼通，構成一個涵蘊豐厚且別開生面的思想體系。

〔註56〕王夫之：《尚書引義》卷四，《船山全書》第 2 冊，嶽麓書社版，第 332 頁。
〔註57〕王夫之：《尚書引義》卷五，《船山全書》第 2 冊，嶽麓書社版，第 363 頁。

　　與王船山從價值論的角度談論立德、立教、立功、立名的不朽學說有別，
帕斯卡爾則執著於存在論的角度，繼承和發展了基督教的靈魂不朽論。在帕
斯卡爾看來，相信靈魂的不朽並把意念轉向天國是人們解脫現實痛苦的唯一
路經。對於人來說沒有什麼比靈魂不朽和永恒更為重要和更值得關心的了。
「如若有人對喪失自己的生存、對淪於永恒悲慘的危險竟漠不關心，那就根
本不是自然的了」。〔註58〕最足以譴責精神的極端脆弱的，莫過於不能認識一
個沒有上帝的靈魂；最足以標誌內心品性惡劣的，莫過於不願相信靈魂的永
恒；最足以說明人之荒唐無比的，莫過於作反對上帝的勇士。一個人如果相
信或希望自己的靈魂會不朽，相信自己死後能與上帝同在，那麼對這個人來
說無疑是一種絕大的幸運與福音，他會因此而大大提高承受現實痛苦、折磨
與不幸的能力，他會因此獲得比那些不相信靈魂不朽的人更多的精神安慰和
人生幸福。只要能夠使自己的靈魂不朽或死後與上帝同在，任何現實的苦難、
打擊對人來說都算不了什麼。「為了永恒的緣故，沒有任何代價對我是過高
的。」帕斯卡爾認為，在人的生命歷程中，除了希望靈魂不朽或永恒外，就
再也沒有任何別的美好。「我們只是隨著我們之接近於幸福才幸福，而且正如
對於那些對永生有着完全保證的人就不會再有不幸一樣，對於那些對永生沒
有任何知識的人也就絕不會有幸福可言」。〔註59〕人生的所有快樂與幸福都同
認識、熱愛上帝、相信靈魂不朽有關。人越是能夠認識上帝進而全心全意地
熱愛上帝，越是能夠相信靈魂不朽並渴望自己的靈魂也能不朽，人就能夠享
有神恩，從而生活得越充實越甜美。帕斯卡爾同時又認為，並不是所有的人
都能夠認識上帝和靈魂不朽，因為認識上帝和靈魂不朽是一件非常艱辛而又
必須持久不懈的工作，所以現實現生活中不能夠真正擁有幸福的人數是那樣
多就是不難想像的了。

　　盡管如此，帕斯卡爾還是希望自己能用發人深省的事理去感化和挽救正
在遭受痛苦的人們。他說：對於涉及人們的不朽與永生這件事採取粗疏無知
的態度，「這使我惱怒更甚於使我憐憫；它使我驚異，使我驚訝，在我看來它
就是惡魔。我這樣說，並不是出於一種精神信仰上的虔敬的熱誠。反之，我

〔註58〕（法）帕斯卡爾：《思想錄》，何兆武譯，北京：商務印書館 1986 年版，第 94
　　　　頁。
〔註59〕（法）帕斯卡爾：《思想錄》，何兆武譯，北京：商務印書館 1986 年版，第 92
　　　　頁。

是說我們應該出於一種人世利益的原則與一種自愛的利益而具有這種感情」。〔註60〕這就是說，相信靈魂不朽和永恒，並對之持一種認重、渴望瞭解的態度並不是同人世利益的原則或人生幸福相背離的。即使不是依據信仰與超然的熱誠，而是依據純人類的原則，依據自愛的利益的運動，我們也應該而且也完全有必要相信靈魂不朽。「靈魂不朽是一件與我們如此之重要攸關的事情，它所觸及我們的又是如此之深遠；因此若是對於瞭解它究竟是怎麼回事竟然漠不關心的話，那就必然是冥頑不靈了。我們全部的行為和思想都要隨究竟有沒有永恒的福祉可希望這件事為轉移而採取如此之不同的途徑，以致於除非是根據應該成為我們的最終目標的那種觀點來調節我們的步伐，否則我們就不可能具有意義和判斷而邁出任何一步」。〔註61〕在帕斯卡爾看來，人的現實生活及其追求自我利益的運動必然要提出靈魂不朽的問題，人是需要靈魂不朽的。現實生活是那麼痛苦、不幸與無聊，如果沒有靈魂不朽的觀念安慰我們，給我們以解脫，我們又如何能夠生存下去？反過來說，即使現實生活毫無痛苦、不幸與無聊，充滿著種種祥和、歡樂與幸福，也會使我們生發靈魂不朽的觀念，因為沒有一個人不願意長久地保留這種祥和、歡樂與幸福，人總是希望能夠享受永福，免遭永劫的。

然而，無可抗拒的是，人的肉體總是要死的，渴求自己的肉身長存是不可能的，那就只能寄希望於靈魂的不死。為了造成靈魂的不朽，人們就需要認識上帝、信仰上帝並與上帝合一。為了使人幸福和滿意，我們就必須向人們揭示：「上帝是存在的；我們有愛上帝的義務；我們真正的福祉就存在於上帝之中，而我們唯一的罪過就是脫離上帝」。〔註62〕「不要在大地上尋求滿足吧，不要希望人間的任何東西吧；你們的美好只在上帝之中，最高無上的福祉就在於認識上帝，就在於使自己在永恒之中與上帝結合」。〔註63〕在帕斯卡爾看來，上帝不是外在於人的而是內在於人的，人自身的矛盾、困惑與衝突需要上帝的存在和對上帝的信仰。人們沒有關於上帝的學說這樣一種一切神

〔註60〕（法）帕斯卡爾：《思想錄》，何兆武譯，北京：商務印書館1986年版，第91頁。

〔註61〕（法）帕斯卡爾：《思想錄》，何兆武譯，北京：商務印書館1986年版，第90頁。

〔註62〕（法）帕斯卡爾：《思想錄》，何兆武譯，北京：商務印書館1986年版，第187頁。

〔註63〕（法）帕斯卡爾：《思想錄》，何兆武譯，北京：商務印書館1986年版，第189頁。

秘中最不可理解的神秘就不可能理解和認識人類自己，以致與其說上帝的神秘是不可思議的，倒不如說沒有這種神秘人就是不可思議的。帕斯卡爾指出：「高傲的人們啊，就請你們認識你們自己對於自己是怎樣矛盾的一種悖論吧！無能的理智啊，讓自己謙卑吧；愚蠢的天性啊，讓自己沉默吧；要懂得人是無限地超出自己的，從你的主人那兒去理解你自己所茫然無知的你那眞情實況吧。諦聽上帝吧。〔註64〕人是無限地超出於人之外的，如果不靠信仰的幫助他自己對於自己就是不可思議的。人要求過幸福美好的生活，人渴望自己此世沒有遂願的事物彼世能夠遂願，這就需要信仰上帝的存在。只有一個全知全能且公正無私的上帝的存在，才能保證人的靈魂趨於聖潔從而與上帝同在。

　　帕斯卡爾爲宗教信仰辯護以及對靈魂不朽的論證，同他用理性來批判一切和批判理性本身，從形式上看是十分矛盾的，人們也難於理解一個懷疑一切批判一切的人爲何如此篤信上帝和靈魂不朽，在他那相對主義和虛無主義的人生哲學裏如何能容得下一個絕對的上帝，但是這種十分矛盾的現象在他身上卻是奇迹般地結合在一起的。這是因爲，在帕斯卡爾那裏，理性只能批判或作用於認識的對象而不能作用於信仰，信仰的對象是理性永遠無法把握或加以批判否定的。誠如卡西爾在《人論》一書中所指出的，思想史上一個令人難以理解的事實就在於，「正是那時最偉大最深刻的幾何學家之一變成了中世紀哲學人類學的殿軍」。〔註65〕帕斯卡爾同中世紀神學家的唯一區別在於，他認爲上帝的存在雖然不能被理性所證明但卻爲人心所必需，他把靈魂的不朽置於人類心靈深處的呼喚與希翼之中，認爲對上帝的信仰及其希翼與上帝合一要比單獨以理智所能夠做到的更加無限使人謙卑，但又不令人絕望，比天性的驕傲更加無限使人高尚但又不令人頭腦發脹，只有它才能使人免於錯誤與邪惡，既教導著人類又矯正著人類。帕斯卡爾的這種思想，極大地影響了西方近代的思想家，比如伏爾泰、孟德斯鳩、盧梭、狄德羅以及萊布尼茲、康德等人，尤其是康德對靈魂不死的論述可視爲帕斯卡爾不朽論的翻版。

　　比較而言，王船山的不朽學說，立足於宇宙大化、天地運行和人生使命

〔註64〕（法）帕斯卡爾：《思想錄》，何兆武譯，北京：商務印書館1986年版，第196頁。

〔註65〕（德）卡西爾：《人論》，甘陽譯，上海譯文出版社1985年版，第15頁。

相耦相結的關係角度，探尋的是現實人生的價值和意義，追問的是現實人生的底蘊與真諦，透露出一種強烈的歷史責任感和整體族類意識，並體現出一種執著於人生理想及其追求的至善品格和超越精神，這種將「立德、立教、立功、立名」聯為一體並以「立德」為軸心的不朽學說，反映著中國倫理文化那種卓爾不群、特立獨行的風格和氣派，對於提升人的人格尊嚴和族類本質，增強民族的凝聚力和自信心，激勵人們為子孫後代奮鬥和獻身，以此推動歷史前進和人類進步，無疑具有重大的意義和價值。帕斯卡爾的不朽學說盡管也著眼於人之現實幸福和追求自我的利益運動，但它本質上卻是一種超現實超經驗的不朽理論，談論靈魂不朽著眼點不是人生的價值與意義，而是人之求生本能和求生欲望的要求與實現，昭示出的是一種強烈的固守己私「而覬他生之善」的個人主義和利己主義意識。如果說王船山的不朽理論著眼於現實人生，試圖通過「立德立教立功立名」的人類精神追求和行為實踐，以求現實社會生活合理化，因而使其不朽學說充滿著理性意味，那麼帕斯卡爾的不朽理論以對上帝的絕對信仰作為渴求靈魂不朽的唯一條件和途徑，狂熱迷戀並不存在的彼岸世界，因而使其不朽學說充滿著盲目信仰和與人類理性相背離的非理性色彩。在王船山那裏，人能否「立德立教立功立名」從而使自己不朽，取決於人自己的主體性追求；而在帕斯卡爾那裏，人是無法通過自己的努力來消除人的墮落和通達靈魂不朽的，只有靠對上帝的信仰和上帝的拯救來解脫和實現。因而在帕斯卡爾那裏，不朽的主體是上帝，人反而變成了不朽的客體，這與王船山的不朽學說是截然不同的。

四、至善論：明新合一與把握中道

　　至善是人所認定並孜孜以求的最高精神境界和道德境界，它集結和代表著人的最高道德理想、根本倫理原則和至上價值目標，表徵著人的最高目的性企求和具足生活之最高精神價值，是人對有限價值和一般目的的無限超越和完美設定。王船山和帕斯卡爾在自己的人生論中，均探討了至善，並且都有把至善視為一種無過無不及的中道的傾向，但由於各自人生論的理論實質和類型不同，使得他們的至善論也呈現出無可避免的差異，即王船山是在人類社會生活的大背景中探討至善，而帕斯卡爾則是在個人生活的情境中論及至善，一個把至善歸結為明新合一，一個則把至善歸結為把握中道。

　　王船山認為，至善是人類社會生活的產物，需要從人與人、人與社會的

關係中去考察。從人與人的關係探求至善，可把人們律己待人的最高美德中庸視爲至善。中者建中、執中，指謂天下之正道，庸者用也，言用之更新而不窮。「以實求之：中者體也，庸者用也。未發之中，不偏不倚以爲體，而君子之存養，乃至聖人之敦化，胥用也。已發之中，無過不及以爲體，而君子之省察，乃至聖人之川流，胥用也。……中爲體，故曰『建中』，曰『執中』，曰『時中』，曰『用中』，渾然在中者，大而萬理萬化在焉，小而一事一物亦莫不在焉。庸爲用，則中之流行於喜怒哀樂之中，爲之節文，爲之等殺，皆庸也」。〔註66〕中庸即是道在人我關係中的眞切恰當之表現，是律己待人的一種至善至美的表現。它不可能像仁、智、信、直、勇、剛等德目那樣會產生偏蔽或不當之處，它是人倫道德之極至，是善之盡善的。王船山認爲，中庸並非過與不及之間的折中，我們不能將其同過與不及相參立而並言。實際上，過與不及都是未至。如果像程朱那樣認爲無過不及之謂中，那就會給人一個錯覺，似乎道有止境，在「中」之外還可超越。中庸作爲至善，根本不存在「過」的問題，一般所謂「過」，只是「不及」的一種表現。有過則爲善之不盡善，只有無過才能至於至善。王船山認爲，對於中庸不能用「兩頭一般長、四圍一般齊」的標準去理解，他以射鵠爲例，指出不能以鵠立於百步便以百步爲中庸，認九十步內爲不及，一百一十步則爲過。如果這樣理解中庸是很偏狹而又呆板的。在王船山看來，中庸作爲一種至善或至德，是人待人處世所達到的一種爐火純青的境界和圓滿藝術。在中庸以外或以上再也沒有也不可能有比之更高或更完善的德性。

　　從人與社會的關係探求至善，至善不僅是個人的一種內聖或自我完善活動，而且也是社會的一種外王或群類完善狀態，是明德新民的合一。王船山指出：「乃其明德之學無一理之不求明，無一念之不求審，無一事之不求當；其新民之學，責之己者必備，用其情者必正，立之教者必順；將以何爲也哉？蓋以止於至善也。蓋德之明，民之新，善也。而德之明必全乎性之善，民之新必底於化之成，明新合一而極乎內聖外王之理者，則至善也。」〔註67〕通過明明德，人們保持和發揚天所賦予人的那種靈而通理、粹善湛一之性，使之在與萬物的交接中御萬物而不爲物所蔽，亦即全乎性之善，達到內聖或自

〔註66〕王夫之：《讀四書大全説》卷二，《船山全書》第 6 冊，嶽麓書社版，第 451 頁。

〔註67〕王夫之：《四書訓義》卷一，《船山全書》第 7 冊，嶽麓書社版，第 44 頁。

我完善。在王船山看來，內聖不可能僅僅只停留在個體主體的自我完善上，它必然要把自我主體的內聖施諸他人，使他人亦能走向自我完善。「德到優時，橫天際地，宜左宜右」，無一不通，無處不順。僅僅只局限於個人主體的自我完善，是一種明哲保身式的個人主義，其德不可能達於「明」或進入「優」的境地，而且也不可能真到達到自我完善或自我實現。因為人是有道德的社會性動物，人不可能脫離他人和社會而單獨存在，人的自我完善只有在社會生活中並通過與他人的各種道德交往來實現。個性的形成一方面是主體自身自強不息、繼天道之善的產物，另一方面又是客觀外在環境及教育、習行的產物。王船山強調人是社會環境的產物，「與君子處，則好君子之好，惡君子之惡。與小人處，則好小人之好，惡小人之惡。又下而與流俗頑鄙者處，則亦隨之以好惡矣。」〔註68〕又說：「人不幸而失教，陷入於惡習，耳所聞者非人之言，目所見者非人之事，日漸月漬於里巷村落之中，而有志者欲挽回於成人之後，非洗髓伐毛，必不能勝。」〔註69〕為了涵養道德、提高自身的道德素質，人不僅需要接受社會或聖人的教育、啓發，而且也需要交朋結友、互相觀摩、互相促進。再則，真正的道德從來就不是孤立存在而沒有人響應遵從的。「故有德者必有其類從之，如居之有鄰也。」真正的道德在當世必有相與相通之友人，在後世必有相師相從之來者。即使是「一人之德」、「或首出而開天下之先，或高蹈而不顧天下之非」，大有孤獨存在之嫌，但是它也不是純粹孤立存在的。船山指出：「其出也，功垂於四海，其處也，望重於當時，信不孤矣。其不孤何也？自我倡之，必有和之，自我為之，必有成之。或道高於己者，猶曲信其心；或志合於己者，則交獎其為；或行不逮己者，即企及其美：必有鄰焉。未有一聖人興而無群賢之輔，一君子出而無眾正之合者矣。」〔註70〕王船山還認為；人有人的用處，每個人都有其所長，「三人行，必有我師焉」，人只有不斷地取他人之長，補自己之短，見賢思齊，見不賢而內自省，才能使自己念念之積漸而善量以充，事事之積漸而德之成以盛，進而達到極高明的境界。

可見，真正的自我完善或內聖離不開同他人的交往或向他人學習，它包含著將人我己群聯繫起來在推動社會進步的同時完善自我的因素，因此它也

〔註68〕王夫之：《俟解》，《船山全書》第 12 冊，嶽麓書社版，第 490 頁。
〔註69〕王夫之：《俟解》，《船山全書》第 12 冊，嶽麓書社版，第 494 頁。
〔註70〕王夫之：《四書訓義》卷八，《船山全書》第 7 冊，嶽麓書社版，第 391 頁。

必然要求明德新民的合一，要求內聖外王的合一。所謂新民，不過是使天下人民都明其明德，所謂外王不過是使自己所屬的群類成員個個都實現內聖。在王船山看來，新民或外王包括齊家、治國、平天下三個條目。「新民者，以孝、悌、慈齊家而成教於國，須令國人皆從而皆喻。」〔註71〕人人都是能夠接受道德教化，產生效法道德楷模的行爲趨向的，修身正心的道理具有普遍適用性，「以同然之心、同然之理而修之，而家之人、國之人誰無此心，誰無此理，而有不效焉者乎？若身之不修，則此心此理先已喪失，家之人知其好惡之不正，雖教之不從，而不可教，則使其修庠序學校之文，飲射讀法之典，以教國之人，而國人能順其教者必無之矣。故君子原本其身，克愼其修，本固有之心，盡當然之理，不待出家以敷教於國，而一國之人心風化已成一矩則而可推行矣。」〔註72〕在家能孝親，在國亦必能忠君，在家能敬兄，在國亦能「尊耆年、奉上吏而事長者，」在家能盡慈以恤幼，在國亦必能「撫民之勞，勤民之事而使眾者。」孝悌慈本身是人們調節理順家庭關係的重要道德規範，但卻又是人們修身律己、自我完善所必須遵循的行爲準則，同時還是人們治國平天下的基礎。治國平天下的道理居要不繁，其實質是將心比心、推己及人的「絜矩之道。」船山指出：「心之同然者，其理同也，則其情亦同也。一國之理，通以一心，天下之情獨不可以一心通之耶？夫愚氓之私願固不可曲絢，而萬民之同情則不容以不達。故平天下者，使人各得其應得之理，而無有不均者也。於是而君子治國之道在矣，即平天下之道在矣。物之不齊而各有所應得者，猶之矩也。君子察乎理而審乎情，以各與所應得者，此心之絜度也。是以君子有絜矩之道，而國可治，天下亦可平矣。」〔註73〕君子以絜矩之道治國平天下，實際上就是以推致格知之理亦即以道德治天下，以明明德而新民，從內聖中開出外王。總之，欲「振起其民使自新」，離不開君子的明明德與修身養性，欲建就王道政治，離不開君子的內聖與絜矩之道。一方面，內聖或自我完善離不開外王或他人完善，另一方面外王或人類進步亦離不開內聖或自我完善。至善是明明德與新民的合一，是內聖外王的合一。

〔註71〕王夫之：《讀四書大全說》卷一，《船山全書》第 6 冊，嶽麓書社版，第 397 頁。

〔註72〕王夫之：《四書訓義》卷一，《船山全書》第 7 冊，嶽麓書社版，第 76 頁。

〔註73〕王夫之：《四書訓義》卷一，《船山全書》第 7 冊，嶽麓書社版，第 88 頁。

　　帕斯卡爾也像王船山一樣把中道視作人生的至善，提出：「脫離了中道就是脫離了人道。人的靈魂的偉大就在於懂得把握中道；偉大遠不是脫離中道，而是絕不要脫離中道」。〔註74〕並認為「除了中庸之外，沒有別的東西是好的」。〔註75〕「一切過度的品質都是我們的敵人」。〔註76〕不同於王船山從人與人、人的社會生活來論中庸的是，帕斯卡爾是從人的自然狀況和人的個人生活來論中庸的。在帕斯卡爾看來，中庸之為至善是人處於兩個極端之間的中道狀態所決定和所要求的。人在宇宙中處於無窮和虛無之間，他既是某種東西，又不是一切。相對於無窮而言，人是虛無；相對於虛無而言，人又是全體。人距離理解這兩個極端都是無窮之遠，「事物的歸宿以及它們的起源對他來說，都是無可逾越地隱藏在一個無從滲透的神秘裏面；他所由之而出的那種虛無以及他所被吞沒於其中的那種無限，這二者都同等地是無法窺測的」。〔註77〕處於無窮與虛無之間的中間狀態，不是人自身的選擇，而是上帝的安排和命中注定的，這種中間狀態決定了人既不是天使也不是禽獸，而是集天使與禽獸、偉大與渺小、光榮與卑鄙於一身。人類既有著某種偉大的大原則，同時又有著某種可悲的大原則；凡是一方所能用以說偉大的一切，就只是為另一方提供得出可悲結論來的論據。人的這種狀態造成了人的有限。帕斯卡爾指出：「我們在各方面都是有限的，因而在我們能力的各個方面都表現出這種在兩個極端之間處於中道的狀態。我們的感官不能查覺任何極端：聲音過響令人耳聾，光亮過強令人目眩，距離過遠或過近有礙視線，言論過長或過短反而模糊了論點，真理過多使人驚惶失措，第一原理使我們感到過於確鑿，歡樂過多使人不愉快，和聲過度使音樂難聽；而恩情太大則令人不安」，〔註78〕如此等等，不一而足。即使是年齡、思想也一樣。太年輕則表現為過分幼稚，容易引起人們輕視，太年老則表現為過分成熟，容易引起人的

〔註74〕　（法）帕斯卡爾：《思想錄》，何兆武譯，北京：商務印書館1986年版，第169頁。

〔註75〕　（法）帕斯卡爾：《思想錄》，何兆武譯，北京：商務印書館1986年版，第168頁。

〔註76〕　（法）帕斯卡爾：《思想錄》，何兆武譯，北京：商務印書館1986年版，第33頁。

〔註77〕　（法）帕斯卡爾：《思想錄》，何兆武譯，北京：商務印書館1986年版，第30頁。

〔註78〕　（法）帕斯卡爾：《思想錄》，何兆武譯，北京：商務印書館1986年版，第32頁。

敵視。如果沒有思想那就無法使自己超越於動物之上，使人感到偉大，如果思想得太多，就會使人頭腦發昏，重新陷入蒙昧。他如寫作，「如果我們完成了自己的作品之後倉促之間加以考察，我們對它就一心還是先入為主的成見；如果是時間太長之後，我們就再也鑽不進去了」。〔註 79〕

　　根據對人所處狀況的考察，帕斯卡爾得出了對於人來說，至善即在於「把握中道」的結論。人生中一切美好的事物和現象都同中道相關，一切優秀的道德品質都表現為中道。帕斯卡爾認為，人生的許多不幸與苦難均來源於人們不能認識和把握中道，來源人類並不知道自己處在什麼位置上，「他們顯然是走入了歧途，從自己真正的地位上跌下來而再也找不到它。他們到處滿懷不安地而又毫無結果地在深不可測的黑暗之中尋找它」。〔註 80〕「有人求之於權威，另有人求之於好奇心或求之於科學，又有人求之於肉欲」，〔註 81〕還有的人竟至於向禽獸屈服和崇拜禽獸。帕斯卡爾自認為他是唯一能使人認識和把握中道的人，他在《思想錄》中所做的一件重要工作就是教人認識中道。他說：「我要同等地既譴責那些下定決心讚美人類的人，也譴責那些下定決心譴責人類的人，還要譴責那些下定決心自尋其樂的人」。〔註 82〕他的目的是通過貶低那些高傲的人，擡高那些自卑的人使其認識中道，教人既愛自己而又不致於盲目，既恨自己而又不致於絕望，使人逐步生活得合乎人所處的狀態。他還這樣說：「使人過多地看到他和禽獸是怎樣的等同而不向他指明他的偉大，那是危險的。使他過多地看到他的偉大而看不到他的卑鄙，那也是危險的。讓他對這兩者都加以忽視，則更為危險。然而把這兩者都指明給他，那就非常之有益了。絕不可讓人相信自己等於禽獸，也不可等於天使，也不可讓他對這兩者都忽視；而是應該讓他同時知道這兩者。」〔註 83〕在帕斯卡爾看來，人需要一種偉大和卑賤、驕傲與屈辱之間的中道，意即既需要偉大又

〔註 79〕　（法）帕斯卡爾：《思想錄》，何兆武譯，北京：商務印書館 1986 年版，第 170頁。

〔註 80〕　（法）帕斯卡爾：《思想錄》，何兆武譯，北京：商務印書館 1986 年版，第 186頁。

〔註 81〕　（法）帕斯卡爾：《思想錄》，何兆武譯，北京：商務印書館 1986 年版，第 185頁。

〔註 82〕　（法）帕斯卡爾：《思想錄》，何兆武譯，北京：商務印書館 1986 年版，第 182頁。

〔註 83〕　（法）帕斯卡爾：《思想錄》，何兆武譯，北京：商務印書館 1986 年版，第 181頁。

需要卑賤，既需要驕傲又需要屈辱。人們之所以需要卑賤，那是因爲卑賤不會使人目空一切，會使人深切地意識到自己的缺陷與不足；人們之所以需要偉大，那是因爲偉大會使人承認自己的存在，並提高人做人的信心。因此，「卑賤的情緒是必需有的，但不是出自天性而是出自悔罪；不是爲了要停滯於其中，而是爲了要步入偉大。偉大的情緒是必須有的。但不是出自優異而是出自神恩，並且是在已經經歷了卑賤之後」。〔註84〕

　　總之，人的存在處境決定了人必須有中道的品德，而中道的認識與把握又可以幫助人更好地認識人生和實踐人生，使人除去許多不必要的痛苦與煩惱，因此對人來說，沒有什麼比合乎中道更好更稱心如意的了。中道即是人生的至善。中道教導人們既要認識自己的可悲又要認識上帝，從而使人們能在恨自己的同時與上帝合一。帕斯卡爾指出：「認識上帝而不認識自己的可悲，便形成驕傲。認識自己的可悲而不認識上帝，便形成絕望。認識耶穌基督則形成中道，因爲我們在其中會發見既有上帝又有我們的可悲」。〔註85〕人只要能夠把認識自己的可悲同認識上帝結合起來，就能擁有幸福、快樂而安寧的人生，就能使自己的靈魂與上帝同在、永恒而不朽！

　　比較王船山與帕斯卡爾的至善論思想，我們發現，在王船山那裏至善是超拔人的自然存在、弘揚人的社會存在的高遠追求與價值目標，而在帕斯卡爾那裏至善則是向人的自然存在的回歸和對人的自然存在的確證，即王船山的至善從理論上講屬於德性主義的至善論，而帕斯卡爾的至善從理論上講則屬於自然主義的至善論。此外，王船山的至善論將個人的完善與社會的完善熔爲一體，顯現出一種倫理政治化的光澤，帕斯卡爾的至善論將個人的完美與上帝的救贖結合起來，浸潤著一種倫理宗教化的精神。還有，在王船山那裏，至善是一種永遠無法超過的價值目標和精神境界，是人倫道德之極致，至善可以參天地，贊化育，具有一種激勵人們不斷在道德征途上勇於攀登，發奮向上的力量；而在帕斯卡爾那裏，至善是一種適乎人之生存境況的中道狀態，至善完全可以超過的，超過的至善可以把人變成一個天使，或使人變得格外偉大，問題只在於它脫離了人的自然狀態，可能造就人的驕傲與狂妄，

〔註84〕 （法）帕斯卡爾：《思想錄》，何兆武譯，北京：商務印書館1986年版，第234頁。

〔註85〕 （法）帕斯卡爾：《思想錄》，何兆武譯，北京：商務印書館1986年版，第234頁。

或者使人處在兩重分裂的矛盾陷阱中,因此帕斯卡爾的至善論不是激勵人們在道德征途上勇於攀登,而是倡導人們限制自己的道德追求,使其符合人的自然狀態。如果說王船山的至善論是一種激勵進取型的至善論,那麼帕斯卡爾的至善論則是一種限制約束型的至善論。從其作用上講,王船山的至善論對人和社會起的是一種積極的價值導向作用,帕斯卡爾的至善論起的則是一種消極的價值導向作用。

五、王船山與帕斯卡爾人生哲學的總結

　　王船山和帕斯卡爾是十七世紀最為深刻而系統探尋人生哲學的思想家。他們的人生哲學探討了與人生密切相關的人的命運與境況,人的生命與死亡,人生的不朽以及人生的至善等問題,建立了一個博大深邃的人生論體系。他們的人生論思想,對於自己的文化傳統既有損益又有發展,既有批判亦有捍衛,從一定意義上反映了中西人生哲學的本質特徵與基本精神,代表著十七世紀的中西方人們對人生諸問題的認識水平。比較王船山與帕斯卡爾的人生論思想,我們發現它們本質上屬於兩種不同的人生倫理論類型,具體差別可概括為以下幾個方面:

　　第一、王船山的人生論立足於人生的現實基礎,重視對人生應有地位和形象的分析,探尋的是人生問題價值層面的底蘊,弘揚的是人之所以為人的本質規定性,主要表現為價值論的人生論;帕斯卡爾的人生論注目於對人生現存狀況及處境的揭示,分析、論及的是人生問題事實層面的真際,突現的是人的自然本性和人的現實矛盾,屬於存在論的人生論。也可以說,王船山借助於判斷、評價來研究人生論問題,帕斯卡爾憑籍於描敘、刻畫來研究人生論問題。儘管王船山也探討了人生事實存在方面的問題,但是這種探討是為價值判斷和價值探尋服務的;帕斯卡爾也曾生發過對人的狀況的種種感歎與評價,但這種感歎、評價是建立於事實描敘的基礎之上的,是受事實科學的人生論的影響的。在帕斯卡爾看來,哲學家無權構造一個人造的人,只能夠描述一個實在的人,揭示人的存在的真際及其生存狀況是哲學家的首要任務。與帕斯卡爾不同,王船山認為,哲學家不能僅僅只停留在描敘人的存在的水平上,哲學的功能在於改造世界,揭示人的生命的價值和意義,探尋做一個什麼樣的人才無愧於天地、社會和自己是哲學家的首要任務。正因為如此,我們說王船山的人生論是一種德性主義的人生論,帕斯卡爾的人生論是

一種自然主義的人生論。

　　第二、王船山的人生論把人置於社會生活的背景下考察，重視人的社會性聯繫，主張把個人的人生同社會的發展，人類的進步聯繫起來，把有限的生命投入到無限的爲他人和集體謀福利、爲子孫萬代謀幸福之中去，用道義來規範和指導自己的人生，生命不息，戰鬥不止，在人類社會生活中立德、立教、立功、立名，從而實現個人與社會的和諧，明明德與新民、內聖與外王的合一，因而含有超越個人主義和利己主義的因素，體現著社會整體主義和利他主義的倫理精神，從本質上說是一種社會整體主義和利他主義的人生哲學。帕斯卡爾的人生論注目於人的孤獨性分析，認爲個人同他人，社會集體存在著一種不可調和的矛盾和衝突，「沒有一個人不是把自己置於世上其餘一切人之上的，沒有一個人是不愛自己的財富、自己的幸福以及自己生命的延續，有甚於世上其餘一切人的財富、幸福與生命的」，〔註86〕「人人天然都是彼此爲仇的。我們在盡可能地運用欲念，好使它爲公共福利而服務；但這只不過是僞裝，是仁愛的假象，因爲它歸根結底只不外是仇恨」。〔註87〕「每一個自我都是其他一切人的敵人並且都想成爲其他一切人的暴君」。〔註88〕因此人無論是追求現世的幸福與快樂，還是期翼來生靈魂的復活與永生，甚或是通過既認識上帝又認識自己的可悲而把握中道，以求人與自己自然狀態的合一，本質上都源於一種自愛自私、自保自利的利己主義和個人主義倫理精神。可以說，帕斯卡爾的人生哲學是一種處處不忘個人自我及其個人利益，公開爲個人自我及其個人利益辯護的利己主義和個人主義人生哲學。

　　第三、王船山的人生論主張把個人的人生同社會的治亂、國家的興衰聯繫起來，修身齊家治國平天下，「爲天地立心，爲生民立命，爲往聖繼絕學，爲萬世開太平」，強調人應以天下爲己任，與天地相斟酌從而與天爭權與天爭勝，實現竭天率天造天，創造一個人化的自然界，並且不斷地革故鼎新、投身社會的移風易俗、救弊匡時之中，建一代規模，創造一個合目的性的社會環境和文明進步的人類群體，從而使人生在改造自然、改造社會和改造自我

〔註86〕 （法）帕斯卡爾：《思想錄》，何兆武譯，北京：商務印書館1986年版，第207頁。

〔註87〕 （法）帕斯卡爾：《思想錄》，何兆武譯，北京：商務印書館1986年版，第206頁。

〔註88〕 （法）帕斯卡爾：《思想錄》，何兆武譯，北京：商務印書館1986年版，第207頁。

的偉大實踐中閃閃發光，充滿著一種肯定人生、激越人生的樂觀主義精神和理想主義品格。帕斯卡爾的人生論主張把個人的人生同宗教的信仰、上帝的解救聯繫起來，力圖在貶低自我擡高上帝的過程中期求得到上帝的寬恕、憐憫與神恩，從而緩解現實人生中的種種磨難與痛苦，達到一種心靈上的自我寬慰和平衡。然而由於人類祖先所犯的原罪以及人天生具有的墮落性，決定了人永遠不可能眞正接近上帝，與上帝合一，從而使得人類只能把自己的幸福寄希望於來世靈魂的不朽，以彼岸的幸福來代替此岸的幸福。可見，帕斯卡爾的人生論浸潤著一種悲觀主義和虛無主義的氣息和精神。如果說王船山的人生哲學是在一種樂感的文化傳統薰陶下孕育出來的現實的積極向上的人生哲學，集中代表了中華人生哲學的智慧與精神，那麼也可以說帕斯卡爾的人生哲學則是在一種罪感的文化傳統薰陶下滋生出來的超現實的消極厭世的人生哲學，比較典型地反映了西方人生哲學的智慧與精神。帕斯卡爾的人生哲學對叔本華的唯意志論人生哲學，現代存在主義的人生哲學產生過深刻而久遠的影響，它肇始了現代危機哲學、死亡哲學和非理性主義哲學。從某種意義上說，帕斯卡爾的人生哲學雖然產生於資本主義生產關係形成的早期，但它卻以冷峻、尖刻乃至嘲弄、諷刺的筆觸揭示了西方社會和即將到來的資本主義社會的種種弊端，揭示了資本主義社會扼殺人性，使人異化的一面，從而爲人們更好地認識資本主義社會，批評資本主義人情冷漠、世態炎涼的社會現實，具有一定的積極作用。但是，帕斯卡爾僅僅是一個批判的人生哲學家而已，他沒有提出像王船山那樣具有建設性的人生忠告及其人生哲學體系，因此他的人生哲學不可能指出人如何擺脫困境、選擇有價值和意義的人生之路的途徑和方案。如此看來，王船山的造命主義人生觀，貞生死以盡人道，保天心以立人極的人生態度以及立德、立教、立功、立名的不朽學說，還有明新合一、內聖與外王相結合的至善理論，不僅回答了人生的目的、價值、意義是什麼的問題，而且回答了人生選擇、人生態度、人生追求的眞諦問題，具有指導人生、肯定人生並給人以信心和力量的特殊作用，不失爲中國人生哲學的瑰寶。